我们一起解决问题

房地产开发企业会计
从入门到精通

（实战案例版）

陈梅桂　编著

人民邮电出版社
北　京

图书在版编目（CIP）数据

房地产开发企业会计从入门到精通 ：实战案例版 / 陈梅桂编著. -- 北京 : 人民邮电出版社, 2017.6（2021.3重印）
ISBN 978-7-115-45564-2

Ⅰ. ①房… Ⅱ. ①陈… Ⅲ. ①房地产企业—会计 Ⅳ. ①F293.33

中国版本图书馆CIP数据核字(2017)第080404号

内容提要

本书从一线会计工作者的角度出发，根据最新的《企业会计准则》及税收政策法规，全面、系统地介绍了房地产开发企业会计人员最需要掌握的各项基本技能和技巧。

《房地产开发企业会计从入门到精通（实战案例版）》针对房地产项目从获取土地、开发建设到销售转让的不同阶段，详细介绍了货币资金、应收款项、固定资产、无形资产、投资性房地产、对外投资等经济业务的核算方法。由于房地产项目具有开发周期长的特点，本书还重点介绍了房地产开发企业在开发成本、收入、利息支出以及“营改增”后纳税处理等方面的业务要点，可以帮助读者轻松领会会计工作的精髓。

本书内容几乎涵盖了房地产开发企业会计日常工作的各个关键点，既可作为会计新人的入门指导书，也可作为现任会计人员的案头工作手册，方便随时查用。

◆编　　著　陈梅桂
责任编辑　姜　珊
执行编辑　付微微
责任印制　焦志炜
◆人民邮电出版社出版发行　　北京市丰台区成寿寺路 11 号
邮编 100164　　电子邮件 315@ptpress.com.cn
网址 http://www.ptpress.com.cn
北京虎彩文化传播有限公司印刷
◆开本：787×1092　1/16
印张：19　　2017 年 6 月第 1 版
字数：340 千字　　2021 年 3 月北京第13次印刷

定　价：69.00 元

读者服务热线：（010）81055656　印装质量热线：（010）81055316
反盗版热线：（010）81055315
广告经营许可证：京东市监广登字 **20170147** 号

前 言

目前，我国现行的《企业会计准则》已逐步与国际趋同，实施范围也在不断扩大。新会计准则大量借鉴了国际财务报告准则的内容体系，包括公允价值的采用、所得税会计等诸多方面。同时，我国的税收改革也在不断深入，随着“营改增”在全国范围内的推行，增值税征收范围由工业生产与销售、维修扩大到交通运输业、部分现代服务业领域，这标志着我国增值税改革进入了一个新的阶段。因此，财务人员必须尽快领会新会计准则和新税收政策的精髓，牢牢掌握各项经济业务的会计处理方法，以适应不断变化的财务革新。

会计准则为财务人员提供了一个账务处理的依据。但是，不同的行业有不同的经济业务，尤其是房地产开发企业，由于项目的开发周期相对较长，一个开发项目从最初获取土地使用权到最终确认企业收入，这个过程短则一两年，长则四五年。因此，房地产开发企业的会计核算也难于其他行业的会计核算，其在开发成本、收入、应缴税款和利息支出等方面的核算都存在一定的特殊性。为了帮助广大财务人员领会《企业会计准则》的精髓，正确执行《企业会计准则》的相关规定，我们针对房地产开发企业的经济业务特点，组织编写了《房地产开发企业会计从入门到精通（实战案例版）》一书。

本书严格依据最新的《企业会计准则》和财税法规，并充分考虑到房地产开发企业的各项具体经济业务，从获取土地、开发建设到销售转让的不同阶段全面解读了房地产开发企业的会计核算要点，并对货币资金、应收款项、固定资产、无形资产、投资性房地产、对外投资、负债、费用、利润与利润分配等一些常见的经济业务核算与财务报表编制进行了详细的讲解。本书内容简洁实用，并附有大量的案例，可以帮助财务人员快速掌握新会计准则下房地产开发企业的全部账务处理流程。

在本书的编写过程中，我们还充分考虑到会计初学者和刚刚步入会计行业的从业人员以及部分非专业人士的实际情况，先从会计基础知识开始讲述，全面介绍了各项经济业务的核算方法。全书围绕着实用、易学、易操作的特点，让初入行人员能够尽快进入会计工作角色，同时让非专业人士也能看懂并参透会计管理准则、要点和程序。

在本书的编写过程中，陈建安、陈海全、范志德、洪从凤、洪文金、许坤棋、吴文生、陈信林、魏玉兰参与了本书第一章到第六章的编写，阙险峰、陈海洪参与了本书第七章到第十章的编写，黄开耿、王阿星、杨国盛、谢芬芬、张秀玲、杨文良、陈信洪、卢广平参与了本书第十一章到第十七章的编写。全书由陈梅桂统撰定稿，由陈春洁担任顾问审核。

由于会计法规、制度更新变化较快，书中难免存有错漏之处，恳请读者批评指正。

目　录

第一章　房地产开发企业会计核算概述

第一节　房地产开发企业的经营特点

房地产开发可将土地和房屋合在一起开发，也可将土地和房屋分开开发。房地产开发企业就是从事房地产开发和经营的企业，它既是房地产产品的生产者，又是房地产商品的经营者。

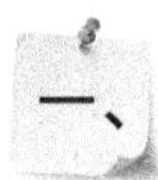

一、房地产开发企业的主要经营业务

房地产开发企业的主要经营业务包括土地的开发，建造、销售住宅与商业用房以及其他建筑物、附着物、配套设施等开发产品。具体如表 1-1 所示。

表 1-1　房地产开发企业的主要经营业务

业务类别		具体说明
1	土地的开发与经营	房地产开发企业将有偿获得的土地开发完成后，既可以有偿转让给其他单位使用；也可以自行组织建造房屋和其他设施，然后作为商品作价出售；还可以开展土地出租业务
2	房屋的开发与经营	房屋的开发指房屋的建造，房屋的经营指房屋的销售与出租。房地产开发企业可以在开发完成的土地上继续开发房屋，开发完成后，可作为商品作价出售或出租。企业开发的房屋，按用途可以分为商品房、出租房、安置房和代建房等
3	城市基础设施和公共配套设施的开发	房地产开发企业可以开发能有偿转让的大配套设施，也可以开发建设不能有偿转让的、为开发产品服务的公共配套设施
4	代建工程的开发	代建工程的开发指房地产开发企业接受政府和其他单位委托，代为开发的工程

二、房地产项目的运作流程

一个完整的房地产项目运作，通常包括立项、规划、土地出让或转让、建设、销售或自营等一系列的经济行为。具体涉及三个阶段，运作流程如图 1-1 所示。

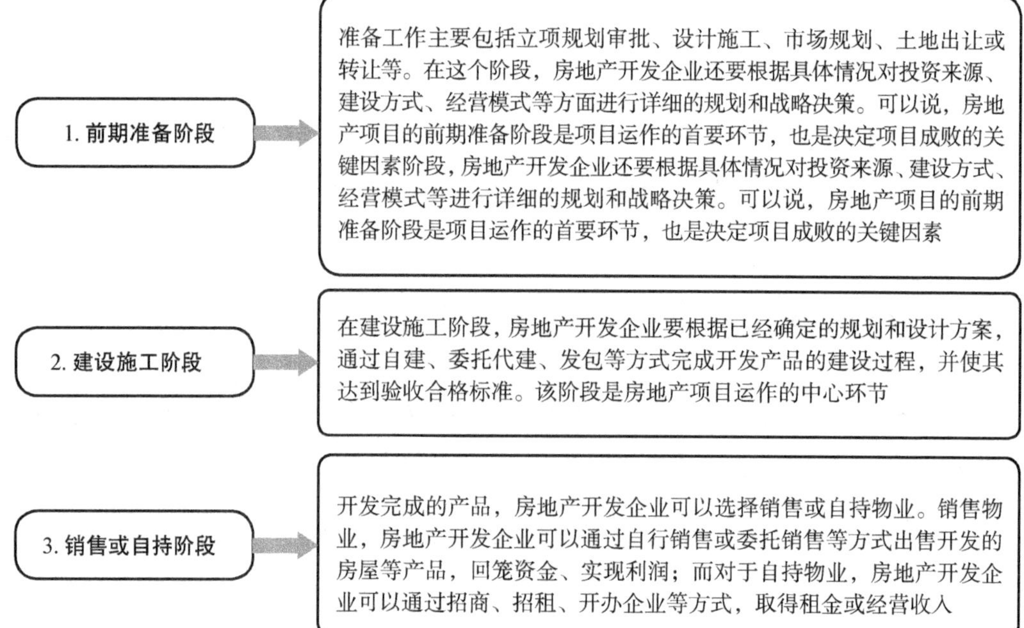

图 1-1　房地产项目的运作流程

第二节　房地产开发企业会计核算的特点

与工业企业的生产经营行为不同，房地产项目的开发周期相对较长，一个开发项目从最初获取土地使用权到最终确认企业收入，这个过程短则一两年，长则四五年。因此，房地产开发企业的会计核算也难于其他行业的会计核算，在开发成本、收入、应缴税款和利息支出等方面的核算都存在一定的特殊性。

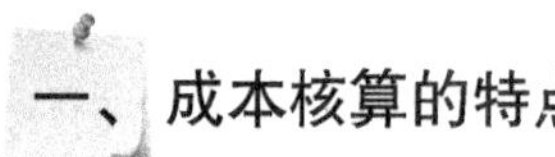

一、成本核算的特点

房地产开发企业在成本核算方面的特殊性主要表现在核算对象复杂、时间跨度长和成本核算差异性大等方面。

（一）复杂

房地产开发企业主要从事房地产开发建设活动，其生产成本主要指开发产品的成本，成本所涉及的内容复杂，包括土地使用权的出让金，土地征用费，拆迁安置的补偿费，工程项目设计、规划及可行性研究的费用，三通一平等土地开发的费用，工程项目建设总成本费用，基础设施费，配套公共设施费，项目开发过程中的税费以及各种不可预见性的费用等都在开发成本的范畴之内。这些成本具备不同的特性、涉及不同的专业领域，从而导致成本核算难度较大。

此外，由于房地产行业是资金密集型行业，房地产开发企业在开发项目时需要投入大量的资金，除了房地产开发企业自身投入的相当一部分自有资金外，一般情况下还要通过银行贷款等方式筹措资金，因此，借款费用在房地产开发成本中占据很大一部分，借款费用的核算对于房地产开发企业来讲非常重要。

（二）时间跨度长

房地产项目开发的周期较长，少则 1~2 年，多则 5 年以上，使房地产成本费用核算的时间跨度很长。

房地产开发企业高风险性的投资特点决定了其每一个项目工程投资决策都必须具备一定的科学性和可行性，因而在项目的投资规划阶段，相关财会人员需要对项目的成本进行初步的核算及估计；而在项目真正投入实施的过程中，相关财会人员则需要随着项目工程的推进对开发成本进行及时核算。

在投资项目完成之后，会计人员需要按照房地产开发企业特殊的会计核算流程进行成本核算，对项目开发整个过程中所发生的所有直接开发费用和间接开发费用进行全面归集，并记入相对应的账户明细中；将已经完成的开发项目的实际成本进行详细、全面的计算和结转；依照已经开发完成的项目的实际功能及去向，将开发项目实际的成本结转到相对应的账户当中，完成开发成本的核算工作。

（三）成本核算的差异性较大

不同的房地产项目受地域、项目定位、产品功能、用途、规模等各方面因素的影响，不同项目之间的差异性很大，每个项目或多或少都有自己的特点。

房地产的开发模式很多，不同的开发模式涉及的会计核算方法也存在很大差异。例如，对于一个房地产项目，是成立分公司还是成立子公司进行管理，其会计核算方法是不同的。

不同的生产建设模式，成本核算的方法也不同。房地产开发企业在进行项目开发时，可以选择自营建设，也可以采取发包方式。即使采取发包方式，对于规模较大、施工要求复杂的房地产施工工程，也需要有不同的专业施工单位进行分工合作。但为了便于管理，一般由具有资金和技术实力的施工单位总承包，然后再由总承包单位将工程分包给其他施工单位。在房地产开发企业与施工企业间的承包关系中，存在诸多的会计核算问题，承包单位的核算会对房地产开发企业的开发成本产生直接的影响。

二、收入核算的特点

房地产开发企业的收入包括土地转让收入、房屋销售收入、配套设施的销售收入、出租商品的租金收入等。

在收入成本结转上，房地产开发企业的会计核算与其他行业存在较大差异。由于房地产开发产品的建设周期长，并且普遍采取预售方式，建设过程中的预售收入作为预收账款处理，并在项目竣工后结转为销售收入，开发建设中的支出计入开发成本，在项目竣工后结转为销售成本。因此，从会计核算的角度看，项目开发节点对房地产开发企业会计核算结果将产生直接的影响。

此外，房地产开发企业对于开发的产品有两种处理方式：一是对外销售，二是留作自用或自营。针对这两种不同的方式，企业会计核算的方法也存在较大的差异。即使是对外销售，不同的房地产开发项目也会采取不同的方式，或自售或委托代理销售；在委托代理销售时，其方式又有收取手续费、视同买断、保底分成等，各个不同的销售模式对于销售收入的结转都是不一样的。

三、税费核算的特点

房地产开发企业的税费核算烦琐复杂，一个房地产项目从获取土地开始到最后销售完成，期间涉及的税费种类繁多，包括契税、印花税、土地增值税、增值税、所得税等，核算方式也比较复杂。

我国房地产开发企业的销售行为采用预售的方式进行，预售合同的签订与预收房款行为同时发生。而依照我国税法的规定，纳税人在转让或者销售不动产时，凡采用预收款方式进行的，纳税人收到预付款的同时其纳税义务随即产生，所以房地产开发企业应当依照预收款的数额进行税金的计算与缴纳，但是不依照这部分预收款计提税金，仅在应交账户的借方对已缴纳的税款进行反映。

一般情况下，房地产开发企业在年末时才会把部分满足收入确认条件的预收房款转为企业的收入，按照相应的配比原则计提应缴税金，然后由会计做分录。如此一来，房地产开发企业在当年所缴纳的税金通常不等于按照利润表中的收入计提的税金数额。这也使得房地产开发企业的税费核算存在一定的特殊性。

第二章　获取土地阶段

获取土地使用权是指开发商通过出让、转让或其他合法方式，有偿、有期限取得国有土地使用权的行为。对于房地产开发企业而言，获取土地是一个非常重要的阶段，没有土地，就无法进行房地产开发。

第一节　获取土地的会计核算

房地产开发企业取得土地使用权的方式一般有接受土地使用权出让、转让、投资者投入的土地使用权以及其他方式。

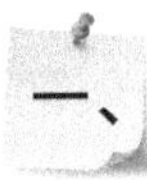

一、土地使用权的入账价值

根据《企业会计准则》的规定，企业取得的土地使用权通常应确认为无形资产，但改变土地使用权用途，用于赚取租金或资本增值的，应当将其转为投资性房地产。自行开发建造厂房等建筑物，相关的土地使用权与建筑物应当分别进行处理。外购土地及建筑物支付的价款应当在建筑物与土地使用权之间进行分配；难以合理分配的，应当全部作为固定资产处理。

企业（房地产开发）取得土地用于建造对外出售的房屋建筑物，相关的土地使用权账面价值应当计入所建造的房屋建筑物成本。

（一）获取土地使用权的账务处理分类

（1）当企业取得土地使用权的目的用于增值后转让或出租时，在会计上作为投资性房地产核算。

（2）当房地产开发商取得土地使用权，用来建造对外出售的商品房时，作为房地产开发商的存货处理。

（3）企业取得土地使用权，用来自行建造房屋建筑物，当土地使用权价值和房屋建筑物价款不能合理区分时，土地使用权计入房屋建筑物成本，计入在建工程，最后转入固定资产。

（4）除了上述三种特殊情况，全部作为无形资产核算。

（二）按获取方式确认入账价值

根据获取土地使用权的方式不同，其入账价值也有所不同。

1. 通过出让方式取得土地使用权

通过出让方式取得土地使用权的入账价值通常是土地出让金加上相关税费，相关税费是指涉及的契税、印花税等。土地使用权出让是指国家将国有土地使用权在一定年限内出让给土地使用者，由土地使用者向政府支付土地使用权出让金的行为。通俗的说法是房地产公司通过招拍挂从政府买的土地，也叫一级市场获取土地。

2. 投资者投入的土地使用权

投资者投入的土地使用权，应当按照投资合同或协议约定的价值作为成本，但合同或协议约定价值不公允的除外。

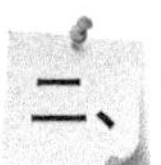

二、取得开发用地的账务处理

房地产开发企业取得的用于开发的土地使用权，通过“开发成本”科目下的“土地征用及拆迁补偿款”明细科目核算。

（一）取得的土地使用权用于建造对外出售的房屋建筑物

根据《企业会计准则》，房地产开发取得的土地使用权用于建造对外出售的房屋建筑物，相关的土地使用权应当计入所建造的房屋建筑成本，即借记“开发成本——土地征用及拆迁补偿款”等科目，贷记“银行存款”“应付账款”等科目。

【例 2-1】2017 年 1 月，某房地产公司取得甲地块 100 亩的土地使用权用于商品房开发，价款 1 亿元，契税征收率为 4%，当地政府规定的耕地占用税税额为 30 元 / 平方米，通过银行转账支付土地出让金及相关税费。

（1）支付土地出让金时：

借：开发成本——土地征用及拆迁补偿款　　100 000 000

　贷：银行存款　　100 000 000

（2）缴纳契税时：

借：开发成本——土地征用及拆迁补偿款　　4 000 000

　贷：银行存款　　4 000 000

（3）缴纳耕地占用税时：

应缴纳的耕地占用税 =100 × 666.67 × 30=200（万元）

借：开发成本——土地征用及拆迁补偿款　　2 000 000

　贷：银行存款　　2 000 000

（4）缴纳印花税时：

签订土地使用权出让合同应缴纳的印花税 =10 000 × 0.5‰ =5（万元）

借：税金及附加——印花税　　50 000

　贷：银行存款　　50 000

（二）缴纳竞拍保证金

实务中，房地产开发企业招拍挂获得土地的过程通常是这样的：先缴纳竞拍保证金，等竞拍成功了再转作土地出让金，最后根据土地出让合同规定的付款时间支付剩余的土地款。缴纳竞拍保证金时，应记入“其他应收款”科目。

【例 2-2】2017 年 1 月，某房地产公司取得乙地块的土地使用权用于商品房开发。

（1）1 月 9 日，缴纳土地竞拍保证金 5 000 万元：

借：其他应收款——竞拍保证金　　50 000 000

　贷：银行存款　　50 000 000

（2）1 月 10 日，竞拍成功，某房地产公司取得乙地块的土地使用权，总价款 5 亿元。在将竞拍保证金转作土地出让金时：

借：预付账款——国土资源局　　50 000 000

　贷：其他应收款——竞拍保证金　　50 000 000

（3）1 月 15 日，支付剩余的土地出让金：

借：预付账款——国土资源局　　450 000 000

　贷：银行存款　　450 000 000

（4）房地产开发企业开发商品房转入存货：

借：开发成本——土地出让及拆迁补偿费　　500 000 000

　贷：预付账款——国土资源局　　500 000 000

（三）取得的土地使用权用于自建用房等地上建筑物

如果房地产开发企业取得的土地使用权用于自建用房等地上建筑物时，土地使用权的取得成本直接记入“无形资产”账户，且土地使用权的账面价值不与地上建筑物合并计算成本，而仍作为无形资产核算，土地使用权与地上建筑物分别进行摊销和提取折旧。为建造办公楼等自用而取得的土地使用权所缴纳的契税，记入“无形资产”账户。

【例 2-3】某房地产公司通过出让方式取得土地一宗作为公司办公楼用地，以银行存款支付 5 000 万元。根据规定，应缴纳的契税税率为 3%。

（1）支付土地出让金时：

借：无形资产——土地使用权　　50 000 000

　贷：银行存款　　50 000 000

（2）缴纳契税时：

应缴纳的契税 =5 000 × 3%=150（万元）

借：无形资产——土地使用权　　　　1 500 000

　贷：银行存款　　　　1 500 000

（3）缴纳印花税时：

签订土地使用权出让合同应缴纳的印花税 =5 000 × 0.5‰ =2.5（万元）

借：税金及附加——印花税　　　　25 000

　贷：银行存款　　　　25 000

第二节　获取土地的税务处理

房地产开发企业在获取土地阶段涉及的税收主要有：土地使用税、耕地占用税、契税、印花税等。

一、土地使用税

土地使用税是指在城市、县城、建制镇、工矿区范围内使用土地的单位和个人，以实际占用的土地面积为计税依据，依照规定由土地所在地的税务机关征收的一种税赋。由于土地使用税只在县城以上的城市征收，因此也称城镇土地使用税。

城镇土地使用税根据实际使用土地的面积，按税法规定的单位税额缴纳。计算公式为：

应纳城镇土地使用税额 = 应税土地的实际占用面积 × 适用单位税额

（1）房地产开发企业按规定计算应交的土地使用税时：

借：税金及附加

**　贷：应交税费——应交土地使用税**

（2）缴纳土地使用税时：

借：应交税费——应交土地使用税

**　贷：银行存款**

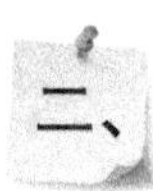

二、耕地占用税

如果房地产开发企业购置的是耕地，则需要缴纳耕地占用税。耕地占用税是国家对占用耕地建房或者从事其他非农业建设的单位和个人，依据实际占用耕地面积、按照规定税额一次性征收的一种税。

【例 2-4】合华房地产公司购置一宗 5 万平方米的土地使用权，该土地属于耕地，应缴纳耕地占用税，税额为 30 元 / 平方米。

借：开发成本——土地征用及拆迁补偿款——耕地占用税 1 500 000

贷：银行存款 1 500 000

三、契税

契税是指以所有权发生转移变动的不动产为征税对象，向产权承受人征收的一种财产税。契税一般不通过“应交税费”科目核算，视取得土地使用权的用途记入不同的会计科目。

房地产开发企业为进行房地产开发而取得的土地使用权所缴纳的契税，在实际缴纳时依据契税完税凭证直接记入“开发成本”科目。为建造办公楼等自用而取得的土地使用权所缴纳的契税，在实际缴纳时依据契税完税凭证直接记入“无形资产”科目。

【例 2-5】某公司取得一块土地使用权进行房地产开发，支付土地出让金 1 亿元，缴纳契税 400 万元（假设契税税率为 4%）。支付契税时，该公司应依据契税完税凭证：

借：开发成本——土地征用及拆迁补偿款——契税 4 000 000

贷：银行存款 4 000 000

四、印花税

印花税是对经济活动和经济交往中设立、领受具有法律效力的凭证的行为所征收的一种税。印花税因采用在应税凭证上粘贴印花税票作为完税的标志而得名。

根据《财政部 国家税务总局关于印花税若干政策的通知》（财税〔2006〕162 号），对土地使用权出让合同、土地使用权转让合同按产权转移书据征收印花税。税率是万分之五。

【例 2-6】某公司取得一块土地使用权进行房地产开发，支付土地出让金 1 亿元。在缴纳印花税时，该公司应依据印花税完税凭证：

借：税金及附加——印花税 50 000

贷：银行存款 50 000

第三章 开发建设阶段

房地产投资项目具有资金投入大、建设周期长、成本核算环节多、投资风险高等特点，因此在会计核算上尤其需要注意开发成本的核算。房地产开发成本核算工作是一项复杂的会计核算工作，如何提高开发项目的成本核算质量，已经成为众多房地产开发企业的当务之急。

第一节 房地产开发成本的核算内容与程序

房地产开发成本是指房地产开发企业在开发产品过程中所发生的各项费用支出。为正确核算房地产开发成本，房地产开发企业要按照成本核算的基本程序，正确确定产品成本核算的内容，科学组织本企业的成本核算工作。

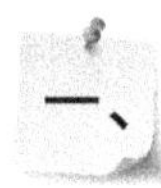

一、开发成本的构成

企业要正确核算房地产开发成本，必须先明确房地产开发成本的种类和内容。

（一）按用途划分

按其用途，房地产开发成本可以分为以下四类。

（1）土地开发成本：指房地产开发企业开发土地（即建设场地）所发生的各项费用支出。

（2）房屋开发成本：指房地产开发企业开发各种房屋（包括商品房、出租房、周转房、代建房等）所发生的各项费用支出。

（3）配套设施开发成本：指房地产开发企业开发能有偿转让的大配套设施及不能有偿转让、不能直接计入开发产品成本的公共配套设施所发生的各项费用支出。

（4）代建工程开发成本：指房地产开发企业接受委托单位的委托，代为开发除土地、房屋以外其他工程，如市政工程等所发生的各项费用支出。

（二）按成本项目划分

在会计核算上，房地产开发成本核算应视开发产品的具体情况，按制造成本法设置成本项目，主要包括土地征用及拆迁补偿款、前期工程费、基础设施费、建筑安装工程费、配套设施费以及开发间接费等。

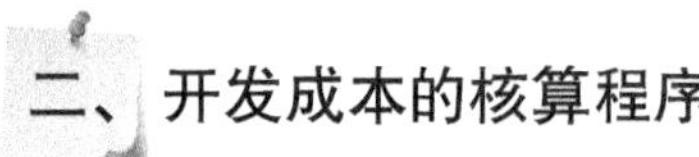

二、开发成本的核算程序

房地产开发成本的核算是指企业将开发一定数量的商品房所支出的全部费用按成本项目进行归集和分配，最终计算出开发项目总成本和单位建筑面积成本的过程。房地产开发产品成本的核算程序如图 3-1 所示。

确定成本核算对象	根据成本核算对象的确定原则和项目特点，确定成本核算对象
归集开发成本	设置有关成本核算会计科目，建立成本合同台账，核算和归集开发成本
确定成本分摊方法	按受益原则和配比原则，确定应分摊成本费用在各成本核算对象之间的分配方法和标准
在成本核算对象之间分摊成本	将归集的开发成本费用按确定的方法和标准在各成本核算对象之间进行分配
计算各成本核算对象的开发总成本	编制项目开发成本计算表，计算各成本核算对象的开发总成本
正确划分完工和在建开发产品之间的开发成本	分别结转完工开发产品成本，按建筑面积计算完工产品单位成本
正确划分可售面积、不可售面积(由主管部门划分提供)	根据有关规定分别计算可售面积、不可售面积应负担的成本，按与结算销售收入配比的原则正确结转完工开发产品的销售成本
编制成本报表	根据成本管理和核算要求，总括反映各成本核算对象的成本情况

图 3-1　开发成本的核算程序

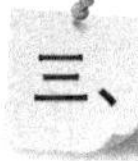

三、开发成本核算对象的确定

合理确定成本核算对象是正确进行成本费用核算的重要条件。成本核算对象不同于最终开发产品，成本核算对象是具有不同使用功能的开发成本归集单元，可以理解为归集最终开发产品成本的手段和中间步骤。归集不同最终开发产品成本才是成本核算的目的，以实现和不同开发产品产生的收入进行配比。

房地产开发企业应结合项目开发地点、规模、周期、开发产品处理方式、功能设计、结构类型、装修档次、施工队伍等因素和管理需要等实际情况，确定具体成本核算对象。具体确定方法如下：

（1）单体开发项目，一般以每一独立编制设计概算或施工图预算的单项开发工程为成本核算对象；

（2）在同一开发地点、结构类型相同、开竣工时间相近、由同一施工单位施工或总包的群体开发项目，可以合并为一个成本核算对象；

（3）对于开发规模较大、工期较长的开发项目，可以结合项目特点和成本管理的需要，按开发项目的一定区域、部位或周期划分成本核算对象；

（4）成片分期开发的项目，可以以各期为成本核算对象；

（5）同一项目有裙房、公寓、写字楼等不同功能的，在按期划分成本核算对象的基础上，还应按功能划分成本核算对象；

（6）同一分期有高层、多层、复式等不同结构类型的，还应按结构类型划分成本核算对象。

根据核算和管理需要，对独立编制设计概算或施工图预算的配套设施，不论其支出是否摊入房屋等开发产品成本，均应单独作为成本核算对象。对于只为一个单体开发项目服务的、应摊入开发项目成本且造价较低的配套设施，可以不单独作为成本核算对象，发生的开发费用直接计入单体开发项目的成本。

四、开发成本的归集与分配方法

房地产开发成本的核算过程，实际上就是在确定成本对象的基础上，合理地进行成本归集与分配的过程。因此，开发成本的归集与分配是房地产开发成本核算的重要内容。

（一）成本费用的归集分配

（1）对当期实际发生的各项支出，按其性质、经济用途及发生的地点、时间进行整理归类，并将其区分为“应计入成本对象的成本”和“应在当期税前扣除的期间费用”。

（2）将应计入成本对象中的各项实际支出以及预提费用、待摊费用等合理地划分为直接成本、间接成本、共同成本，并按规定将其合理的归集、分配至已完工成本对象、在建成本对象和未建成本对象。

（3）对前期已完工成本对象应负担的成本费用，按已销开发产品、未销开发产品和固定资产进行分配。

（4）将本期已完工成本对象划分为开发产品和固定资产，并对其计税成本进行结算。其中，属于开发产品的应按可售面积计算其单位工程成本，据此再计算已销开发产品计税成本和未销开发产品计税成本。对本期已销开发产品的计税成本，准予在当期扣除；未销开发产品计税成本待其实际销售时再予扣除。

（5）对本期未完工和尚未建造的成本对象应当负担的成本费用，应分别建立明细台账，待开发产品完工后再予结算。

（二）成本费用的分配方法

房地产开发企业开发建设的开发产品应按制造成本法进行计量与核算。其中，应计入开发产品成本中的费用属于直接成本和能够分清成本对象的间接成本，直接计入成本对象；共同成本和不能分清负担对象的间接成本，按收益原则和配比的原则分配至各个成本对象。具体可分别选择以下方法进行。

1. 占地面积法

占地面积法是指按已动工开发成本对象占地面积占开发用地面积的比例进行成本分配。

（1）一次性开发的，按某一成本对象占地面积占全部成本对象占地总面积的比例进行分配。

（2）分期开发的，要先按照本期全部成本对象占地面积占开发用地总面积的比例进行分配，然后再按某一成本对象占地面积占期内全部成本对象占地总面积的比例进行分配。期内全部成本对象应负担的占地面积为期内开发用地占地面积减除应由各期成本对象共同负担的占地面积。

2. 建筑面积法

建筑面积法是指按已动工开发成本对象建筑面积占开发总建筑面积的比例进行成本分配的方法。

（1）一次性开发的，按某一成本对象建筑面积占全部成本对象建筑面积的比例进行分配。

（2）分期开发的，应先按照期内成本对象建筑面积占开发用地计划建筑面积比例进行分配，然后再按某一成本对象建筑面积占期内成本对象总建筑面积的比例进行分配。

3. 直接成本法

直接成本法是指按期内某一成本对象直接开发成本占期内全部成本对象直接开发成本的比例进行成本分配。

4. 预算造价法

预算造价法是指按期内某一成本对象预算造价占期内全部成本对象预算造价的比例进行分配的方法。

注意

> ➤ 土地成本，一般按占地面积法进行分配。如果确需结合其他方法，应经税务机关同意。
>
> ➤ 土地开发同时连结房地产开发的，属于一次性取得土地分期开发房地产的情况，其土地开发成本经税务机关同意后可先按土地整体预算成本进行分配，待土地整体开发完毕再行调整。
>
> ➤ 单独作为过渡性成本对象核算的公共配套设施开发成本，应按建筑面积法进行分配。
>
> ➤ 借款费用属于不同成本对象共同负担的，按直接成本法或预算造价法进行分配。
>
> ➤ 其他成本项目的分配法由企业自行确定。

第二节　土地开发成本的归集与分配

土地开发也称建设场地开发，是指对原有土地进行改造使之具备一定的建设条件。房地产开发企业开发的土地，按其用途可以分为如下两种：一种是为了转让、出租而开发的商品性土地（也叫商品性建设场地）；另一种是为了开发商品房、出租房等房屋而开发的自用土地。

一、土地开发成本核算对象

土地开发成本核算要先确定成本核算对象。确定成本核算对象，就是为了按成本核算对象归集各项费用，并按一定的成本核算对象计算和结转成本。

（一）土地开发成本核算对象的确定

一般的土地开发，应以每一独立的开发项目作为成本核算对象。但对于开发面积较大、工期较长、分区域开发的土地，可以将一个独立的开发项目划分若干区域，以一定的区域作为成本核算对象。

为了既有利于土地开发支出的归集，又有利于土地开发成本的结转，对需要单独核算土地开发成本的开发项目，可以按下列原则确定土地开发成本的核算对象：

（1）对开发面积不大、开发工期较短的土地，可以每一块独立的开发项目作为成本核算对象；

（2）对开发面积较大、开发工期较长、分区域开发的土地，可以一定区域作为土地开发成本核算对象。

需要注意的是：成本核算对象应在开工之前确定，一经确定就不能随意改变，更不能相互混淆。

（二）土地开发账户及成本项目的设置

土地开发成本应在“开发成本——土地开发成本”二级账中核算。该账户借方登记各项土地开发发生的成本，贷方登记土地开发完成结转到“开发产品”账户的土地开发成本。

为了具体核算每一项土地开发的成本情况，在“开发成本——土地开发成本”二级账户下要设置多栏式“土地开发成本明细账”（三级账，示例见图 3-2）进行核算。该明细账应按不同的土地开发项目或不同的开发区域设置明细账户，并按照不同的成本项目设置专栏。

土地开发成本明细账

成本核算对象：×× 土地

日期		凭证号	摘要	借方					贷方	余额
				土地征用及拆迁补偿款	前期工程费	基础设施费	公共配套设施费	开发间接费用		

图 3-2　土地开发成本明细账示例

房地产开发企业应根据所开发土地的具体情况和会计准则规定的成本项目，设置土地开发项目的成本项目。企业开发的土地由于设计要求不同，开发的层次、程度和内容都不相同，有的只是进行场地的清理平整，如原有建筑物、障碍物的拆除和土地的平整；有的除了场地平整外，还要进行地下各种管线的铺设、地面道路的建设等。因此，针对各个具体的土地开发项目，开发支出的内容是不完全相同的。根据土地开发支出的一般情况，房地产开发企业对土地开发成本的核算可以设置如下几个成本项目。

1. 土地征用及拆迁补偿款

土地征用及拆迁补偿款是指按照城市建设总体规划进行土地开发所发生的土地征用费、耕地占用税、劳动力安置费及有关地上、地下物拆迁补偿费等。但对拆迁旧建筑物回收的残值应估价入账并冲减有关成本。开发土地如通过批租方式取得，应列入批租地价。

2. 前期工程费

前期工程费是指土地开发项目前期工程发生的费用，包括规划、设计费，项目可行性研究费，水文、地质勘察、测绘费，场地平整费等。

3. 基础设施费

基础设施费是指土地开发过程中发生的各种基础设施费，包括道路、供水、供电、供气、排污、排洪、通信等设施费用。

4. 开发间接费

开发间接费是指应由商品性土地开发成本负担的开发间接费用。此外，土地开发项目如要负担不能有偿转让的配套设施费，还应设置“配套设施费”成本项目，用以核算应计入土地开发成本的配套设施费。

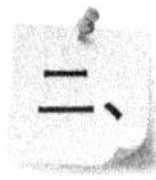

二、土地开发成本的核算

企业开发的建筑场地，按其用途可以分为两类。

第一类，为了销售或者转让而开发的商品性建设场地。它是房地产开发企业的商品产品，需要核算土地开发成本。

第二类，为了建设商品房、周转房或出租房而开发的自用建设场地。它是企业的中间产品，其发生的土地开发成本最终计入商品房、周转房等开发产品成本以及投资性房地产成本。相关要求如下。

（1）企业开发的土地直接为了出售和转让（即商品性土地开发）的，所发生的土地开发费用，要直接记入“开发成本——土地开发”账户。

（2）企业为了自建房屋而开发的土地，而且所建房屋只是一个成本核算对象，可不单独核算土地开发成本，所发生的土地开发费用可直接计入房屋开发成本；但是，当企业开发完土地后，所建的房屋是两个以上成本核算对象时，则需要单独核算土地的开发成本，然后再将土地开发成本分配计入各个不同的房屋开发成本。

（一）土地开发费用直接计入房屋开发成本

土地开发费用直接计入房屋开发成本主要有以下两种情况。

（1）原来已将土地作为成本核算对象，单独核算土地开发成本的，在开始进行房屋开发时，要将土地开发成本转入房屋开发成本。

借：开发成本——房屋开发成本（某房屋）——土地征用及拆迁补偿款

　贷：开发成本——土地开发成本（某土地）

如果土地开发完成后，已将土地的开发成本转入了开发产品，在开始建设房屋的时候，应将作为开发产品的土地成本转入房屋开发成本。

借：开发成本——房屋开发成本（某房屋）——土地征用及拆迁补偿款

贷：开发产品——土地（某土地）

（2）开发完土地，准备直接开始建房。土地开发发生的各项成本费用，一开始就可以归集到房屋开发成本上："开发成本——房屋开发成本（某房屋）——土地征用及拆迁补偿款"。

（二）土地开发费用单独核算

（1）对发生的土地征用及拆迁补偿款、前期工程费、基础设施费等土地开发支出，可直接记入各土地开发成本明细分类账。

借：开发成本——土地开发成本

贷：银行存款、应付账款等

（2）发生的开发间接费用。发生的开发间接费用应先在"开发间接费用"账户进行核算，待会计期末再按一定标准分配计入有关开发成本核算对象。

（1）发生开发间接费用时：

借：开发成本——开发间接费用

贷：银行存款、应付账款等

（2）期末分配时：

借：开发成本——土地开发成本

贷：开发成本——开发间接费用

【例 3-1】本月内，合华房地产公司共发生了下列有关土地开发支出。

项目	甲块土地（商品性土地）	乙块土地（自用土地）	合计
支付征地拆迁费	650 000	850 000	1 500 000
支付前期工程费	300 000	250 000	550 000
应付基础设施费	200 000	160 000	360 000
分配开发间接费	50 000		50 000
合计	1 200 000	1 260 000	2 460 000

根据上述经济业务，该公司应作如下账务处理。

（1）用银行存款支付征地拆迁费时：

借：开发成本——土地开发成本（甲块土地）——土地征用及拆迁补偿款 650 000

——土地开发成本（乙块土地）——土地征用及拆迁补偿款 850 000

贷：银行存款 1 500 000

（2）用银行存款支付前期工程费时：

借：开发成本——土地开发成本（甲块土地）——前期工程费　　300 000

——房屋开发成本（乙块土地）——前期工程费　　250 000

贷：银行存款　　550 000

（3）应付基础设施费时：

借：开发成本——土地开发成本（甲块土地）——基础设施费　　200 000

——房屋开发成本（乙块土地）——基础设施费　　160 000

贷：应付账款——应付工程款　　360 000

（4）分配应计入商品性土地开发成本的开发间接费用时：

借：开发成本——土地开发成本（甲块土地）　　50 000

贷：开发间接费用　　50 000

同时应将各项土地开发成本分别记入土地开发成本明细分类账。

三、已完土地开发成本的结转

已完土地开发成本应从“开发成本”总账及所属明细账转出，结转到有关账户。会计核算时，已完土地开发成本的结转应根据已完成开发土地的用途，采用不同的成本结转方法。

（一）已完商品性土地开发成本的结转

对于商品性土地，在开发完成并经验收后，应将其实际成本自“开发成本——土地开发成本”账户的贷方转入“开发产品——土地”账户的借方。

借：开发产品——土地

贷：开发成本——土地开发成本

【例 3-2】沿用例 3-1，假设合华房地产公司的商品性甲块土地已开发完成并验收通过，那么：

借：开发产品——土地（甲块土地）　　1 200 000

贷：开发成本——土地开发成本（甲块土地）　　1 200 000

（二）已完自用土地开发成本的结转

对于为开发房屋而开发的自用土地，在开发完成后，应将其实际成本自“开发成本——土地开发成本”账户的贷方转入“开发成本——房屋开发成本”“在建工程”等账户的借方。如果自用土地开发完成后，还不能确定房屋和配套设施等项目的用地，则应先将其成本结转“开发产品——自用土地”账户的借方，待自用土地投入使用时，再从“开发产品——自用土地”账户的贷方将其开发成本转入“开发成本——房屋开发成本”等账户的借方。

结转计入房屋开发成本的土地开发支出，可采用分项平行结转法或归类集中结转法。

1. 分项平行结转法

分项平行结转法是指将土地开发支出的各项费用按成本项目分别平行转入有关房屋开发成本的对应成本项目。这种结转方法主要适用于改作自用的商业性建设场地的成本结转。因为原商业性建设场地的开发成本中归集了该场地应负担的全部费用。

借：开发成本——房屋开发成本——土地征用及拆迁补偿款

——前期工程费

——基础设施费

——建筑安装费

——配套设施费

——开发间接费用

贷：开发成本——土地开发成本——土地征用及拆迁补偿款

——前期工程费

——基础设施费

——建筑安装费

——配套设施费

——开发间接费用

2. 归类集中结转法

归类集中结转法是指将土地开发支出归类合并为“土地征用及拆迁补偿款”和“基础设施费”两个费用项目，然后转入有关房屋开发成本的“土地征用及拆迁补偿款”和“基础设施费”成本项目。凡与土地征用及拆迁补偿款或批租地价有关的费用，均转入有关房屋开发成本的“土地征用及拆迁补偿款”项目；对其他土地开发支出，包括前期工程费、基础设施费等，则合并转入有关房屋开发成本的“基础设施费”项目。这种结转方法主要适用于自用建设场地成本的结转。因为自用建设场地一般不归集配套设施费和开发间接费用，所以为简化核算手续，可以采用这种方法结转。

借：开发成本——房屋开发成本

——土地征用及拆迁补偿款

——基础设施费

贷：开发成本——土地开发成本

——土地征用及拆迁补偿款

——前期工程费

——基础设施费

——建筑安装费

【例 3-3】沿用例 3-1，假设合华房地产公司的自用乙块土地已开发完成并验收通过。该土地将全部用于建设公司自用办公楼。那么：

借：开发成本——房屋开发成本（自用办公楼）　　1 260 000

贷：开发成本——土地开发成本（乙块土地）　　1 260 000

四、土地开发成本的分配

按照税法的有关规定，土地开发成本一般按占地面积法进行分配。如果确实需要结合其他方法进行分配，应经税务机关同意。

在会计核算上，如果成本对象的占地面积可以取得，原则上房地产开发企业应该按占地面积进行分摊。房地产开发企业取得成本对象占地面积的途径有两个：一是政府规划审批部门在项目规划中测定的占地面积，二是房地产开发企业根据项目规划自行测定的占地面积。

在实际项目运作时，并不是所有的成本对象都可以单独取得其占地面积。垂直排列的成本对象就无法取得各自的占地面积，如有的项目的开发产品，一至三层裙房为购物中心，三层以上是写字楼，作为成本对象，购物中心和写字楼的占地面积是重合的，因此，这种情况下就不能按占地面积分摊土地价款。

注意

- 无法按占地面积分摊土地开发成本的，一般按建筑面积法进行分配。
- 在分摊土地成本时，如果属于单独建造、具有独立使用功能的地下建筑物，应分摊土地成本；如果属于为建造地上建筑物而形成的、不具有独立使用功能的地下基础设施，不分摊土地成本。
- 回迁房成本如果作为拆迁补偿费，不分摊土地成本。
- 单独建造应该由开发产品承担的配套设施，应分摊土地成本。

【例 3-4】合华房地产公司通过竞拍取得甲地块的土地使用权用于房地产开发，该地块占地面积 6 万平方米，总建筑面积为 20 万平方米。经测算，该地块总共发生土地开发成本 3 亿元。该地块整体项目分为商业区、住宅区和别墅区三个区域，规划指标如下。

商业区：占地面积 1 万平方米，开发产品为三层裙房和 18 层写字楼，总建筑面积 5 万平方米，其中裙房建筑面积 2 万平方米，写字楼建筑面积 3 万平方米。

住宅区：占地面积 2 万平方米，建筑面积 11 万平方米。

别墅区：占地面积 3 万平方米，建筑面积 4 万平方米。

根据上述经济业务，该公司在分摊土地开发成本时应作如下账务处理。

（1）土地开发成本的归集：

借：开发成本——土地开发成本（甲地块）　　300 000 000

　贷：银行存款　　300 000 000

（2）土地价款的分摊：

根据该项目实际情况，合华房地产公司确定成本对象分别为：裙房、写字楼、住宅和别墅。各成本对象分摊的土地成本如下：

①商业区的土地成本：按占地面积法进行分摊。

商业区的土地成本 =30 000 ÷ 6 × 1=5 000（万元）

裙房和写字楼的土地成本：按建筑面积法进行分摊。

裙房的土地成本 =5 000 ÷ 5 × 2=2 000（万元）

写字楼的土地成本 =5 000 ÷ 5 × 3=3 000（万元）

②住宅的土地成本：按占地面积进行分摊。

住宅的土地成本 =30 000 ÷ 6 × 2=10 000（万元）

③别墅的土地成本：按占地面积进行分摊。

别墅的土地成本 =30 000 ÷ 6 × 3=15 000（万元）

会计分录如下：

借：开发成本——房屋开发成本（裙房）——土地征用及拆迁补偿费　　20 000 000

　　　　　　——房屋开发成本（写字楼）——土地征用及拆迁补偿费　　30 000 000

　　　　　　——房屋开发成本（住宅）——土地征用及拆迁补偿费　　100 000 000

　　　　　　——房屋开发成本（别墅）——土地征用及拆迁补偿费　　150 000 000

　贷：开发成本——土地开发成本（甲地块）　　300 000 000

第三节　建筑安装工程成本的归集与分配

房地产项目开发过程中发生的建筑安装工程支出，应根据工程的不同施工方式，采用不同的核算方法。房地产开发企业的基础设施和建筑安装等工程的施工，可以采用自营方式，也可采用发包方式进行。

一、自营方式的核算

自营方式是指房地产开发企业自行组织实施房地产项目的建筑安装工程。

（一）成本核算对象

基础设施、建筑安装等工程的施工属于单件生产，在对工程组织成本核算时，必须采用定单成本核算法，即按照各项工程分别核算成本的方法。凡是可以直接计入各项工程的生产费用，应直接计入各项工程成本；凡是不能直接计入各项工程而应由有关工程共同负担的生产费用，要按照发生地点先行归集，然后按照一定的标准，定期分配计入有关工程成本。

按定单成本核算法核算工程成本，必须确定工程成本核算的对象。工程成本核算的对象通常是具有工程预算的单位工程。因为单位工程是编制工程预算、工程进度计划的对象。根据单位工程来组织工程成本核算，便于反映工程预算的执行结果，分析工程成本超降的原因，及时反映施工活动的经济效益。企业可以简化工程成本核算手续，把它们的成本合并核算，然后按照各单位工程预算造价的比例，算得各单位工程的实际成本。如：

（1）将在同一施工地点、同一结构类型、开竣工时间相接近的各个单位工程的成本合并计算；

（2）将在同一工地上施工的几个预算造价很小的工程的成本合并计算。

（二）成本核算项目

为了便于核算各项工程成本和分清工程成本超降的原因，必须对生产费用按照经济用途加以分类。施工单位的生产费用按照经济用途，一般分为材料费、人工费、机械使用费、其他直接费、施工间接费等成本核算项目。具体如表 3-1 所示。

表 3-1　按照经济用途分类的成本核算项目

项目分类	具体说明
1. 材料费	指在施工过程中所耗用的构成工程实体的材料、结构件的实际成本以及周转材料的摊销和租赁费用
2. 人工费	指直接从事工程施工工人（包括施工现场制作构件工人，施工现场水平、垂直运输等辅助工人，但不包括机械施工人员）的工资、奖金、津贴等职工薪酬

（续表）

项目分类	具体说明
3. 机械使用费	指在施工过程中使用自有施工机械所发生的费用，包括机上操作人员工资，职工福利费，燃料动力费，机械折旧、修理费，替换工具及部件费，润滑及擦拭材料费，安装、拆卸及辅助设施费，养路费，牌照税，使用外单位施工机械的租赁费，以及按照规定支付的施工机械进出场费
4. 其他直接费	指现场施工用水、电、蒸汽费，冬雨季施工增加费，夜间施工增加费，土方运输费，材料二次搬运费，生产工具用具使用费，工程定位复测费，工程点交费，场地清理费等
5. 施工间接费	指施工单位为组织和管理工程施工所发生的全部支出，包括施工单位管理人员工资、职工福利费、办公费、差旅交通费、行政管理用固定资产折旧修理费、低值易耗品摊销、财产保险费、劳动保护费、民工管理费等。如搭建有为工程施工所必需的生产、生活用的临时建筑物、构筑物及其他临时设施，还应包括临时设施摊销费

上述材料费、人工费、机械使用费和其他直接费用，由于直接耗用于工程的施工过程，属于直接费用，可以直接记入“工程施工”科目和各项工程成本。施工间接费由于属于组织和管理工程施工所发生的各项费用，要按照一定标准分配计入各项工程成本，属于间接费用，在核算上应先将它记入“施工间接费用”科目，然后按照一定标准分配计入各项工程成本。

（三）主要账务处理

采用自营方式进行的基础设施和建筑安装（包括装饰）等工程，如果工程规模不大，在施工过程中发生的各项工程费用，可直接计入有关开发成本的核算对象，记入“开发成本——房屋开发成本”等科目的借方和“银行存款”“工程物资”或“原材料”“应付职工薪酬”等科目的贷方。

借：开发成本——房屋开发成本

贷：银行存款、原材料、应付职工薪酬等

如果工程规模较大，由企业所属施工单位进行内部核算的，可根据需要设置“工程施工”科目，用来核算和归集自营工程费用，并按工程施工成本核算对象和成本项目设置工程施工成本明细分类账，进行工程成本明细分类核算。

二、发包方式的核算

房地产开发企业的基础设施和建筑安装等工程的施工，如不采用自营方式，可以采用发包方式。

对发包的基础设施和建筑安装工程，一般采用招标、议标方式，通过工程公开招标或邀请施工企业议标，将工程发包给施工企业的，按工程标价结算。房地产开发企业要根据工程承包合同条例的规定，同承包工程的施工企业签订工程承包合同。开发企业应将承包合同副本送交开户银行作为结算工程价款的依据。

（一）工程价款结算的办法

房地产开发企业与施工企业在工程承包合同中规定的工程价款的结算，应根据国家有关工程价款结算办法，结合当地的有关规定具体确定。从目前各个地区所采用的工程价款结算办法来看，归纳起来主要有以下三种。

1. 按月结算

根据地区不同，企业按月结算的具体做法也不尽相同，一般都实行月中预付、月末结算，即在月中按照当月施工计划所列的工作量预付一半，月末（实际为下月初）按照各工程当月实际完成工作量（即预算造价或调整计算后的工程标价）扣除月中预付款后进行结算。

2. 分段结算

分段结算就是将一个单位工程按形象进度划分为几个阶段（部位），如基础、结构、装饰、竣工等，然后按照完成阶段，分段验收结算工程价款。分段结算也可按月预付工程款，即在月中按照当月施工计划工作量预付，待工程阶段完成验收后再按分段工程预算造价或调整计算后的工程标价扣除预付款后进行结算。

3. 竣工一次结算

开发项目或单项工程施工工期在 12 个月以内，或者工程承包合同价值较小的，可以实行工程价款每月月中预支、竣工后一次结算。即在工程开工后，每月按当月施工计划所列工作量预付工程款，于工程竣工验收后按工程承包合同价值扣除预付工程款后进行结算。

（二）支付工程合同款的核算

采取发包方式时，房地产开发企业支付给施工企业的建筑安装工程费属于开发成本的直接费用，可以直接计入相关开发项目的成本中去。房地产开发企业与施工企业是承发包合同契约关系，根据合同约定进行工程款的预付、备料款的预付以及整个工程价款的最终结算。工程开工前或开工后，按照合同约定房地产开发企业应向施工企业拨付工程备料款、工程进度款，还有可能向施工企业提供设备或材料（钢材、水泥等），涉及预付工程款、备料款以及拨付材料设备的支出，房地产开发企业先列入“预付账款”账户核算，待施工企业提出“工程价款结算账单”办理工程价款结算时，再从“预付账款”账户转入“开发成本——建筑安装工程费”账户。

（1）房地产开发企业按照规定预付给承包施工企业的备料款和工程款：

借：预付账款——预付承包单位款

贷：银行存款

（2）按照工程价款结算账单应付给承包施工企业的工程款：

借：开发成本——房屋开发成本

应交税费——应交增值税（进项税额）

贷：应付账款——应付工程款

如有扣除应付工程款的预付备料款和预付工程款，应将扣回的预付备料款和预付工程款记入“预付账款——预付承包单位款”账户的贷方，“应付账款——应付工程款”账户的贷方仅记减去扣回预付备料款和预付工程款后的应付账款。

（3）支付工程款时，记入“应付账款——应付工程款”账户的借方和“银行存款”等账户的贷方：

借：应付账款——应付工程款

贷：银行存款

【例 3-5】某房地产公司某项发包工程年度合同总值为 8 000 万元，按照合同规定开工前应付预付备料款 200 万元，相关账务处理如下（假设不考虑相关税费）。

（1）用银行存款支付时：

借：预付账款——预付承包单位款　　2 000 000

贷：银行存款　　2 000 000

（2）11 月份根据施工企业当月施工计划所列工作量的 50%（即 500 万元），用银行存款预付工程款时：

借：预付账款——预付承包单位款　　5 000 000

贷：银行存款　　5 000 000

（3）12 月初根据施工企业提出 11 月份工程价款结算账单中的已完工程价值为 800 万元，减去应扣回预付备料款 200 万元、月中预付工程款 500 万元，尚应支付工程款 100 万元。

借：开发成本　　8 000 000

贷：预付账款——预付承包单位款　　7 000 000

应付账款——应付工程款　　1 000 000

（4）用银行存款支付应付工程款时：

借：应付账款——应付工程款 1 000 000

贷：银行存款 1 000 000

（三）甲供材的核算

对于甲供材，在会计处理时，应根据工程承包合同的约定采用不同的会计处理方式。

（1）工程承包合同约定总价中包括甲供材价格的，“甲供材”发出时作为预付给施工方的工程款，记入“预付账款”账户：

借：预付账款

贷：原材料

【例 3-6】某房地产开发企业与施工单位——章龙建筑公司签订施工合同，合同总价为 6 000 万元，其中包括房地产开发企业提供的钢材 1 000 万元。房地产开发企业将钢材发给章龙建筑公司时：

借：预付账款——章龙建筑公司 10 000 000

贷：原材料 10 000 000

（2）工程承包合同约定总价中不包括甲供材价格的，“甲供材”直接记入开发成本账户。在发出原材料时，按材料实际购买价：

借：开发成本

贷：原材料

【例 3-7】某房地产开发企业与施工单位——漳平建筑公司签订施工合同，合同总价为 5 000 万元，不包括房地产开发企业提供的钢材 2 000 万元。房地产开发企业将钢材发给建筑公司时：

借：开发成本 20 000 000

贷：原材料 20 000 000

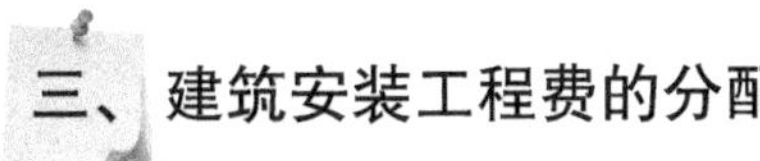

三、建筑安装工程费的分配

建筑安装工程费在实际发生时，一般直接计入相关成本对象。如果不能直接计入相关成本对象的，则应按合理的方式进行分配。

（一）按工程结算额分配

建筑安装工程费与其他成本项目不同，开发产品一般以每一独立编制设计概算或施工图预算的单项开发工程为成本核算对象。也就是说，成本对象都具有独立的设计概算或施工图预算，因此，根据每一个成本对象的设计概算或施工图预算，房地产开发企业发生的建筑安装工程费在最后完工结算工程价款时，都可以准确确定每一个成本对象的建筑安装工程费。因此，一般情况下，房地产开发企业应在工程完工时，按照工程结算值分配计入相应的成本对象。

（二）按工程预算造价分配

如果房地产开发企业对建筑安装工程采用招标方式发包，并将几个工程一并招标发包，则在工程完工结算工程价款时，也可以按各项工程的预算造价的比例，计算它们的标价，即实际建筑安装工程费，并计入相应的成本对象。公式如下：

某项工程实际建筑安装工程费 = 工程标价 ×（该项工程预算造价 ÷ 各项工程预算造价合计）

房地产开发企业对建筑安装工程采用招标方式发包，并将几个工程一并招标发包，那么房地产开发企业在发生建筑安装工程费时，应先将其支出通过“开发成本——房屋开发成本——建筑安装工程费”账户进行归集，会计期末按照一定的分配标准分配给各受益对象。具体账务处理为：应由开发产品受益的，将其分配计入有关成本核算对象，记入“生产成本——房屋开发成本（或配套设施开发成本）——某成本对象——建筑安装工程费”账户的借方；应由投资性房地产或固定资产受益的，将其分配记入“在建工程”等账户的借方。

【例 3-8】合华房地产公司对两幢商品房建筑安装工程进行招标，标价为 9 500 万元，这两幢商品房的预算造价为：1 号楼 6 000 万元，2 号楼为 4 000 万元，合计 1 亿元。

工程完工结算工程价款时，计算各幢商品房的实际建筑安装工程费：

1 号楼建安工程费 = 9 500 ×（6 000 ÷ 10 000）=5 700（万元）

2 号楼建安工程费 = 9 500 ×（4 000 ÷ 10 000）=3 800（万元）

第四节　配套设施开发成本的归集与分配

配套设施开发成本是指房地产开发企业开发能有偿转让的配套设施以及不能有偿转让、不能直接计入开发产品成本的公共配套设施所发生的各项费用支出。

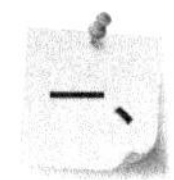

一、公共配套设施成本对象的确定

房地产开发企业开发的配套设施，可以分为非营利性公共配套设施和营利性公共配套设施。

（一）非营利性公共配套设施的成本对象

对非营利性公共配套设施，如果工程规模较大，可以将各配套设施作为成本核算对象，在“开发成本——配套设施开发成本”科目下按各项配套设施设立明细科目，如物业服务用房、业主会所、幼儿园、学校、儿童游乐设施、环卫设施、运动设施、超市（配套商业设施）等。

如果工程规模不大，与其他项目建设地点较近，且开竣工时间相差不多，并由同一施工单位施工的，也可考虑将它们合并作为一个成本核算对象。

对于只为一个单体开发项目服务的、应摊入开发项目成本且造价较低的配套设施，可以不单独作为成本核算对象，发生的开发费用直接计入单体开发项目的成本。

（二）营利性公共配套设施的成本对象

一般来说，营利性的大配套设施项目应以各配套设施项目作为成本核算对象，以正确计算各配套设施的开发成本。

二、非营利公共配套设施费的核算

为了正确核算和反映企业开发建设中各种非营利性配套设施所发生的支出，并准确地计算房屋开发成本和各种大配套设施的开发成本，对非营利性公共配套设施支出的核算可以分为两种。

（一）作为成本对象的核算

单独作为过渡性成本对象核算的公共配套设施开发成本，通过“开发成本——配套设施开发成本——配套设施成本对象”科目进行归集，会计期末按照一定的分配标准分配给各受益对象。

应由开发产品受益的配套设施开发成本，将其分配计入有关成本核算对象，即借记“开发成本——房屋开发成本——某成本对象——配套设施费”账户；应由投资性房地产或固定资产受益的配套设施开发成本，将其分配记入“在建工程”账户的借方。

根据税法规定，单独作为过渡性成本对象核算的公共配套设施开发成本，应按建筑面积法进行分配。因此，在会计期末最好按照建筑面积法分配，这样可以保证会计处理与税务处理相一致，省去纳税调整给企业会计人员带来的不必要的工作量。

（二）不作为成本对象的核算

对于只为一个单体开发项目服务的、应摊入开发项目成本且造价较低的配套设施，发生的开发费用直接计入单体开发项目的成本。具体会计处理为：

借：开发成本——房屋开发成本——成本对象

贷：银行存款、应付账款等

三、非营利公共配套设施成本项目的设置

对于作为成本对象核算的非营利公共配套设施的开发成本，在核算时一般设置如下四个成本项目：（1）土地征用及拆迁补偿款或批租地价，（2）前期工程费，（3）基础设施费，（4）建筑安装工程费。

由于这些配套设施的支出需由房屋等开发成本负担，为简化核算手续，对这些配套设施，可不再分配其他配套设施支出。它本身应负担的开发间接费用，也可直接分配计入有关房屋开发成本。因此，对这些配套设施，在核算时也就不必设置配套设施费和开发间接费两个成本项目。

四、营利性公共配套设施成本项目的核算

营利性公共配套设施应当单独核算其成本。除企业自用应按建造固定资产核算外，其他一律按建造开发产品核算。

一般说来，对营利性配套设施项目，应以各配套设施项目作为成本核算对象，以正确计算各项设施的开发成本。对这些配套设施的开发成本应设置如下六个成本项目：（1）土地征用及拆迁补偿款或批租地价，（2）前期工程费，（3）基础设施费，（4）建筑安装工程费，（5）配套设施费，（6）开发间接费。

其中，配套设施费项目用以核算分配的其他配套设施费。因为要使这些设施投入运转，有的也需要其他配套设施为其提供服务，所以理应分配为其服务的有关设施的开发成本。

营利性公共配套设施支出，应在“开发成本——配套设施开发成本——配套设施成本对象”账户进行归集，会计期末按照建筑面积法分配给各受益对象，并记入“开发成本——房屋开发成本——某成本对象——配套设施费”账户的借方。

（1）对发生的土地征用及拆迁补偿款或批租地价、前期工程费、基础设施费、建筑安装工程费等支出，可直接记入各配套设施开发成本明细分类账的相应成本项目：

借：开发成本——配套设施开发成本

贷：银行存款

应付账款——应付工程款等

（2）对营利性配套设施分配的其他配套设施支出，应记入各营利性配套设施开发成本明细分类账的“配套设施费用”项目：

借：开发成本——配套设施开发成本——××

贷：开发成本——配套设施开发成本——××

（3）对能有偿转让的大型配套设施分配的开发间接费用，应记入各配套设施开发成本明细分类账的“开发间接费用”项目：

借：开发成本——配套设施开发成本

贷：开发间接费用

【例 3-9】某房地产公司根据建设规划要求，在开发小区内负责建设一栋商超、一座水塔和一所幼儿园。上述设施均发包给施工企业施工，其中商超建成后，有偿转让给商业部门；水塔和幼儿园的开发支出按规定计入有关开发产品的成本。上述各配套设施发生的有关支出如下。

配套设施支出明细

单位：万元

项目	商超	水塔	幼儿园	合计
支付征地拆迁费	500	20	200	720
支付前期工程费	300	80	150	530
应付基础设施费	500	100	150	750
应付建安工程费	200	90	100	390
分配水塔配套费	50	-50		
分配幼托配套费	150		-150	
分配开发间接费	80			80
合计	1 780	240	450	2 470

那么，根据上述资料，该房地产公司应作如下账务处理。

（1）支付征地拆迁费时：

借：开发成本——配套设施开发成本——商超　　5 000 000

　　　　　　　　　　　　　　　——水塔　　200 000

　　　　　　　　　　　　　　　——幼儿园　　2 000 000

　贷：银行存款　　7 200 000

（2）支付前期工程款时：

借：开发成本——配套设施开发成本——商超　　3 000 000

——水塔　800 000
——幼儿园　1 500 000
贷：银行存款　5 300 000

（3）将应付施工企业基础设施工程款入账时：

借：开发成本——配套设施开发成本——商超　5 000 000
——水塔　1 000 000
——幼儿园　1 500 000
贷：应付账款——应付工程款　7 500 000

（4）将应付建筑安装工程款入账时：

借：开发成本——配套设施开发成本——商超　2 000 000
——水塔　900 000
——幼儿园　1 000 000
贷：应付账款——应付工程款　3 900 000

（5）按规定应将其开发成本分配计入商品房等开发产品成本的非营利公共配套设施，如上述水塔设施和幼托设施，在完工验收后，应将其发生的实际开发成本按一定的标准（有关开发产品的实际成本、预算成本或计划成本），分配计入有关房屋和营利性公共配套设施的开发成本。分配应计入商超配套设施开发成本的水塔设施支出和幼托设施支出时：

借：开发成本——配套设施开发成本——商超　500 000
贷：开发成本——配套设施开发成本——水塔　500 000
借：开发成本——配套设施开发成本——商超　1 500 000
贷：开发成本——配套设施开发成本——幼儿园　1 500 000

（6）分配应计入商超配套设施开发成本的开发间接费用时：

借：开发成本——配套设施开发成本——商超　800 000
贷：开发间接费用　800 000

同时应将各项配套设施支出分别记入各配套设施开发成本明细分类账。

已完成全部开发过程并经验收的配套设施，应按其用途结转其开发成本。

（7）对能有偿转让给有关部门的营利性公共配套设施，如上述商超设施，应在完工验收后将其实际成本自“开发成本——配套设施开发成本——商超”账户的贷方转入“开发产品——配套设施——商超”账户的借方。

借：开发产品——配套设施——商超　17 800 000
贷：开发成本——配套设施开发成本——商超　17 800 000

五、预提配套设施费的核算

对配套设施与房屋等开发产品不同步开发，或房屋等开发完成等待出售或出租，而配套设施尚未全部完成的，经批准后可按配套设施的预算成本或计划成本，预提配套设施费，将它记入房屋等开发成本明细分类账的“配套设施费”项目。

借：开发成本——房屋开发成本

　　贷：应付账款——预提费用

由于小区开发时间较长，有的需要几年，所以开发企业在开发进度安排上，有时先建房屋，后建配套设施。这样，往往是房屋已经建成而有的配套设施尚未完成，或者是商品房已经销售，而幼托、消防设施等尚未完工。这种房屋开发与配套设施建设的时间差，使得那些已具备使用条件并已出售的房屋应负担的配套设施费，无法按配套设施的实际开发成本进行结转和分配，只能以未完成配套设施的预算成本或计划成本为基数，计算出已出售房屋应负担的数额，用预提方式计入出售房屋等的开发成本。开发产品预提的配套设施费的计算，一般可按以下公式进行：

某项开发产品预提的配套设施费＝该项开发产品预算成本（或计划成本）× 配套设施费预提率

配套设施费预提率＝该配套设施的预算成本（或计划成本）÷ 应负担该配套设施费各开发产品的预算成本（或计划成本）合计 ×100%

公式中，应负担配套设施费的开发产品一般应包括开发房屋、能有偿转让在开发小区内开发的大配套设施。

需要注意的是：并不是所有的配套设施都可以预提成本，只有非营利性公共配套设施最终可以分配计入房屋开发成本。因此，在房屋竣工时，对于营利性公共配套设施尚未建造或尚未完工的，不能预提该公共配套设施费。而对于非营利公共配套设施尚未建造或尚未完工的，可按预算造价合理预提建造费用。此类公共配套设施必须符合已在售房合同、协议或广告、模型中明确承诺建造且不可撤销，或按照法律法规规定必须配套建造的条件。

（1）预提配套设施费时，根据预提金额：

借：开发成本——房屋开发成本

　　贷：应付账款——预提费用

（2）实际发生配套设施费时，按支付款项的金额：

借：应付账款——预提费用

　　贷：银行存款

　　　　应付账款——应付工程款等

（3）当成本结算完毕，对已经按照预提成本结转的销售成本和资产账面价值以及库存开发产品成本进行调整。

①如果实际成本大于预提成本，按其差额：

借：开发产品、主营业务成本、投资性房地产、固定资产等

贷：银行存款、应付账款——应付工程款等

②如果实际成本小于预提成本，按其差额：

借：应付账款——预提费用

贷：开发产品、主营业务成本、投资性房地产、固定资产等

如预提配套设施费大于或小于实际开发成本，可将其多提数或少提数冲减有关开发产品成本或作追加的分配。如有关开发产品已完工并办理竣工决算，可将其差额冲减或追加分配于尚未办理竣工决算的开发产品的成本。

【例 3-10】某房地产公司开发项目内幼托设施开发成本应由住宅、公寓、写字楼、和营利性公共配套设施商超负担。由于幼托设施在其他销售物业完工出售时尚未完工，为了及时结转完工的销售物业成本，应先将幼托设施配套设施费预提计入销售物业的开发成本。假定各项开发产品和幼托设施的预算成本如下：住宅，8 000 万元；公寓，6 000 万元；写字楼，5 000 万元；商超，1 000 万元；幼托设施，2 000 万元。

那么，幼托设施配套设施费预提率 =2 000÷（8 000+6 000+5 000+1 000）×100%=10%。

各项开发产品预提幼托设施的配套设施费如下所示。

住　宅：8 000×10%=800（万元）

公　寓：6 000×10%=600（万元）

写字楼：5 000×10%=500（万元）

商　超：1 000×10%=100（万元）

按预提率计算各项开发产品的配套设施费时，其与实际支出数的差额，应在配套设施完工时，按预提数的比例，调整增加或减少有关开发产品的成本。本例中假设实际支出数为 2 500 万元。

（1）预提配套设施费时：

借：开发成本——房屋开发成本——住宅——配套设施费	8 000 000
——公寓——配套设施费	6 000 000
——写字楼——配套设施费	5 000 000
——商超——配套设施费	1 000 000
贷：应付账款——预提费用	20 000 000

（2）幼托配套设施建造时：

借：应付账款——预提费用 25 000 000

贷：银行存款（或应付账款） 25 000 000

（3）配套设施完工时（实际成本大于预提成本）：

借：开发产品 5 000 000

贷：银行存款（或应付账款） 5 000 000

六、已完配套设施开发成本的结转

已完成全部开发过程并验收通过的配套设施，应根据不同情况和用途结转其开发成本。

1. 对能有偿转让给有关部门的大配套设施

对能有偿转让给有关部门的大配套设施，应在完工验收后将其实际成本自“开发成本——配套设施开发成本”账户的贷方转入“开发产品——配套设施”账户的借方。

借：开发产品——配套设施

贷：开发成本——配套设施开发成本

配套设施有偿转让收入，应作为经营收入处理。

2. 按规定应将其开发成本分配计入房屋等开发产品成本的公共配套设施

按规定应将其开发成本分配计入房屋等开发产品成本的公共配套设施，在完工验收后应将其发生的实际开发成本按一定的标准（有关开发产品的实际成本、预算成本或计划成本），分配计入有关房屋和大配套设施的开发成本。

借：开发成本——房屋开发成本

——配套设施开发成本

贷：开发成本——配套设施开发成本

3. 用预提方式将配套设施支出计入有关开发产品成本的公共配套设施

对用预提方式将配套设施支出计入有关开发产品成本的公共配套设施，如幼托设施，应在完工验收后，将其实际发生的开发成本冲减预提的配套设施费。

借：预提费用——预提配套设施费

贷：开发成本——配套设施开发成本

如果预提配套设施费大于或小于实际开发成本，可将其多提数或少提数冲减有关开发产品成本或作追加的分配。如果有关开发产品已完工并办理竣工决算，可将其差额冲减或追加分配于尚未办理竣工决算的开发产品的成本。

第五节 开发间接费用的归集与分配

开发间接费用是指房地产开发企业内部独立核算单位在开发现场组织管理开发产品而发生的各项费用。这些费用虽然也属于直接为房地产开发而发生的费用，但它不能确定其为某项开发产品所应负担，因而无法将它直接计入各项开发产品成本。为了简化核算手续，在会计核算时先将它记入“开发间接费用”账户，然后再按照适当分配标准，将它分配计入各项开发产品成本。

一、开发间接费用的组成与核算

为了对开发间接费用进行明细分类核算，分析各项费用增减变动的原因，进一步节约费用开支，开发间接费用应分设明细项目进行核算。具体如表 3-2 所示。

表 3-2 开发间接费用的项目明细

项目明细	具体内容
职工薪酬	指开发企业内部独立核算单位现场管理机构行政、技术、经济、服务等人员的工资、奖金和津贴
折旧费	指开发企业内部独立核算单位使用属于固定资产的房屋、设备、仪器等提取的折旧费
修理费	指开发企业内部独立核算单位使用属于固定资产的房屋、设备、仪器等发生的修理费
办公费	指开发企业内部独立核算单位各管理部门办公用的文具、纸张、印刷、邮电、书报、会议、差旅交通、烧水和集体取暖用煤等费用
水电费	指开发企业内部独立核算单位各管理部门耗用的水电费
劳动保护费	指用于开发企业内部独立核算单位职工的劳动保护用品的购置、摊销和修理费，供职工保健用营养品、防暑饮料、洗涤肥皂等物品的购置费或补助费，以及工地上职工洗澡、饮水的燃料等
周转房摊销	指不能确定为某项开发项目安置拆迁居民周转使用的房屋计提的摊销费
利息支出	指开发企业为开发房地产借入资金所发生而不能直接计入某项开发成本的利息支出及相关的手续费，但应冲减使用前暂存银行而发生的利息收入。开发产品完工以后的借款利息应作为财务费用，计入当期损益
其他费用	指上列各项费用以外的其他开发间接费用支出

从上述开发间接费用的明细项目中，可以看出它与土地征用及拆迁补偿款、建筑安装工程费等变动费用不同，开发间接费用属于相对固定的费用，其费用总额不随着开发

产品量的增减而成比例的增减。但就单位开发产品分摊的费用来说，其随着开发产品量的变动而成反比例的变动，即完成开发产品数量增加，单位开发产品分摊的费用随之减少；反之，完成开发产品数量减少，单位开发产品分摊的费用随之增加。因此，超额完成开发任务，就可降低开发成本中的开发间接费用。

为了核算房地产开发企业的开发间接费用，会计上应设置“开发间接费用”账户。企业所属各内部独立核算单位发生的各项开发间接费用，都要自“应付职工薪酬”“累计折旧”“递延资产”“银行存款”“周转房——周转房摊销”等账户的贷方转入“开发间接费用”账户的借方。

借：开发间接费用

贷：应付职工薪酬、累计折旧、递延资产、银行存款、周转房——周转房摊销等

开发间接费用的明细分类核算，一般要按所属内部独立核算单位设置“开发间接费用明细分类账”，将发生的开发间接费用按明细项目分栏登记。

需要注意的是：如果房地产开发企业不设置现场管理机构而由企业（即公司本部）定期或不定期地派人到开发现场组织开发活动，其所发生的费用，除周转房摊销外，其他开发间接费可计入企业的管理费用。

二、开发间接费用的分配

每月终了，企业应对开发间接费用进行分配，按实际发生数计入有关开发产品的成本。开发间接费用的分配方法，可以根据开发经营的特点自行确定。不论土地开发、房屋开发、配套设施和代建工程，均应分配开发间接费用。

为了简化核算手续并防止重复分配，对应计入房屋等开发成本的自用土地和不能有偿转让的配套设施的开发成本，均不分配开发间接费用。这部分开发产品应负担的开发间接费用，可直接分配计入有关房屋开发成本。也就是说，企业内部独立核算单位发生的开发间接费用，可仅对有关开发房屋、商品性土地、能有偿转让配套设施及代建工程进行分配。

开发间接费用的分配标准，可按月份内各项开发产品实际发生的直接成本（包括土地征用及拆迁补偿款或批租地价、前期工程费、基础设施费、建筑安装工程费、配套设施费）进行，即：

某项开发产品成本分配的开发间接费 = 月份内该项开发产品实际发生的直接成本 ×（本月实际发生的开发间接费用 ÷ 应分配开发间接费各开发产品实际发生的直接成本总额）

需要注意的是：除了开发产品应负担开发间接费用以外，如果房地产开发企业同时开发应计入投资性房地产或固定资产的房屋，开发间接费用还应对投资性房地产或固定资产项目进行分配，分配金额相应记入“在建工程”账户的借方。

【例 3-11】合华房地产开发公司的内部独立核算单位在 2017 年 1 月份共发生开发间接费用 55 000 元，发生时应作如下账务处理：

借：开发间接费用　　55 000

　贷：银行存款　　55 000

合华房地产公司当月各成本对象实际发生直接成本 550 000 元，确定的成本对象为三个，其中：商品房 A 的直接成本为 200 000 元，商品房 B 的直接成本为 250 000 元，配套设施直接成本为 100 000 元。假设间接费用采取直接成本法分摊，那么由此计算合华房地产公司 5 月份各成本对象应分配的开发间接费用如下。

商品房 A：55 000 ×（200 000 ÷ 550 000）=20 000（元）

商品房 B：55 000 ×（250 000 ÷ 550 000）=25 000（元）

配套设施：55 000 ×（100 000 ÷ 550 000）=10 000（元）

具体会计分录如下：

借：开发成本——房屋开发成本 A　　20 000

　　　　　　——房屋开发成本 B　　25 000

　　　　　　——配套设施开发成本　　10 000

　贷：开发间接费用　　55 000

第六节　代建工程开发成本的核算

代建工程开发成本是指房地产开发企业接受有关单位的委托，代为开发建设的工程，或参加委托单位招标，经过投标中标后承建的开发项目所发生的各种费用支出。

一、代建工程的成本核算对象与项目

实务中，由于代建工程种类较多，各种代建工程的开发内容和开发特点不同，因此在会计核算上应采用不同的计算和结转方法。

（一）建设场地和房屋

房地产开发企业受托代为开发的建设场地和各种房屋，其开发内容和特点与自有土地和房屋开发相同。因此，会计核算上应在“开发成本——土地开发成本”和“开发成本——房屋开发成本”账户下分别按每个代建开发项目设置明细账，并按成本项目设置专栏，归集各代建开发项目的成本。其成本计算方法与土地开发和房屋开发项目相同。

（二）其他代建工程

除土地、房屋以外，房地产开发企业受托代委托单位开发的其他工程，如市政工程等所发生的支出，应通过“开发成本——代建工程开发成本”账户核算。因此，房地产开发企业在“开发成本——代建工程开发成本”账户核算的，仅限于企业接受委托单位委托，代为开发的除土地、房屋以外的其他工程所发生的支出。

代建工程开发成本的核算对象应根据各项工程实际情况确定。成本项目一般可设置如下几项：（1）土地征用及拆迁补偿款，（2）前期工程费，（3）基础设施费，（4）建筑安装工程费，（5）开发间接费。在实际核算工作中，应根据代建工程支出内容设置使用。

二、代建工程的核算

房地产开发企业受托代为开发的除建设场地和房屋以外的其他工程，如市政管理部门委托开发的道路、供水、供电、排污、供气等设施，其所发生的费用应在“开发成本”账户下设置“代建工程开发成本”二级账，并按具体开发项目设置三级明细账归集，待代建工程竣工时，计算和结转代建工程成本。

“代建工程开发成本”应按成本核算对象和成本项目分别归类记入各代建工程开发成本明细分类账。代建工程开发成本明细分类账的格式，基本上和房屋开发成本明细分类账相同。代建工程开发成本项目也应按照土地和房屋开发项目设置，但一般市政工程不需要设置“公共配套设施费”成本项目。

（1）房地产开发企业发生的各项代建工程支出和对代建工程分配的开发间接费用：

借：开发成本——代建工程开发成本

**　　贷：银行存款、应付账款——应付工程款、原材料、应付职工薪酬、开发间接费用等**

（2）代建工程竣工时，有关明细账归集的全部开发费用，即为竣工代建工程成本，应将其由“开发成本”账户结转到“开发产品”账户：

借：开发产品——代建工程

**　　贷：开发成本——代建工程开发成本**

待将代建工程移交给受托单位，并办妥工程价款结算手续后，再将其从“开发产品”账户结转到“主营业务成本”账户。

（3）在将代建工程移交委托代建单位，办妥工程价款结算手续后，将代建工程开发成本自“开发产品”科目的贷方转入“主营业务成本”科目的借方。

【例 3-12】合华房地产公司接受市政工程管理部门的委托，代为扩建开发小区旁边的一条道路。扩建过程中，用银行存款支付拆迁补偿费 300 000 元，前期工程费 110 000 元，应付基础设施工程款 340 000 元，分配开发间接费用 100 000 元。

（1）发生上列各项扩建工程开发支出和分配开发间接费用时：

借：开发成本——代建工程——土地征用及拆迁补偿款　300 000
　　　　　　——前期工程费　110 000
　　　　　　——基础设施费　340 000
　　　　　　——开发间接费　100 000
　贷：银行存款　410 000
　　　应付账款——应付工程款　340 000
　　　开发间接费用　100 000

（2）道路扩建工程完工并经验收，结转已完工程成本时：

借：开发产品——代建工程　850 000
　贷：开发成本——代建工程——土地征用及拆迁补偿款　300 000
　　　　　　　——前期工程费　110 000
　　　　　　　——基础设施费　340 000
　　　　　　　——开发间接费　100 000

第七节　开发产品成本的结转

开发产品完工结算时应及时结转开发产品成本。在结转完工开发产品成本前，要和企业内部各业务部门沟通，确认是否还有属于待结转产品承担的成本仍没有发生的情况，确认开发产品总成本的完整性，防止归集的开发成本发生重大遗漏。

一、开发产品的类别

开发产品是指房地产开发企业已经完成全部开发建设过程，并已验收合格，符合国家建设标准和设计要求，可以按照合同规定的条件移交订购单位，或者作为对外销售、出租的产品，包括土地（建设场地）、房屋、配套设施和代建工程。

（一）作为开发产品的土地

作为开发产品的土地是指房地产开发企业为有偿转让而开发的商品性建设场地。注意：企业为建房而开发的建设场地，可将其土地开发成本直接转入房屋开发成本，而不作为开发产品核算。但建设土地近期不使用，应将其列入开发产品核算。

（二）作为开发产品的房屋

作为开发产品的房屋是指房地产开发企业开发完成准备销售的商品房以及受其他单位委托而开发的房屋等。注意：为安置被拆迁居民而建设的周转房，在作为周转房使用前，也列为开发产品，待开始周转使用后，要从开发产品转出，作为"周转房"单独核算。另外，企业开发的已出租的房地产应作为投资性房地产单独核算。投资性房地产将在第十一章专门进行介绍。

（三）作为开发产品的配套设施

作为开发产品的配套设施是指属于城市建设规划中的大型配套设施，包括开发项目外为居民服务的给排水、供电、供暖、供气的增容与增压及交通道路；开发项目内的营业性公共配套设施，如银行、商店、邮局等；开发项目内非营业性公共配套设施，如中小学、医院等。已出租的配套设施作为投资性房地产核算。

（四）作为开发产品的代建工程

作为开发产品的代建工程是指企业接受其他单位委托，代为开发建设的各项工程，包括建设场地、房屋及其他工程等。

二、成本预提

《房地产开发经营业务企业所得税处理办法》（国税发〔2009〕31号，以下简称国税发〔2009〕31号）规定：企业房地产开发经营业务包括土地的开发，建造、销售住宅、商业用房以及其他建筑物、附着物、配套设施等开发产品。除土地开发之外，其他开发产品符合下列条件之一的，应视为已经完工：（一）开发产品竣工证明材料已报房地产管理部门备案。（二）开发产品已开始投入使用。（三）开发产品已取得了初始产权证明。

对于完工产品，房地产开发企业应及时结转成本。实务中，房地产开发产品成本结转时，往往会遇到需要成本预提的情况。这是因为，当开发产品符合确认收入条件时，必须确认取得的销售收入，并结转销售成本。如果此时项目决算工作尚未完成，就需要对开发产品成本进行预提。主要包括出包工程、公共设施以及应交未交的报批报建费、物业完善费。

成本预提在"应付账款——预提费用"科目核算。该科目核算按权责发生制原则计提的，应由本受益期、受益对象承担的已经发生或将要发生但尚未结算或支付的成本、费用。当成本结算完毕，对已经按照预提成本结转的销售成本和资产账面价值以及库存开发产品成本进行调整，对已经计提的折旧不再调整。

（1）发生预提情况时，按预算成本或相关合同和收费文件规定标准，借记“开发成本”科目的相应明细科目，贷记“应付账款——预提费用”科目。

（2）实际发生时，借记“应付账款——预提费用”科目，贷记“银行存款”“应付账款——应付工程款”等科目。

（3）实际结算时，按实际结算大于预提成本之间的差额，借记“主营业务成本”“投资性房地产”等科目，贷记“银行存款”“应付账款——应付工程款”等科目；按实际结算小于预提成本之间的差额，借记“应付账款——预提费用”科目，贷记“主营业务成本”“投资性房地产”等科目。

【例 3-13】某房地产开发企业开发的翔鹭花园项目于 2016 年 11 月完工（假设符合国税发〔2009〕31 号完工的依据），出包工程合同总金额 8 000 万元。由于工程尚未办理结算，仅取得的发票金额为 7 000 万元，预提工程成本 1 000 万元。2017 年 1 月，工程办理结算，取得发票 1 000 万元。假设不考虑相关税费，且全部开发产品销售完毕。

（1）预提成本时：

借：开发成本　10 000 000

　贷：应付账款——预提费用　10 000 000

（2）结转完工成本：

借：开发产品　80 000 000

　贷：开发成本　80 000 000

（3）结转销售成本：

借：主营业务成本　80 000 000

　贷：开发产品　80 000 000

（4）办理结算取得发票：

借：应付账款——预提费用　10 000 000

　贷：应付账款——应付工程款　10 000 000

资产负债表日前结转的完工成本以及销售成本都包含了预提的成本费用 1 000 万元。

三、完工产品结转

开发产品成本核算对象的成本归集完毕，需要确定哪些成本核算对象是开发产品，哪些不是开发产品。属于开发产品的成本核算对象发生的各项费用支出属于不需再分摊成本，其归集的成本无须再进行任何分摊。不属于开发产品的成本核算对象就是非营利性公共配套设施，其发生的各项费用支出属于待分摊配套设施成本（共同成本），其归集的成本按照受益原则和配比原则分摊到开发产品中。不是开发产品的成本核算对象（非营利性公共配套设施）之间不再确定分摊关系，其成本直接分摊到开发产品中去。

在结转开发产品成本时，房地产开发企业应先通过成本的归集和分配，确定各成本核算对象的开发总成本，然后，再将不是开发产品的成本核算对象中归集的成本按照建筑面积法分摊到开发产品中，最终确定开发产品的开发总成本。

开发产品竣工验收达到预定可使用状态，成本结算完成后，编制库存产品成本明细表，详细列明每种开发产品的总成本、总面积、单位面积成本和总套数等信息，使用的面积要和测绘部门出具的实测面积一致。

（一）开发产品成本结转

为了正确核算开发产品的增加、减少、结存情况，房地产开发企业应设置资产类“开发产品”账户。“开发产品”借方登记已竣工验收的开发产品的实际成本，贷方登记月末结转的已销售、转让、结算的开发产品的实际成本。月末借方余额表示尚未销售、转让、结算的各种开发产品的实际成本。

“开发产品”账户应按开发产品的种类，如土地、房屋、配套设施和代建工程等设置明细账户，并在明细账户下按成本核算对象设置账页。如：开发产品——土地、开发产品——房屋、开发产品——配套设施、开发产品——代建工程等。

房地产开发企业的开发产品，在竣工验收时应按实际成本借记“开发产品”账户，贷记“开发成本”账户。

【例 3-14】某房地产开发企业根据竣工验收单，本月已完开发产品实际成本为 5 000 万元。其中：土地650万元，房屋5 000万元，代建工程1 000万元，配套设施350万元。

借：开发产品——土地	6 500 000	
——房屋	50 000 000	
——代建工程	10 000 000	
——配套设施	3 500 000	
贷：开发成本——土地开发成本		6 500 000
——房屋开发成本		50 000 000
——代建工程开发成本		10 000 000
——配套设施开发成本		3 500 000

开发产品在资产负债表日应当按照成本与可变现净值孰低计量。当市场发生重大变化，预计可变现净值低于成本时，在取得确凿证据的情况下，报相关部门和领导批准后按照预计可变现净值计量并进行相应的账务处理。

（二）开发产品结转后成本支出

实务中，在开发产品成本结转后会出现又发生成本支出的情况，这会造成库存开发产品成本与实际成本不符，两者的差异称为“成本差”。

如果发生差异的开发产品已经全部销售，成本差记入“销售费用——其他”科目。

如果发生差异的开发产品没有全部销售，发生的成本差先通过“开发成本”科目归集，然后转入“开发产品”科目，调整剩余开发产品成本，重新计算未售开发产品单位面积成本。

【例 3-15】某房地产开发企业开发的项目，于 2016 年 12 月份竣工交付，并相应结转收入和成本。2017 年 1 月份该项目又发生成本 500 万元。

（1）归集成本差时：

借：开发成本　　5 000 000

　贷：银行存款　　5 000 000

（2）结转成本差时：

借：开发产品　　5 000 000

　贷：开发成本　　5 000 000

（3）如果 2017 年 3 月份，该项目又发生成本 300 万元，2017 年 2 月底时，该项目已全部销售完毕，并结转了收入和成本：

借：销售费用　　3 000 000

　贷：银行存款　　3 000 000

第四章　销售与转让阶段

一个房地产项目从取得土地使用权、立项审批报规报建到开工建设乃至项目竣工交付使用，少则需要一两年，多则三四年甚至更长时间。受开发周期较长的影响，房地产开发企业销售收入的确认会相对滞后。而由于建设工程的特殊性，房地产项目开发成本的计量同样存在滞后性。

此外，房地产开发企业属于资金密集型行业，投资金额较大，为了缓解企业的资金压力，房地产销售往往采取预售方式，即在商品尚未建造完成时向客户收取价款。由此造成商品房交付与收款存在较大的时间差异。

第一节　销售收款的核算

房地产行业与其他行业最大的区别在于“预售制”的存在。一般行业都是在交付产品的同时收取销售款，而在“预售制”下，房地产开发企业的销售收款是在产品建造过程中实现的。这就产生了一个问题，即房地产开发企业的销售收款与销售收入并不在一个时点，销售收款在前，而销售收入在后。因此，对于房地产开发企业而言，销售收款的核算与销售收入的核算是两个不同的概念，核算的方法也各不相同。

房地产开发企业的销售收款主要包括销售定金、会员费及诚意金、预售款等。

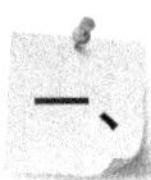

一、销售定金的核算

定金是房地产开发企业在签订商品房销售（预售）合同之前收取的款项，在签订销售合同后转作购房款。如果客户在协议规定的期限内不签订购房合同，房地产开发企业一般情况下将不退还客户已经缴纳的定金。

可见，房地产开发企业收取的定金是在企业已取得预售房许可证并已与客户签订商品房认购协议基础上收取的款项，实质上它属于销售款的一部分。因此，定金应视同收取购房款，在“预收账款”科目核算。

（1）房地产开发企业收取销售定金时：

借：银行存款

　贷：预收账款——销售定金

（2）房地产开发企业与客户正式签订商品房预售合同时，按转出销售定金的金额：

借：预收账款——销售定金

贷：预收账款——销售款

（3）如果客户违反认购协议的规定，未能最终签订商品房预售合同，按不再退还的定金的金额：

借：预收账款——销售定金

贷：营业外收入

【例 4-1】1 月 15 日，合华房地产公司开发的“金色阳光”项目共收取销售定金 850 万元。按照认购协议的规定，3 月 1 日，合华房地产公司与其中部分客户正式签订了商品房预售合同，这部分客户已交付的销售定金为 530 万元。根据上述经济业务，合华房地产公司应作如下账务处理。

（1）收取销售定金时：

借：银行存款　　8 500 000

贷：预收账款——销售定金　　8 500 000

（2）签订商品房预售合同时：

借：预收账款——销售定金　　5 300 000

贷：预收账款——销售款　　5 300 000

二、会员费及诚意金的核算

为了缓解资金压力，房地产开发商在未取得《商品房预售许可证》的情况下，会采取各种方式（申请书、承诺书、订单等）、各种名目（诚意金、VIP 会员费等）收取购房准业主的款项，以满足开发项目建设的资金需要。简单来说，会员费、诚意金就是指房地产开发企业在与客户签订“商品房认购书”之前收取的款项，这部分款项最终通常会退还给客户或转作购房款。

按照国家关于商品房预售的有关规定，房地产开发企业要在取得商品房预售许可证以后才能够与客户签订商品房认购协议书。也就是说，房地产开发企业收取的会员费和诚意金是在企业预售之前收取的款项。

由于会员费及诚意金的非约束性，不能将其作为预收款项处理，而应作为企业的应付款处理。

会计核算时，会员费、诚意金应在“其他应付款”科目下核算，房地产开发企业可根据实际情况设置明细科目进行辅助核算，以满足管理的需要。“其他应付款”科目贷方登记收到的会员费、诚意金等款项，借方登记退还给客户的会员费、诚意金等款项或转入“预收账款”等科目的款项。

【例 4-2】2017 年 1 月，合华房地产公司开发的“金色阳光”项目开始收取有购买意向客户的诚意金，诚意金为每套商品房 5 万元，当月共收取诚意金 3 000 万元。该项目预计在 2017 年 3 月份取得商品房预售许可证，并计划于取得预售许可证后马上开盘销售。在收取意向金时，合华房地产公司应作如下账务处理：

借：银行存款　　30 000 000

　贷：其他应付款——诚意金　　30 000 000

该项目于 3 月 15 日正式开盘销售，当日退还诚意金 200 万元，有部分诚意金客户签订了商品房认购协议书，这部分客户原交付的 1 500 万元诚意金转为商品房销售定金。对此，合华房地产公司应作如下账务处理：

借：其他应付款——诚意金　　17 000 000

　贷：预收账款——销售定金　　15 000 000

　　银行存款　　2 000 000

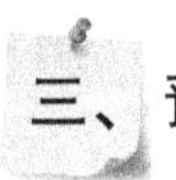

三、预售款的核算

预售款是指房地产开发企业在所售房屋未竣工前收取的商品房销售款，属于预收性质的款项。而销售款是指房地产开发企业在所售房屋已经竣工后收取的商品房销售款。这里所说的预售款和销售款均包括银行发放的按揭贷款。

注意

> “营改增”后，房地产开发企业在收到预收款时，可以向购房者开具增值税普通发票，在开具增值税普通发票时暂选择“零税率”开票，金额为实际收到的预收款。在发票备注栏上列明合同约定面积、价格、房屋全价，同时注明“预收款，不作为产权交易凭据”。在开具发票次月申报期内，通过《增值税预缴税款表》进行申报，按照规定预缴增值税。预收款所开发票金额不在申报表附表（一）中反映。

> 在交房时，按所售不动产全款开具增值税发票，按规定申报纳税。

房地产预售收入不是销售房地产的销售收入。房地产开发企业自行开发的房地产销售收入的确认应依据《企业会计准则——收入》进行。房地产销售收入的确认必须满足收入确认的四个条件：（1）企业已将商品所有权上的主要风险和报酬转移给购货方；（2）企业既没有保留通常与所有权相联系的继续管理权，也没有对已售出的商品实施控制；（3）与交易相关的经济利益能够流入企业；（4）相关的收入和成本能可靠地计量。

由此可见，房地产正式销售收入的确认和计算纳税不是与收取预售款的预缴增值税税款相挂钩。根据会计准则等相关房地产收入确认的原则，房地产开发企业在预售房产时不需要确认销售收入。因此，预售款预缴增值税的账户处理与其他的增值税不同。

预售款预缴增值税是房地产开发企业自行开发项目的特有规定。根据国家税务总局〔2016〕18号公告规定，房地产开发企业在预售阶段收到预售款后，在次月增值税申报期内申报预缴：一般纳税人采取预收款方式销售自行开发的房地产项目，应在收到预收款时按照3%的预征率预缴增值税。应预缴税款按照以下公式计算：

应预缴税款＝预收款 ÷（1+ 适用税率或征收率）×3%

适用一般计税方法计税的，按照11%的适用税率计算；适用简易计税方法计税的，按照5%的征收率计算。

【例4-3】2016年1月10日，合华房地产公司开发的国贸新城项目，收到客户B交付的预售款111万元。该项目按一般计税方法计算，适用税率11%。

（1）收到预售款时：

借：银行存款　　1 110 000

　贷：预收账款——客户B　　1 110 000

（2）2月份增值税申报期内预缴增值税申报时，填写《增值税预缴税款表》，预缴预售款的预征增值税，预征率为3%，预征的计税依据为全部价款和价外费用/（1+11%）。

应预缴税款＝1 110 000 ÷（1+11%）×3%＝30 000（元）

借：应交税费——应交增值税——已交税金（预售款）　　30 000

　贷：银行存款　　30 000

四、销售更名、销售退房、销售换房的核算

在房地产销售过程中，通常还会遇到销售更名、销售退房、销售换房等情况。对这部分业务的会计处理也是房地产开发企业销售核算的重要内容。

（一）销售更名的核算

销售更名是指在商品房预售阶段，原购买人将所购买的商品房转让给新的购买人的行为。

需要说明的是，只有在商品房预售阶段才存在销售更名的问题，因为预售阶段商

品房还未竣工交付，也就是我们通常所说的期房，此时房地产开发企业还未确认销售收入，因此可以进行销售更名的操作。如果商品房已经交付，就不能采用更名的方式，而应该进行商品房转让，由原购买人与新购买人之间进行转让，与房地产开发企业不相关。

（1）按照规定房地产开发企业应收取更名费的，应按收到的更名费：

借：银行存款、库存现金等

　贷：营业外收入

（2）同时，发生销售更名时，应单独编制会计分录反映更名情况，按已交房款在"预收账款"科目贷方作相反登记，直接从原客户"预收账款"科目贷方红字转入新客户"预收账款"科目贷方。摘要注明"×××更名为×××"字样。

（二）销售退房的核算

销售退房和销售更名一样，只有商品房预售阶段才存在。商品房已经竣工并交付给购房人后发生的退房业务不属于这里所说的销售退房。

购房者在商品房预售阶段发生退房时，按购房者原交付的房款金额，登记"预收账款"的贷方红字，按收取的罚款等金额，贷记"营业外收入"科目，按实际退回的销售款，贷记"银行存款""库存现金"等科目。

在办理销售退房业务时，应认真审核房号、姓名、面积、实收房款等信息是否与账面记载一致，审核按协议或合同约定是否应当收取违约金等。销售合同已经备案的，必须完成撤销备案手续方可办理退房手续。

（三）销售换房的核算

销售换房是指在商品房预售阶段发生的，购买人将其原购买的商品房更换为新的商品房，并相应结算销售差价的行为。如果购买人所购商品房已经竣工交付，所发生的销售换房就成为购买人的行为，属于先退房，再从房地产开发企业买房的行为。这里讲的销售换房，仅指商品房预售阶段的销售换房行为。

对于销售换房，在账务处理时不走退房程序，直接从原房源"预收账款"科目贷方红字转入新房源"预收账款"科目贷方。

销售换房业务发生时必须按新房源开具发票，并收回原开具的发票。同时，房地产开发企业销售部门及财务部门要及时调整房屋销售台账，保持销售信息的准确性和统一性。销售合同已经备案的，必须在撤销备案手续后办理换房业务。如果按揭贷款已经发放，必须在按揭贷款处理完后才能办理换房手续。

五、代收款项的核算

房地产开发企业在销售商品房时，通常需要代有关部门向购房者收取一些价外费用。所谓价外费用，是指纳税人销售货物或提供应税劳务时向购买方收取的价款以外的各种费用、租金、补贴等。实务中，房地产开发企业需要代收的款项主要有煤气（天然气）集资费、暖气集资费、有线电视初装费、电话初装费、办理产权证费用（房屋交易手续费、产权登记费、他项权利登记费、权证工本费、契税、商品房购销合同印花税、房屋所有权证印花税、土地使用证印花税、住房维修基金）等。这些费用通常由房地产公司先代收，然后再转交给委托单位。

房地产开发企业在销售商品房时收取的代收款项应通过“其他应付款”科目核算，在此科目下设置“代收款”二级科目，按照代收款项种类不同分别设置契税、维修基金、产权证手续费、配套费用等三级科目，合理进行辅助核算。

如果代收款项按规定应计入营业收入缴纳相关税费的，还应予以计提。

【例 4-4】1 月，合华房地产公司取得商品房预售收入 5 550 000 元，收到购房人缴纳的有线电视初装费 5 000 元、维修基金 50 000 元。

借：银行存款　　5 605 000

　贷：预收账款——购房款　　5 550 000

　　其他应付款——代收款——维修基金　　50 000

　　　　　　　　　　　——配套费用　　5 000

第二节　商品房销售收入的核算

对于房地产开发企业，其主营业务收入主要是指对外转让、销售、结算和出租开发产品等所取得的收入，具体包括土地转让收入（建设场地销售收入）、商品房销售收入、配套设施销售收入、代建工程结算收入和出租开发产品的租金收入。

其他收入是指商品房售后服务收入，以及销售材料、转让无形资产、出租固定资产等形成的收入。

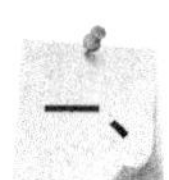

一、商品房销售收入的确认与账务处理

房地产开发企业自行开发的房地产作为可供销售的开发产品，具有商品的一般特性，因此房地产销售收入的确认应依据《企业会计准则——收入》进行。

（一）关于开发产品销售收入确认的问题

房地产开发企业开发、建造的以后用于出售的住宅、商业用房以及其他建筑物、附着物、配套设施等应根据收入来源的性质和销售方式，按下列原则分别确认收入的实现。

（1）采取一次性全额收款方式销售开发产品的，应于实际收讫价款或取得索取价款的凭据（权利）时确认收入的实现。

（2）采取分期付款方式销售开发产品的，应按销售合同或协议约定付款日确认收入的实现。付款方提前付款的，在实际付款日确认收入的实现。

（3）采取银行按揭方式销售开发产品的，其首付款应于实际收到日确认收入的实现，余款在银行按揭贷款办理转账之日确认收入的实现。

（4）采取委托方式销售开发产品的，应按以下原则确认收入的实现。

①采取支付手续费方式委托销售开发产品的，应按实际销售额于收到代销单位代销清单时确认收入的实现。

②采取视同买断方式委托销售开发产品的，应按合同或协议规定的价格于收到代销单位代销清单时确认收入的实现。

③采取包销方式委托销售开发产品的，应按包销合同或协议约定的价格于付款日确认收入的实现。包销方提前付款的，在实际付款日确认收入的实现。

④采取基价（保底价）并实行超过基价双方分成方式委托销售开发产品的，应按基价加按超基价分成比例计算的价格于收到代销单位代销清单时确认收入的实现。

委托方和接受委托方应按月或按季为结算期，定期结清已销开发产品的清单。已销开发产品清单应载明售出开发产品的名称、地理位置、编号、数量、单价、金额、手续费等。

（5）将开发产品先出租再出售的，应按以下原则确认收入的实现。

①将待售开发产品转作经营性资产，先以经营性租赁方式租出或以融资租赁方式租出以后再出售的，租赁期间取得的价款应按租金确认收入的实现，出售时再按销售资产确认收入的实现。

②将待售开发产品以临时租赁方式租出的，租赁期间取得的价款应按租金确认收入的实现，出售时再按销售开发产品确认收入的实现。

（6）以非货币性资产分成形式取得收入的，应于分得开发产品时确认收入的实现。

（二）销售收入的账务处理

房地产开发企业应按《企业会计准则》的相关规定合理确认销售收入，并按时办理入账手续。

（1）符合商品房销售收入确认的条件时：

借：预收账款

　　贷：主营业务收入

在达到收入确认条件时，应将在收入结转之前收到的商品房销售款全部记入“预收账款”科目的贷方，在结转收入时，全部由“预收账款”科目转入“主营业务收入”科目，这样能够保证“预收账款”科目的完整性。

（2）根据现有规定，房地产开发公司的商品房销售纳税义务发生时间一般为正式确认交房、移交产权的时间。因此，在正式交房确认销售收入时，还应相应结转应缴纳的增值税。

【例 4-5】某房地产公司开发的 A 项目于 2017 年 1 月 23 日正式交房。自预售开始，该项目共取得销售回款 111 000 000 元。假设该项目适应的增值税税率为 11%。

借：预收账款	111 000 000	
贷：主营业务收入		100 000 000
应交税费——应交增值税——销项税额		11 000 000

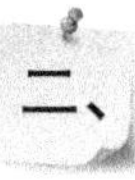

二、开发产品分期收款的核算

实务中，有些房地产项目会采取分期收款这种回款方式，特别是精装房的销售。房地产开发企业开发的房地产项目，如果采用分期收款方式销售，应按销售合同或协议约定的付款日确认销售收入的实现。付款方提前付款的，在实际付款日确认收入的实现。

采取分期收款方式销售开发产品的，应按销售合同约定的合同总价款确认销售收入的实现。

（一）不具有融资性质

按照《企业会计准则》的规定，采取分期收款方式销售开发产品的，只要所销售的商品房符合竣工交付的条件，且销售合同在当地政府主管房地产的部门备案，就应按销售合同约定的价款确认商品房销售收入的实现。

借：银行存款（按实际收到的款项）

　　应收账款（按应收的款项）

　　贷：主营业务收入

（二）具有融资性质

按照《企业会计准则》的规定，合同或协议价款的收取采用递延方式，实质上具有融资性质的，应当按照应收的合同或协议价款的公允价值确定销售商品收入金额。应收的合同或协议价款与其公允价值之间的差额，应当在合同或协议期间内采用实际利率法进行摊销，计入当期损益。

应收合同或协议价款的公允价值的确定方法为：按合同价款未来现金流量现值确定，折现率采用同期银行贷款利率。房地产开发企业确定利息收入采用的实际利率按同期银行贷款利率确定。应收的合同价款和折现后的收入金额之间的差额，应当在合同期间按照应收款项的摊余成本和同期银行贷款利率计算确定的金额进行摊销，作为财务费用的抵减处理。

（1）确认销售收入时：

借：长期应收款（合同价款）

贷：主营业务收入（应收的合同价款未来现金流量现值）

未实现融资收益（差额）

（2）分期收取款项时：

借：银行存款

贷：长期应收款

（3）未实现融资收益摊销时：

借：未实现融资收益

贷：财务费用

【例 4-6】合华房地产公司开发的富山花园项目，自 2016 年 1 月份开始预售，到 2016 年 12 月项目所建商品房竣工交付时，共收到销售回款 3 亿元，尚有 5 000 万元未取得回款，这部分款项均是按销售合同规定应在 2016 年 12 月份房屋交付后 3 年之内取得。2016 年 12 月份，合华房地产公司根据有关原始凭证结转销售收入（假设不考虑增值税因素），会计分录如下。

（1）已回款结转收入时：

借：预收账款 300 000 000

贷：主营业务收入 300 000 000

（2）未收款结转收入时：

借：应收账款 50 000 000

贷：主营业务收入 50 000 000

【例 4-7】某房地产开发企业于 2014 年 6 月 1 日开工建设 5 栋公寓，总建筑面积 5 万平方米，并于 2015 年 5 月 31 日竣工验收交付业主使用。这 5 栋公寓于 2014 年 9 月 30 日取得《商品房预售许可证》，从 10 月 1 日开始预售，平均销售价格为 30 000 元 / 平方米。期间，该企业发生了以下经济业务。

（1）2014 年 10 月—12 月预售商品房，取得销售收入 2 亿元，存入银行。其中：按揭首付款 6 000 万元、银行按揭付款 1.2 亿元；一次性收款 2 000 万元。

①收取预售商品房定金 500 万元、诚意金 200 万元，存入银行。

借：银行存款　7 000 000

　贷：预收账款——定金　5 000 000

　　　其他应付款——诚意金　2 000 000

②与客户签订《商品房预售合同》，应收购房首付款 6 000 万元（含定金 500 万元、诚意金 200 万元转入），实收 5 300 万元存入银行。

借：银行存款　53 000 000

　　预收账款——定金　5 000 000

　　其他应付款——诚意金　2 000 000

　贷：预收账款——购房款　60 000 000

③收回银行按揭款 1.2 亿元，存入银行。

借：银行存款　120 000 000

　贷：预收账款——购房款　120 000 000

④与购房业主签订《商品房预售合同》，收到一次性付款 2 000 万元，存入银行。

借：银行存款　20 000 000

　贷：预收账款——购房款　20 000 000

（2）2015 年 1 月—12 月预售、销售商品房，取得销售收入 8 亿元，存入银行。其中：1 月—5 月取得预售收入 5 亿元（按揭首付款 1 亿元、银行按揭付款 3 亿元；一次性收款 1 亿元）；6 月—12 月取得销售收入 3 亿元［按揭首付款 9 000 万元、银行按揭付款 1.8 亿元、分期收款 3 000 万元（分期应收款为 3 000 万元、实收款 1 000 万元）］。

① 2015 年 1 月—5 月与购房业主签订《商品房预售合同》，取得预售收入 5 亿元，存入银行。

借：银行存款　500 000 000

　贷：预收账款——购房款　500 000 000

②由于该公寓项目已于 2015 年 5 月 31 日竣工验收交付业主使用，因此从 6 月份开始应该确认销售收入。确认 2014 年 10 月—2015 年 5 月取得的预售收入 7 亿元。

借：预收账款——购房款　　700 000 000

　　贷：主营业务收入——房屋销售　　700 000 000

③ 2015 年 6 月—9 月，与购房业主签订《商品房销售合同》，合同总金额为 2.7 亿元。收到业主支付的首付款 9 000 万元，尚有 1.8 亿元银行按揭款未收回。

借：银行存款　　90 000 000

　　应收账款——按揭回款　　180 000 000

　　贷：主营业务收入——房屋销售　　270 000 000

④ 2015 年 10 月—12 月陆续收回银行按揭款 1.8 亿元，存入银行。

借：银行存款　　180 000 000

　　贷：应收账款——按揭回款　　180 000 000

⑤ 2015 年 11 月、12 月，与购房业主签订《商品房销售合同》，合同总金额为 3 000 万元。合同约定采取分期收款方式：2016 年 12 月底以前支付 1 000 万元；2017 年 6 月底以前支付余下的 2 000 万元。企业已经收到 1 000 万元，存入银行。

借：银行存款　　10 000 000

　　应收账款——分期收款　　20 000 000

　　贷：主营业务收入　　30 000 000

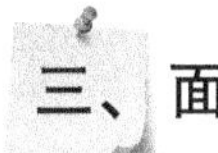

三、面积差的核算

面积差是指房地产开发企业销售的商品房竣工交付时，实际销售面积与原签订销售合同时的预计销售面积之间存在的差异。

面积差的处理方式是房地产开发企业与客户在销售合同中重要的约定事项，一般情况下，其约定的处理方式有以下两种。

1. 实际销售面积超出原预售面积的部分

该部分由房地产开发企业负担，客户不需要补交房款。对于该种处理方式，房地产开发企业则不需要进行账务处理。

2. 按实际销售面积结算价款，多退少补

（1）房地产开发企业退还面积差涉及的房款，应按退还的金额：

借：预收账款

　　贷：银行存款等

（2）房地产开发企业收到客户补交的面积差房款，应按收到的金额：

借：银行存款等

贷：预收账款

竣工交付时，将其从“预收账款”科目转入“主营业务收入”科目。

【例 4-8】1 月，某房地产公司所建商品房竣工交付时，根据合同规定共收取面积差 555 万元（含增值税）。

（1）收到补交面积差房款时：

	借方	贷方
借：银行存款	5 550 000	
贷：预收账款		5 550 000

（2）结转收入时：

	借方	贷方
借：预收账款	5 550 000	
贷：主营业务收入		5 000 000
预收账款——应交增值税（销项税额）		550 000

四、委托代销收入的核算

为了促进销售、节约成本，越来越多的房地产开发企业选择房产经纪公司代理销售其开发产品。基于此，房地产开发企业与房产经纪公司就会签订开发产品代理销售合同。

根据《房地产开发经营业务企业所得税处理办法》（国税发〔2009〕31 号）第六条第（四）项的规定，房地产开发企业采取委托方式销售开发产品的，应按支付手续费、视同买断、基价（保底价）并实行超基价双方分成和包销这四种委托代销方式实现企业所得税收入。

（一）视同买断

视同买断是指由委托方和受托方签订协议，委托方按协议价收取所代销的货款，实际售价可由受托方自定，实际售价与协议价之间的差额归受托方所有。

根据目前税法规定：采取视同买断方式委托销售开发产品的，属于企业与购买方签订销售合同或协议，或企业、受托方、购买方三方共同签订销售合同或协议的，如果销售合同或协议中约定的价格高于买断价格，则应按销售合同或协议中约定的价格计算的价款于收到受托方已销开发产品清单之日确认收入的实现；如果属于前两种情况中销售合同或协议中约定的价格低于买断价格，以及属于受托方与购买方签订销售合同或协议的，则应按买断价格计算的价款于收到受托方已销开发产品清单之日确认收入的实现。

【例 4-9】力胜房地产开发公司与传承代理公司签订代理销售合同，合同约定：传承代理公司采取买断方式代理销售开发产品，买断价为每平方米 25 530 元（含增值税，增值税税率 11%），销售时由委托方、受托方、买房共同签订协议。12 月，传承代理公司将开发产品销售清单提交给力胜房地产公司，销售房屋 10 000 平方米，平均售价 25 000 元，实现销售收入 2.775 亿元（含增值税，增值税税率 11%）。

应交增值税 =27 750 ÷（1+11%）× 11%=2 750（万元）

借：银行存款　　255 300 000

　　销售费用　　22 200 000

　贷：主营业务收入　　250 000 000

　　　应交税费——应交增值税（销项税额）　　27 500 000

（二）支付手续费

收取手续费对受托方来说实际上是一种劳务收入。这种代销方式与视同买断方式相比，主要特点是受托方通常应按照委托方规定的价格销售，不得自行改变售价。在这种代销方式下，委托方应在受托方将商品销售后，并向委托方开具代销清单时，确认收入；受托方在商品销售后，按应收取的手续费确认收入。

采取支付手续费方式委托销售开发产品的，应按销售合同或协议中约定的价款于收到受托方已销开发产品清单之日确认收入的实现。

【例 4-10】某房地产开发公司与乙房屋代理公司签订代理销售合同，合同约定：乙公司按不含增值税销售额的 2% 收取手续费。12 月，乙公司将销售清单提交给房地产开发公司时，共销售房屋 10 000 平方米，每平方米 20 000 元（不含增值税）。假设该房地产公司适用的增值税税率为 11%，收到代理公司转来的代理费发票，增值税税率为 6%。

应交增值税 =20 000 × 10 000 × 11%=2 200（万元）

手续费 =20 000 × 10 000 × 2%=400（万元）

（1）结转销售收入：

借：银行存款　　222 000 000

　贷：主营业务收入　　200 000 000

　　　应交税费——应交增值税（销项税额）　　22 000 000

（2）收到代理费发票：

借：销售费用　　4 000 000

　　应交税费——应交增值税（进项税额）　　240 000

　贷：应付账款——乙公司　　4 240 000

（三）超基价分成

采取基价（保底价）并实行超基价双方分成方式委托销售开发产品的，属于由企业与购买方签订销售合同或协议，或企业、受托方、购买方三方共同签订销售合同或协议的，如果销售合同或协议中约定的价格高于基价，则应按销售合同或协议中约定的价格计算的价款，于收到受托方已销开发产品清单之日确认收入的实现，企业按规定支付受托方的分成额，不得直接从销售收入中减除；如果销售合同或协议约定的价格低于基价，则应按基价计算的价款于收到受托方已销开发产品清单之日确认收入的实现。属于由受托方与购买方直接签订销售合同的，则应按基价加上按规定取得的分成额，于收到受托方已销开发产品清单之日确认收入的实现。

【例 4-11】某房地产公司开发住宅小区，与丙公司采取基价（保底价）并实行超基价双方分成方式委托销售开发产品。合同约定：销售保底价 20 000 元（不含增值税），并由房地产公司直接与客户签订销售合同，超过保底价部分受托方和委托方按三七分成。12 月丙公司提交销售清单，销售房屋 10 000 平方米，平均售价 25 000 元，实现销售收入 2.5 亿元（不含增值税）。假设该房地产公司适用的增值税税率为 11%，收到代理公司转来的代理费发票，增值税税率为 6%。

（1）结转销售收入

注意：这里的关键点在于开发商支付给受托方的分成额 1 500 万元不得直接从收入中扣除。

	借方	贷方
借：银行存款	277 500 000	
贷：销售收入		250 000 000
应交税费——应交增值税（销项税额）		27 500 000

（2）结转代理公司分成额

代理公司分成 =（25 000–20 000）× 10 000 × 30%=1 500（万元）

增值税 =1 500 × 6%=90（万元）

	借方	贷方
借：销售费用	15 000 000	
应交税费——应交增值税（进项税额）	900 000	
贷：应付账款——乙公司		15 900 000

第三节 商品房销售成本的核算

结转成本是计算企业利润的关键步骤。房地产销售成本的结转涉及工程部、预算部、销售部、财务部等部门，以房地产销售合同、认购协议、销售清单、施工合同、结算单等一系列的资料为依据，工作量较大。

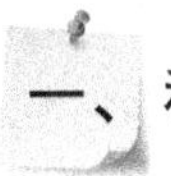

一、科目设置

为正确反映房地产开发产品销售成本的结转，房地产开发企业应设置“主营业务成本”科目及“开发产品”科目。

“主营业务成本”科目核算房地产开发企业对外转让、销售、结算开发产品等应结转的成本。与投资性房地产和固定资产有关的成本不在本科目中核算。

房地产项目结转销售收入时，要相应地结转销售成本，账务处理时借记“主营业务成本”科目，贷记“开发产品”科目。

期末，应将“主营业务成本”科目的余额转入“本年利润”科目，结转后“主营业务成本”科目无余额。

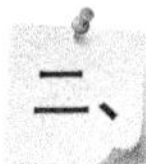

二、主要账务处理

房地产开发企业销售成本的核算是本着收入和成本配比的原则进行的。即：房地产开发企业根据收入确认原则确认实现销售收入和销售面积时，应同时结转相应的开发产品销售成本。

企业的开发产品会因对外转让、销售等原因而减少。对于减少的开发产品，应区分不同情况及时做出会计处理。企业对外转让、销售开发产品时，应于月份终了按开发产品的实际成本：

借：主营业务成本

贷：开发产品

房地产开发企业发生的当期准予扣除的开发产品销售成本，是指已实现销售的开发产品的成本，按当期已实现销售的可售面积和可售面积单位工程成本确认。可售面积单位工程成本和已销开发产品的计税成本按下列公式计算确定：

可售面积单位工程成本 = 成本对象总成本 ÷ 总可售面积

已销开发产品的计税成本 = 已实现销售的可售面积 × 可售面积单位工程成本

【例 4-12】某房地产开发企业开发的项目，于 2016 年 12 月份竣工交付，该商品房全部对外销售，开发过程中共发生生产成本 6 亿元。该项目总可售建筑面积为 10 万平方米，商品房竣工交付时，已实现销售建筑面积 6 万平方米。

该开发产品单位面积成本 = 60 000 ÷ 10=6 000（万元）

结转的某已实现销售开发产品成本 =3.6（亿元）

借：主营业务成本　　360 000 000

　贷：开发产品　　360 000 000

【例 4-13】某房地产开发企业发生下列业务。

（1）5 月 10 日，甲土地已开发完工，验收合格，共开发建设场地 10 000 平方米，总成本 500 万元：

借：开发产品——土地（甲土地）　　5 000 000

　贷：开发成本——土地开发成本（甲土地）　　5 000 000

（2）6 月 30 日，企业将开发的甲土地全部卖出，取得销售收入 650 万元。款项已存入银行：

借：银行存款　　6 500 000

　贷：主营业务收入——土地转让收入　　6 500 000

同时结转土地成本：

借：主营业务成本——土地销售成本　　5 000 000

　贷：开发产品——土地（甲土地）　　5 000 000

（3）7 月 3 日，企业开发建设的 A 小区住宅已竣工验收，实际总成本 5 800 万元：

借：开发产品——房屋（A 小区）　　58 000 000

　贷：开发成本——房屋开发成本（A 小区）　　58 000 000

（4）企业开发建设的 A 小区能够对外销售的配套工程已竣工验收，实际成本为 600 万元：

借：开发产品——配套设施　　6 000 000

　贷：开发成本——配套设施开发成本　　6 000 000

（5）A 小区住宅已经全部销售，结转其销售成本：

借：主营业务成本——商品房销售成本　　58 000 000

　贷：开发产品——房屋　　58 000 000

第五章　货币资金的核算

所谓“货币资金”，是指企业的营运资金在循环过程中，停留在货币状态的那部分资金。货币资金是企业资产的重要组成部分，同时也是流动性最强的一种资产。

第一节　现金的核算

现金有广义和狭义之分，广义的现金包括库存现金、银行存款以及其他货币资金；狭义的现金仅指库存现金，即由财务或会计部门的出纳人员保管的货币（包括人民币和外币）。在会计核算中，现金指的是狭义概念的现金。

现金的核算主要包括现金收支的日常核算和现金清查的核算两个部分。

一、科目设置

为了总括地反映库存现金的收入、支出和结存情况，企业应设置“现金”总账科目。“现金”科目的借方登记现金的增加额，贷方登记现金的减少额；期末余额在借方，反映企业实际持有的库存现金。企业有内部周转使用备用金的，可以单独设置“备用金”科目。

此外，企业还应当设置“现金日记账”，由出纳人员根据收付款凭证，按照业务发生顺序逐笔登记。每日终了，应当计算当日的现金收入合计数、现金支出合计数和结余数，并将结余数与实际库存数相核对，做到账款相符。有外币现金的企业，还应当按人民币和各种外币分别设置“现金日记账”进行明细核算。

二、现金收支的账务处理

现金收支的基本账务处理为：收取现金时，借记“现金”科目，贷记有关科目；支出现金时，借记有关科目，贷记“现金”科目。

（1）从银行提取现金时，按支票存根记载的提取金额：

借：库存现金

　　贷：银行存款

（2）将现金存入银行时，按银行退回给收款单位的收款凭证联上的金额：

借：银行存款

　　贷：库存现金

（3）因支付职工出差费用等原因所需的现金时，按支出凭证所记载的金额：

借：其他应收款等

　　贷：库存现金

①收到出差人员交回的差旅费剩余款并结算时：

借：库存现金（按实际收回的现金）

　　管理费用（按应报销的金额）

　　贷：其他应收款（按实际借出的现金）

②出差人员报销的差旅费大于预借的现金时：

借：管理费用（按应报销的金额）

　　贷：其他应收款（按实际借出的现金）

　　　　库存现金（按应补付的金额）

（4）因其他原因收到现金时：

借：库存现金

　　贷：有关科目

因其他原因支出现金时：

借：有关科目

　　贷：库存现金

三、现金清查的账务处理

为保证资产安全，确保账实相符，企业应按规定进行现金清查。所谓现金清查，就是对企业库存现金的盘点与核对，包括出纳人员每日终了进行的账款核对和企业财产清查时进行的定期清查和不定期清查。

现金清查一般采用实地盘点法。在进行现金清查时，出纳人员必须在场，清查的内容主要是检查是否存在挪用现金、白条顶库、超额留存现金以及账款是否相符等情况。对于清查的结果，应编制现金盘点报告单，注明现金溢缺的金额，并由出纳人员和盘点人员签字盖章。在现金清查中，如果发现有挪用现金、白条顶库等情况，应及时予以纠正；对于超限额留存的现金，应及时送存银行。

企业每日终了结算现金收支、财产清查等发现的有待查明原因的现金短缺或溢余，应通过“待处理财产损溢”科目核算。

（1）如为现金短缺，应按照实际短缺的金额：

借：待处理财产损溢——待处理流动资产损溢

贷：库存现金

查明原因后：

借：其他应收款（属于应由责任人赔偿或保险公司赔偿的部分）

管理费用（属于无法查明的其他原因）

贷：待处理财产损溢——待处理流动资产损溢

（2）如为现金溢余，按照实际溢余的金额：

借：库存现金

贷：待处理财产损溢——待处理流动资产损溢

查明原因后：

借：待处理财产损溢——待处理流动资产损溢

贷：其他应付款（属于应支付给有关人员和单位的）

营业外收入（属于无法查明原因的）

第二节　银行存款的核算

银行存款是指企业存放在银行或其他金融机构，可随时支取的货币资金。根据规定，凡是独立核算的企业单位，均应在所在地银行申请开立银行存款结算账户。

企业只有在银行开立了存款账户，才能通过银行同其他单位进行结算，办理资金的收付业务。除了按规定可用现金收付的款项以外，企业生产经营过程中所发生的一切货币收支业务，都必须通过银行存款账户结算。

一、银行存款的账务处理

银行存款的收付应严格执行银行支付结算制度的有关规定。根据中国人民银行发布的《支付结算办法》，目前我国企业可采用的银行结算方式主要有商业汇票、银行汇票、银行本票、支票、汇兑、委托收款、异地托收承付、信用卡以及信用证等几种。

企业可以根据实际情况，采用上述结算方法与交易单位进行结算。需要注意的是，不同的结算方式，其结算手续及有关会计核算也有所不同。

为了总括地反映和监督企业银行存款的收入、支出和结存情况，企业应设置“银行存款”科目。该科目的借方登记银行存款的增加额，贷方登记银行存款的减少额；期末余额在借方，反映企业存在银行或其他金融机构的各种款项。

企业如有存入其他金融机构的存款，也在本科目核算；但商业汇票应通过“应收票据”和“应付票据”科目核算，银行汇票、银行本票、信用卡、信用证应通过“其他货币资金”核算，均不在本科目核算。

同样，为了加强对银行存款的管理，随时掌握银行存款收付的动态和结存余额，企业应当按照开户银行和其他金融机构、存款种类等设置“银行存款日记账”，由出纳人员根据收付款凭证，按照业务的发生顺序逐笔登记，并于每日终了结出余额。有外币银行存款的企业，还应当分别按照人民币和外币进行明细核算。

“银行存款日记账”应定期与“银行对账单”相核对，至少每月核对一次。企业银行存款账面余额与银行对账单余额之间如有差额，应编制“银行存款余额调节表”调节相符。

1．收付款的账务处理

（1）将款项存入银行或收到款项时：

借：银行存款（按存入或者收到的金额）

贷：库存现金（按存入的金额）

应收账款等（按收到的金额）

（2）从银行提取款项或以银行存款支付款项时：

借：库存现金（按提取的金额）

应收账款等（按支付的金额）

贷：银行存款（按提取或者支付的金额）

2．存款利息的账务处理

企业发生存款利息收入，应根据银行通知及时编制收款凭证：

借：银行存款

贷：财务费用

二、银行存款清查

为了防止记账发生差错，正确掌握银行存款实际数额，企业应定期与银行核对账目，对银行存款进行清查。

银行存款清查的方法是企业定期将银行存款日记账的记录同开户银行转来的对账单进行核对。如果银行存款日记账的余额与银行对账单上结存数有差额，必须逐笔查明原因，及时纠正。通常情况下，余额不一致的原因可能有两个，一是企业或者银行记账有差错；二是存在未达账项。

所谓未达账项，是指由于企业与银行取得有关凭证的时间不同而发生的双方记账时间不同，即发生的一方已入账，而另一方尚未入账的款项。这些款项不外乎有以下四种情况。

（1）企业已收款入账，而银行尚未收款入账。如企业已将销售产品收到的支票送存银行，但对账前银行尚未入账。

（2）企业已付款入账，而银行尚未付款入账。如企业开出支票购货，并已根据支票存根入账，但银行因尚未接到支票而未入账。

（3）银行已收款入账，而企业尚未收款入账。如银行收到外单位用托收承付结算方式购货所支付的款项并入账，但企业因尚未收到银行通知而未入账。

（4）银行已付款入账，而企业尚未付款入账。如银行已经代企业支付了水电费，但企业因尚未收到凭证而未入账。

上述（1）和（4）两种情况，会使得企业银行存款日记账的账面余额大于银行对账单的存款余额；（2）和（3）两种情况，会使得企业银行存款日记账的账面余额小于银行对账单的存款余额。

对于未达账项，会计实务中通常是通过编制“银行存款余额调节表”进行检查核对，不需调整账面记录。经过调节，如果双方账面余额相等，一般说明没有记账错误。如果不相等，则应进一步查明原因，进行更正。至于未达账项，应在结算凭证到达后记账，调节表中所列双方相等的调节后的余额，是企业在编表日可以动用的银行存款实有额。

需要注意的是：银行存款余额调节表不能作为企业进行银行存款调账的依据，企业仍应按照客观发生的业务进行会计核算，银行存款余额调节表只是用来核对企业与银行记账有无差错，反映企业可动用的银行存款余额。

【例 5-1】某企业 2017 年 1 月末银行存款日记账的余额为 88 000 元，银行对账单的余额为 96 000 元，经逐笔核对，查明有下列未达账项：

（1）企业于月末送存银行的转账支票 13 000 元，银行尚未入账；

（2）企业开出的转账支票 8 000 元，持票人尚未送存银行，银行未予销账；

（3）银行已收到一笔欠款 20 000 元并入账，企业未收到银行收账通知，尚未入账；

（4）银行已代企业支付了当月水电费 7 000 元，但企业尚未收到凭证从而未入账。

根据上述未达账款，编制银行存款余额调节表。

银行存款余额调节表

2017年1月31日　　单位：元

项目	余额	项目	余额
企业银行存款日记账余额	88 000	银行对账单余额	96 000
加：银行已收，企业未收款 减：银行已付，企业未付款	20 000 7 000	加：企业已收，银行未收款 减：企业已付，银行未付款	13 000 8 000
调整后企业银行存款日记账余额	101 000	调整后银行对账单余额	101 000

第三节　其他货币资金的核算

其他货币资金是指企业除库存现金和银行存款以外的其他种类的货币资金，主要包括外埠存款、银行汇票存款、银行本票存款、信用卡存款、信用证保证金存款以及备用金等。

为了反映和监督其他货币资金的收支和结存情况，企业应设置“其他货币资金”科目，并按照银行汇票或本票、信用卡发放银行，信用证的收款单位，外埠存款的开户银行，分别设置“银行汇票”“银行本票”“信用卡”“信用证保证金”“外埠存款”等科目进行明细核算。

“其他货币资金”科目的借方登记其他货币资金的增加额，贷方登记其他货币资金的减少额；期末余额在借方，反映企业实际持有的其他货币资金。

一、外埠存款的账务处理

外埠存款是指企业到外地进行临时或零星采购时，汇往采购地银行开立采购专户的款项。

企业汇出款项时，需填写汇款委托书，加盖“采购资金”字样。汇入银行对汇入的采购款项，以汇款单位名义开立采购专户。采购专户的存款不计利息，除采购员差旅费可以支取少量现金外，其他一律转账。采购专户只付不收，付完结束账户。

（1）将款项汇往采购地银行开立采购专户：

借：其他货币资金——外埠存款

**　贷：银行存款**

（2）收到采购员交来供应单位发票账单等报销凭证时：

借：在途物资

**　　原材料**

应交税费——应交增值税（进项税额）

贷：其他货币资金——外埠存款

（3）将多余的外埠存款转回当地银行：

借：银行存款

贷：其他货币资金——外埠存款

【例 5-2】1 月 10 日，企业委托开户银行将 150 000 元汇往外地某银行开立临时采购专户，用于采购原材料。1 月 15 日，企业收到采购员交来的增值税专用发票等有关采购凭证，凭证上注明材料采购成本为 100 000 元，增值税税额 17 000 元。同日，材料运抵企业并验收入库。1 月 16 日，企业将剩余款项转回开户银行。

（1）1 月 10 日存入款项时：

借：其他货币资金——外埠存款　　150 000

贷：银行存款　　150 000

（2）1 月 15 日收到采购凭证时：

借：原材料　　100 000

应交税费——应交增值税（进项税额）　　17 000

贷：其他货币资金——外埠存款　　117 000

（3）1 月 16 日收回剩余款项时：

借：银行存款　　33 000

贷：其他货币资金——外埠存款　　33 000

二、银行汇票存款的账务处理

银行汇票存款是指企业为取得银行汇票按规定存入银行的款项。企业申请银行汇票时，应向银行提交“银行汇票委托书”，根据银行盖章退回的存根联编制记账凭证。

（1）将款项存入银行以取得银行汇票后，根据银行盖章退回的申请书存根联：

借：其他货币资金——银行汇票

贷：银行存款

（2）使用银行汇票后，根据发票账单等有关凭证：

借：在途物资

原材料

应交税费——应交增值税（进项税额）

贷：其他货币资金——银行汇票

（3）如有多余款或因超过付款期等原因而退回款项，根据开户行转来的银行汇票第四联（多余款收账通知）：

借：银行存款

　贷：其他货币资金——银行汇票

【例 5-3】某企业为增值税一般纳税人。1 月 5 日，该企业填写“银行汇票申请书”，将 200 000 元款项交存银行办理银行汇票。1 月 8 日，企业用银行汇票购买材料，收到的增值税专用发票上注明材料价款 150 000 元，增值税税额 25 500 元，材料已经验收入库。1 月 10 日，企业收到开户行转来的银行汇票第四联，多余的银行汇票存款已经转回。

（1）1 月 5 日，取得银行汇票时：

分录	借方	贷方
借：其他货币资金——银行汇票	200 000	
贷：银行存款		200 000

（2）1 月 8 日，收到发票账单等有关凭证时：

分录	借方	贷方
借：原材料	150 000	
应交税费——应交增值税（进项税额）	25 500	
贷：其他货币资金——银行汇票		175 500

（3）1 月 10 日，收到银行通知，收回余款时：

分录	借方	贷方
借：银行存款	24 500	
贷：其他货币资金——银行汇票		24 500

三、银行本票存款的账务处理

银行本票存款是指企业为取得银行本票按规定存入银行的款项。企业申请银行本票时，应向银行提交“银行本票申请书”，根据银行盖章退回的存根联编制记账凭证。

必须注意，收款单位取得的银行本票只办理全额结算，不退回多余款项，结算后如有多余款项，可采用支票、现金等其他方式退回付款单位。

（1）将款项存入银行以取得银行本票后，根据银行盖章退回的申请书存根联：

借：其他货币资金——银行本票

　贷：银行存款

（2）使用银行汇票后，根据发票账单等有关凭证：

借：在途物资

　　原材料

应交税费——应交增值税（进项税额）

贷：其他货币资金——银行本票

（3）因本票超过付款期等原因而要求退款时，应当填制进账单一式两联，连同本票一并送交银行，根据银行盖章退回的进账单第一联：

借：银行存款

贷：其他货币资金——银行本票

【例 5-4】1 月 5 日，企业填写“银行本票申请书”，将款项 58 500 元交存银行，取得银行本票。1 月 8 日，采购员持银行本票购买了一批材料，并交回增值税专用发票，上面注明材料的买价为 50 000 元，增值税额为 8 500 元，材料已经验收入库。

（1）1 月 5 日取得银行本票时：

借：其他货币资金——银行本票	58 500	
贷：银行存款		58 500

（2）1 月 8 日收到发票账单等有关凭证时：

借：原材料	50 000	
应交税费——应交增值税（进项税额）	8 500	
贷：其他货币资金——银行本票		58 500

四、信用卡存款的账务处理

信用卡存款是指企业为取得信用卡按照规定存入银行的款项。企业申领信用卡时，应按规定填制申请表，连同支票和有关资料一并送交发卡银行；银行开立信用卡存款账户，发给企业信用卡。

（1）将款项存入银行以取得信用卡时：

借：其他货币资金——信用卡

贷：银行存款

（2）使用信用卡购物或支付有关费用：

借：有关科目

贷：其他货币资金——信用卡

（3）信用卡使用过程中向其账户续存资金：

借：其他货币资金——信用卡

贷：银行存款

五、信用证保证金存款的账务处理

信用证保证金存款是指采用信用证结算方式的企业为取得信用证而按规定存入银行信用证保证金专户的款项。企业向银行申请开立信用证，应按规定向银行提交开证申请书、信用证申请人承诺书和购销合同，并向银行缴纳保证金。

（1）向银行开立信用证，缴纳保证金，根据银行盖章退回的进账单第一联：

借：其他货币资金——信用证保证金

贷：银行存款

（2）根据开证行交来的信用证来单通知书及有关单据列明的金额：

借：原材料等

应交税费——应交增值税（进项税额）

贷：其他货币资金——信用证保证金

银行存款

（3）将未用完的信用证存款余额转回开户银行时：

借：银行存款

贷：其他货币资金——信用证保证金

【例 5-5】1 月 10 日，企业因进口业务需要，向银行申请开出信用证 500 000 元。1 月 25 日，企业收到开证行交来的信用证来电通知书及有关单据，注明进口商品价款 400 000 元，增值税进项税额 68 000 元（假设不考虑其他税费）。

（1）取得信用证时：

借：其他货币资金——信用证保证金　500 000

贷：银行存款　500 000

（2）收到有关单据时：

借：原材料　400 000

应交税费——应交增值税（进项税额）　68 000

贷：其他货币资金——信用证保证金　468 000

（3）转回余额时：

借：银行存款　32 000

贷：其他货币资金——信用证保证金　32 000

第四节 外币业务的核算

企业的会计核算以人民币为记账本位币。业务收支以人民币以外的货币为主的企业，可以选定其中一种货币作为记账本位币，但编报的财务报表应当折算为人民币财务报表。

企业记账本位币一经确定，不得随意变更，但企业经营所处的主要经济环境发生重大变化除外。企业因经营所处的主要经济环境发生重大变化，确需变更记账本位币的，应当采用变更当日的即期汇率将所有项目折算为变更后的记账本位币。即期汇率是指中国人民银行公布的当日人民币外汇牌价的中间价。

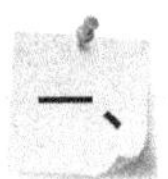

一、外币交易的核算

外币交易是指企业以外币计价或者结算的交易。外币是企业记账本位币以外的货币。企业的外币交易包括：买入或者卖出以外币计价的商品或者劳务、借入或者借出外币资金和其他以外币计价或者结算的交易。比如，某公司从境外进口设备、购买原料、销售产品等，以美元结算；从中国银行借入美元、港币等；某公司接受外方投资等。

企业对于发生的外币交易，应当将外币金额折算为记账本位币金额。外币交易应当在初始确认时，采用交易发生日的即期汇率将外币金额折算为记账本位币金额；也可以采用按照系统合理的方法确定的、与交易发生日即期汇率近似的汇率折算。

外币交易会计核算的基本程序如下。

第一，根据一定的折算汇率，将外币金额折算为记账本位币金额，按照折算后的记账本位币金额登记有关账户。在登记有关记账本位币账户的同时，按照外币金额登记相应的外币账户。

第二，期末，对各种外币账户（包括外币现金、银行存款以及以外币结算的债权债务）的期末余额，按照期末市场汇率折算为记账本位币金额，并将外币账户期末余额折算为记账本位币的金额与相对应的记账本位币账户的期末余额之间的差额，确认为汇兑损益。

（一）接受外币现金投资

企业接受投资者的外币资本投资时，按规定必须将外币折合为记账本位币。根据会计准则规定，企业收到投资者以外币投入的资本，无论是否有合同约定汇率，均不得采用合同约定汇率和即期汇率的近似汇率折算，而是采用交易日即期汇率折算，这样，外币投入资本与相应的货币性项目的记账本位币金额相等，不产生外币资本折算差额。

借：银行存款（按收到外币当日的汇率折合的人民币金额）

贷：实收资本（接收到外币当日的汇率折合的人民币金额）

【例 5-6】某企业收到外商外币资本投资 100 万美元。收到外币资本投资当日的即期汇率为 1∶6.4。假定投资合同约定汇率为 1 美元 =6.5 元人民币。

借：银行存款——美元户　　（1 000 000 × 6.4）6 400 000

贷：实收资本——× × ×　　（1 000 000 × 6.4）6 400 000

（二）发生外币兑换业务

外币兑换业务是指企业从银行等金融机构购入外币（对于银行来说，则是卖出外币）或向银行等金融机构售出外币（对于银行来说，则是买入外币）。

企业与银行发生外币兑换，企业一般都是发生汇兑损失，即财务费用一般在分录的借方。

企业与银行发生外币兑换，如果企业卖出外币，则应该使用银行买入价折算收到的人民币总额；如果企业买入外币，则应该使用银行卖出价折算支付人民币总额。

1．购入外币

企业买入外币时，一方面要按外币卖出价折算应向银行支付的记账本位币，并记录所支付的金额；另一方面要按照交易发生日的即期汇率或即期汇率的近似汇率折合的记账本位币金额登记入账；两者之间的差额，作为当期汇兑损益。

借：银行存款——× × 银行（× × 外币账户）（按交易发生日的即期汇率或即期汇率的近似汇率折合的记账本位币金额）

财务费用——汇兑差额（按借方差额）

贷：银行存款（按实际支付的记账本位币金额）

2．卖出外币

企业卖出外币时，一方面要按外币卖出价折算应向银行支付的记账本位币，并记录所支付的金额；另一方面要按照交易发生日的即期汇率或即期汇率的近似汇率折合的记账本位币金额登记入账；两者之间的差额，作为当期汇兑损益。

借：银行存款（按实际收到的记账本位币金额）

财务费用——汇兑差额（按借方差额）

贷：银行存款——× × 银行（× × 外币账户）（按交易发生日的即期汇率或即期汇率的近似汇率折合的记账本位币金额）

3. 以外币结算的业务

（1）企业购入材料、商品或设备，以外币结算时，应按交易发生日的即期汇率或即期汇率的近似汇率将支付的外币或应支付的外币折算为记账本位币入账，以确定购入材料等货物及债务的入账价值，同时按照外币的金额登记有关外币账户，如外币银行存款和外币应付账款账户等。

借：原材料

　　应交税费——应交增值税（进项税额）

　　固定资产等

　贷：银行存款——×× 外币账户

　　　应付账款——×× 外币账户

　　　银行存款——人民币户（如以人民币支付税金）

【例 5-7】3 月 12 日，企业购入一批材料，价款共计 5 万美元（其外币业务采用交易发生日的即期汇率进行核算，假设不考虑相关税费），当日的即期汇率为 1 美元 =6.3 元人民币。16 日，企业以美元存款支付上述货款，该日的即期汇率为 1 美元 =6.25 元人民币。

（1）12 日购进材料时：

借：原材料　　（50 000 × 6.3）315 000

　贷：应付账款——美元户　　315 000

（2）16 日支付货款时：

借：应付账款——美元户　　315 000

　贷：银行存款　　（50 000 × 6.25）312 500

　　　财务费用——汇兑差额　　2 500

（2）企业销售商品或产品以外币结算时，应按交易发生日的即期汇率或即期汇率的近似汇率将外币销售收入折算为记账本位币入账；对于销售取得的款项或发生的债权，按照折算为人民币的金额入账，同时按照外币金额登记有关外币账户，如外币银行存款账户和外币应付账款账户等。

借：银行存款——×× 外币账户

　　应收账款等——×× 外币账户

　贷：主营业务收入等

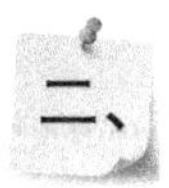

二、期末结转汇兑损益的核算

资产负债表日，企业应当分别按外币货币性项目和外币非货币性项目进行处理。

（一）货币性项目的处理

货币性项目是企业持有的货币和将以固定或可确定金额的货币收取的资产或者偿付的负债。货币性项目分为货币性资产和货币性负债，货币性资产包括现金、银行存款、应收账款和应收票据以及持有至到期投资等；货币性负债包括应付账款、其他应付款、短期借款、应付债券、长期借款、长期应付款等。

对于外币货币性项目，资产负债表日或结算日，因汇率波动而产生的汇兑差额作为财务费用处理，同时调增或调减外币货币性项目的记账本位币金额。汇兑差额指的是对同样数量的外币金额采用不同的汇率折算为记账本位币金额所产生的差额。例如，资产负债表日或结算日，以不同于交易日即期汇率或前一资产负债表日即期汇率的汇率折算同一外币金额产生的差额即为汇兑差额。

【例 5-8】欣华公司的记账本位币为人民币。其外币交易采用发生时的即期汇率折算，按月计算汇兑损益。3 月 31 日的即期汇率为 1 美元 =6.5 元人民币，该日欣华公司的有关账户余额如下表：

项目	外币账户余额（美元）	当日即期汇率	折算为人民币金额
银行存款	10 000	6.50	65 000
短期借款	100 000	6.50	650 000
应付账款	50 000	6.50	325 000

欣华公司 4 月份发生以下外币业务（不考虑增值税等相关税费）：

（1）5 日，向国外乙公司购入商品一批，商品已经验收入库。根据双方供货合同，货款共计 100 000 美元。当日即期汇率为 1 美元 =6.55 元人民币。

借：库存商品　　655 000

　贷：应付账款——乙公司　　（100 000×6.55）655 000

（2）13 日，从银行借入短期外币借款 50 000 美元，当日即期汇率为 1 美元 =6.60

元人民币。

借：银行存款————美元户　　330 000

贷：短期借款——美元户　　（50 000 × 6.60）330 000

（3）20 日，偿还上月欠国外客户的货款 30 000 美元。当日即期汇率为 1 美元 =6.65 元人民币。

借：应付账款　　195 000

财务费用——汇兑差额　　4 500

贷：银行存款——美元户　　（30 000 × 6.65）199 500

（4）假定 4 月 30 日的即期汇率为 1 美元 =6.70 元人民币，那么欣华公司月末应计算相应的汇兑损益：

项目	外币账户余额（美元）	原记账金额（人民币）	当日即期汇率	折算为人民币金额	汇兑差额
银行存款	30 000	200 000	6.70	201 000	1 000
短期借款	150 000	980 000	6.70	1 005 000	25 000
应付账款	120 000	785 000	6.70	804 000	19 000

相应的会计处理为：

借：银行存款——美元户　　1 000

财务费用——汇兑差额　　43 000

贷：短期借款——美元户　　25 000

应付账款——美元户　　19 000

（二）非货币性项目的处理

非货币性项目是货币性项目以外的项目，如存货、长期股权投资、交易性金融资产（股票、基金）、固定资产以及无形资产等。

1. 以历史成本计量的外币非货币性项目

对于以历史成本计量的外币非货币性项目，已在交易发生日按当日即期汇率折算，资产负债表日不应改变其原记账本位币金额，不产生汇兑差额。因为这些项目在取得时已按取得时日即期汇率折算，从而构成这些项目的历史成本，如果再按资产负债表日的即期汇率折算，就会导致这些项目价值不断变动，从而使这些项目的折旧、摊销和减值不断地随之变动。这与这些项目的实际情况不符。

【例 5-9】欣华公司的记账本位币是人民币。2016 年 3 月 15 日，欣华公司进口一台机器设备，设备价款 100 000 美元，尚未支付，当日的即期汇率为 1 美元 =6.5 元人民币。2016 年 3 月 31 日的即期汇率为 1 美元 =6.6 元人民币。假定不考虑其他相关税费。

该项设备属于企业的固定资产，在购入时已按当日即期汇率折算为人民币 650 000 元。由于“固定资产”属于非货币性项目，因此，2016 年 3 月 31 日，不需要按当日即期汇率进行调整。

2. 以公允价值计量的股票、基金等非货币性项目

对于以公允价值计量的股票、基金等非货币性项目，如果期末的公允价值以外币反映，则应当先将该外币按照公允价值确定当日的即期汇率折算为记账本位币金额，再与原记账本位币金额进行比较，其差额作为公允价值变动损益，计入当期损益。如属于可供出售外币非货币性项目的，形成的汇兑差额计入资本公积。

【例 5-10】欣华公司的记账本位币为人民币。2016 年 3 月 5 日以每股 1.5 美元的价格购入甲公司 B 股 10 000 股作为交易性金融资产，当日即期汇率为 1 美元 =6.5 元人民币，款项已付。2016 年 3 月 31 日，由于市价变动，当月购入的甲公司 B 股的市价变为每股 2 美元，当日即期汇率为 1 美元 =6.6 元人民币。假定不考虑相关税费的影响。

（1）2016 年 3 月 5 日，该公司对上述交易应作以下财务处理：

借：交易性金融资产　　97 500

　贷：银行存款　　97 500

（2）根据《企业会计准则第 22 号——金融工具确认和计量》的规定，交易性金融资产以公允价值计量。由于该项交易性金融资产是以外币计价，在资产负债表日，不仅应考虑美元市价的变动，还应一并考虑美元与人民币之间汇率变动的影响，上述交易性金融资产在资产负债表日的人民币金额为 132 000（2×10 000×6.6）元，与原账面价值 97 500（1.5×10 000×6.5）元的差额为 34 500 元人民币，应计入公允价值变动损益。相应的会计分录为：

借：交易性金融资产　　34 500

　贷：公允价值变动损益　　34 500

这里的 34 500 元人民币既包含欣华公司所购甲公司 B 股股票公允价值变动的影响，也包含人民币与美元之间汇率变动的影响。

（3）2016 年 4 月 10 日，欣华公司将所购甲公司 B 股股票按当日市价每股 2.2 美元全部售出（即结算日），所得价款 22 000 美元，按当日汇率为 1 美元 =6.65 元人民币折算为人民币金额 146 300 元，与其原账面价值人民币金额 132 000 元的差额为 14 300 元人民币，对于汇率的变动和股票市价的变动不进行区分，均作为投资收益进行处理。因此，售出当日，欣华公司应作会计分录为：

借：银行存款 146 300

　贷：交易性金融资产 132 000

　　投资收益 14 300

借：公允价值变动损益 34 500

　贷：投资收益 34 500

第六章　应收款项的核算

应收款项是指企业在生产经营过程中，因商品交易、劳务供给和其他往来业务而形成的应收未收或暂付应收的各种款项。

企业在生产经营过程中发生的各种应收款项，属于企业的短期债权，是企业流动资产的重要组成部分，其具体内容包括应收账款、应收票据、预付账款和其他应收款等。

第一节　应收账款的核算

应收账款是指企业因销售商品、提供劳务等日常生产经营活动应收取的款项。具体来说，应收账款是指企业因销售商品或提供劳务等原因，应向购货客户或接受劳务的客户收取的价款和代购货方垫付的运杂费等。

应收账款是企业应收款项的重要组成部分。企业应加强对应收账款的管理，严格控制应收账款的数额和回收时间，采取有效措施组织催收，以加速企业的资金周转。

会计上所指的应收账款有特定的范围：

第一，应收账款是指因销售商品或提供劳务等而形成的债权，不包括应收职工欠款、应收债权人的利息等其他应收款；

第二，应收账款是指企业流动资产性质的债权，不包括长期的债权，如购买的长期债券等；

第三，应收账款是指企业应收客户的款项，不包括企业付出的各类存出保证金，如投标保证金和租入包装物保证金等。

一、科目设置

应收账款是在商业信用条件下由于赊销业务而产生的，所以在销售（赊销）成立时既确认了营业收入，又确认了应收账款。也就是说，一般情况下，营业收入的确认时间，即是应收账款的入账时间。有关收入的确认请见后面的收入章节。

应收账款通常按实际发生额计价入账，其入账价值包括销售货物或提供劳务的价款、应收取的增值税销项税额，以及代购货方垫付的包装费、运杂费等。此外，在有销售折扣的情况下，还要考虑到商业折扣和现金折扣等因素。

为了反映和监督应收账款的增减变动及其结存情况，企业应设置“应收账款”科目，并按债务人设置明细科目进行明细核算。

“应收账款”科目的借方登记应收账款的增加额，贷方登记应收账款的收回及确认的坏账损失（也就是应收账款的减少额）；期末余额在借方，反映企业尚未收回的应收账款。期末如为贷方余额，反映企业预收的账款。

因销售商品、提供劳务等，合同或协议价款的收取采用递延方式、实质上具有融资性质的，在“长期应收款”科目核算，不在本科目核算。

二、应收账款发生与收回的账务处理

（1）发生应收账款时：

借：应收账款（按应收金额）

贷：主营业务收入等（按实现的销售收入）

应交税费——应交增值税（销项税额）

（2）收回应收账款时：

借：银行存款等

贷：应收账款

【例 6-1】1 月 5 日，合华房地产开发公司向某企业销售一栋商品房，开出的增值税专用发票上注明价款 1 亿元，增值税额 1 100 万元。1 月 20 日，收到所有款项。

（1）1 月 5 日销售时：

借：应收账款　　111 000 000

贷：主营业务收入　　100 000 000

应交税费——应交增值税（销项税额）　　11 000 000

（2）1 月 20 日收回款项时：

借：银行存款　　111 000 000

贷：应收账款　　111 000 000

第二节　应收票据的核算

应收票据是指企业持有的还没有到期、尚未兑现的票据。在我国，除商业汇票外，大部分票据都是即期票据，可以即刻收款或存入银行成为货币资金，不需要作为应收票据核算。因此，我国的应收票据是指应收的商业汇票，包括银行承兑汇票和商业承兑汇票。

一、科目设置

为了反映和监督应收票据的取得和收回等经济业务，企业应设置“应收票据”科目，并按照开出、承兑商业汇票的单位进行明细核算。“应收票据”科目的借方登记取得的应收票据的面值和计提的应收票据利息，贷方登记到期收回票据或到期前向银行贴现的应收票据的票面余额；期末余额在借方，反映企业持有的商业汇票的票面金额和带息票据的应计利息。

此外，企业应当设置“应收票据备查簿”，逐笔登记商业汇票的种类、号数和出票日、票面金额、交易合同号和付款人、承兑人、背书人的姓名或单位名称、到期日、背书转让日、贴现日、贴现率和贴现净额以及收款日期和收回金额、退票情况等资料。商业汇票到期结清票款或退票后，在备查簿中应予注销。

二、账务处理

应收票据的核算主要包括取得票据、票据贴现、票据转让、票据到期收款（拒付）等方面。

（一）取得票据

由于我国商业票据的期限一般较短（6个月），所以通常以面值计价，即企业应在收到开出承兑的商业汇票时，按商业汇票的票面金额入账。

（1）因销售商品、提供劳务等收到开出、承兑的商业汇票时：

借：应收票据（按商业汇票的票面金额）

贷：主营业务收入等（按确认的营业收入）

应交税费——应交增值税（销项税额）（按专用发票上注明的增值税额）

【例6-2】1月15日，甲企业向乙企业销售一套商品房，开出的增值税专用发票上注明货款200 000元，应收增值税销项税额34 000元，并收到乙企业开出的一张期限为3个月的商业承兑汇票抵付货款，票据面值为234 000元。根据上述经济业务，甲企业应作如下账务处理：

借：应收票据——乙企业	234 000	
贷：主营业务收入		200 000
应交税费——应交增值税（销项税额）		34 000

【例 6-3】1 月 21 日，甲企业向丙企业销售一套商品房，开出的增值税专用发票上注明价款 5 000 000 元，应收增值税销项税额 550 000 元，并收到丙企业开出的一张期限为 3 个月的银行承兑汇票以抵付购房款，票据面值为 5 550 000 元。根据上述经济业务，甲企业应作如下账务处理：

借：应收票据——丙企业　　5 550 000

　贷：主营业务收入　　5 000 000

　　应交税费——应交增值税（销项税额）　　550 000

（2）企业收到应收票据以抵偿应收账款时，按商业汇票的票面金额：

借：应收票据

**　贷：应收账款**

【例 6-4】甲企业收到乙企业开出的一张期限为 3 个月的商业承兑汇票以抵付其前期所欠款项 234 000 元，票据面值为 234 000 元。甲企业的账务处理为：

借：应收票据——乙企业　　234 000

　贷：应收账款——乙企业　　234 000

（二）票据贴现

企业持有的应收票据在到期前，如果出现资金短缺，可以持未到期的商业汇票向其开户银行申请贴现，以便获得所需资金。

1. 贴现金额的计算

所谓“贴现”，是指票据持有人将未到期的票据在背书后送交银行，银行受理后从票据到期值中扣除按银行贴现率计算确定的贴现利息，然后将余额付给持票人，作为银行对企业的短期贷款。因此，票据贴现实际上是企业融通资金的一种形式。在贴现中，企业付给银行的利息称为贴现利息，银行计算贴现利息的利率称为贴现率，企业从银行获得的票据到期值扣除贴现利息后的货币收入，称为贴现所得。贴现利息和贴现所得的计算公式如下：

贴现所得 = 票据到期值 − 贴现利息

贴现利息 = 票据到期值 × 贴现率 × 贴现期

贴现期 = 票据期限 − 企业已持有票据期限

带息应收票据的到期值是其面值加上按票据载明的利率计算的票据全部期间的利息；不带息应收票据的到期值就是其面值。

这里需要注意一点：按照中国人民银行《支付结算办法》的规定，实付贴现金额按到期价值扣除贴现日至汇票到期前一日的利息计算；承兑人在异地的，贴现利息的计算应另加 3 天的划款日期。

2. 收到贴现款

企业持未到期的应收票据向银行贴现，应根据银行盖章退回的贴现凭证的收账通知，编制记账凭证。

（1）如果银行无追索权：

借：银行存款（按实际收到的金额）

财务费用（按贴现息）

贷：应收票据（按商业汇票的票面金额）

（2）如果银行有追索权：

借：银行存款（按实际收到的金额）

财务费用（按贴现息）

贷：短期借款（按商业汇票的票面金额）

【例 6-5】2016 年 7 月 16 日，企业持所收取的开票人为乙公司、出票日期为 6 月 15 日、期限为三个月、面值为 300 000 元的不带息商业承兑汇票一张到银行贴现。该企业与承兑人在同地，银行的年贴现率为 12%。

（1）假设银行无追索权：

票据出票日为 2016 年 6 月 15 日，票据到期日为 2016 年 9 月 15 日。

贴现天数 =15+31+15–1=60（天）

票据到期价值 = 面值 =300 000（元）

贴现息 =300 000 × 12% ÷ 360 × 60=6 000（元）

贴现所得金额 =300 000–6 000=294 000（元）

财务费用 = 贴现息 =6 000（元）

借：银行存款 294 000

财务费用 6 000

贷：应收票据——乙公司 300 000

（2）假设银行有追索权：

借：银行存款 294 000

财务费用 6 000

贷：短期借款 300 000

3. 贴现票据到期

（1）在银行无追索权的情况下，所贴现汇票到期时，无论承兑人是否兑付，企业都不用做任何账务处理。

（2）在银行有追索权的情况下，所贴现汇票到期时，如果承兑人及时兑付，企业应按商业汇票的票面金额：

借：短期借款

贷：应收票据

如果承兑人的银行账户余额不足支付，申请贴现的企业收到银行退回的应收票据、支款通知和拒绝付款理由书或付款人未付票款通知书时，应按商业汇票的票面金额：

借：应收账款

贷：应收票据

当银行从企业账户中划走款项作为还款时，还应按商业汇票的票面金额：

借：短期借款

贷：银行存款

【例6-6】企业接到银行通知，其之前所贴现（银行有追索权）的一张商业汇票（票面金额为100 000元，承兑单位为甲企业），承兑人于汇票到期时已经及时支付。

借：短期借款　　100 000

贷：应收票据——甲企业　　100 000

【例6-7】企业接到银行通知，其之前所贴现（银行有追索权）的一张商业汇票（票面金额为200 000元，承兑单位为乙公司），在汇票到期时，承兑人银行账户不足支付，银行将已贴现的票据退回企业。

借：应收账款——乙公司　　200 000

贷：应收票据——乙公司　　200 000

银行从企业账户中将票据款划回时：

借：短期借款　　200 000

贷：银行存款　　200 000

（三）票据转让

应收票据转让是指持票人因偿还前欠货款等原因，将未到期的商业汇票背书后转让给其他单位或个人的业务活动。企业可以将自己持有的商业汇票背书转让。背书是指持票人在票据背面签字，签字人称为背书人，背书人对票据到期付款负连带责任。

企业将持有的应收票据背书转让以取得所需物资时：

借：原材料等（按应计入取得物资成本的价值）

应交税费——应交增值税（进项税额）（按可抵扣的增值税进项税额）

贷：应收票据（按商业汇票的票面金额）

银行存款等（按差额）

【例 6-8】企业将其所取得的一张面值为 200 000 元、期限为三个月的无息银行承兑汇票背书转让取得了一批原材料，所收到的增值税专用发票上注明货款 200 000 元，增值税税额 34 000 元，差额以银行存款补付。

取得物资价值总额 =200 000+34 000=234 000（元）

企业应付金额 =234 000–200 000=34 000（元）

借：原材料　200 000

应交税费——应交增值税（进项税额）　34 000

贷：应收票据　200 000

银行存款　34 000

【例 6-9】企业将其所取得的一张面值为 300 000 元、期限为三个月的无息银行承兑汇票背书转让取得了一批原材料，所收到的增值税专用发票上注明货款 200 000 元，增值税税额 34 000 元。双方约定，在汇票到期时，销货单位返还多余金额。

取得物资价值总额 =200 000+34 000=234 000（元）

应返还金额 =300 000–234 000=66 000（元）

借：原材料　200 000

应交税费——应交增值税（进项税额）　34 000

应收账款　66 000

贷：应收票据　300 000

（四）票据到期收款

商业汇票到期时，应根据是否收回款项做相应的账务处理。

（1）票据到期收回款项时：

借：银行存款（按实际收到的金额）

贷：应收票据（按应收票据的票面金额）

财务费用（按其差额）

（2）如果到期的应收票据因付款人无力支付票款，收到银行退回的商业承兑汇票、委托收款凭证、未付票款通知书或拒绝付款证明等，按商业汇票的票面金额：

借：应收账款

贷：应收票据

【例 6-10】甲企业持有的乙公司 1 月 25 日开出的期限为三个月的无息商业汇票到期

（票据面值为 585 000 元），如期收回账款。

借：银行存款　　585 000

　贷：应收票据——乙公司　　585 000

【例 6-11】甲企业持有的丙公司 1 月 31 日开出的期限为三个月的有息商业汇票到期（票据面值为 200 000 元、票面利率为 6%），如期收回账款 203 000 元。

借：银行存款　　203 000

　贷：应收票据——丙公司　　200 000

　　财务费用　　3 000

【例 6-12】甲企业持有的乙公司 1 月 25 日开出的期限为三个月的无息商业汇票到期（票据面值为 585 000 元），但由于乙企业经济困难，没能收回款项。

借：应收账款——乙公司　　585 000

　贷：应收票据——乙公司　　585 000

第三节　预付账款的核算

预付账款是企业因购进存货、接受劳务等按合同预先付给供应方款项而形成的债权，包括根据合同规定预付的购货款、租金、工程款等。预付账款和应收账款都属于企业的债权，但它们产生于两种完全不同的交易行为，预付账款产生于企业的购货业务，应收账款产生于企业的销货业务。

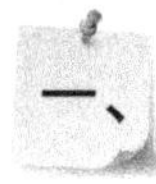

一、科目设置

对于预付账款较多的企业，为了反映和监督预付账款的增减变动情况，企业应设置“预付账款”科目，并按对方单位设置明细科目进行明细核算。预付账款不多的企业，也可以不设“预付账款”科目，而直接在“应付账款”科目核算，将发生的预付账款记入“应付账款”科目的借方。

“预付账款”科目的借方登记预付的款项和补付的款项，贷方登记收到采购货物时按发票金额冲销的预付账款数额和预付账款多余而退回的款项；期末余额在借方，反映企业预付的各种款项。如果期末余额在贷方，反映企业尚未补付的款项。

二、账务处理

预付账款的核算主要包括企业按照经济合同预付账款、收到所购货物和补付账款或退回多预付的账款等业务。

（1）根据购货合同规定向供应单位预付账款时：

借：预付账款（按向供应单位预付的款项金额）

贷：银行存款（按向供应单位预付的款项金额）

（2）收到所购货物时：

借：原材料等（按应计入购入物资成本的金额）

应交税费——应交增值税（进项税额）（按可抵扣的增值税进项税额）

贷：预付账款（按应付金额）

（3）当预付账款小于采购货物所需支付的款项而补付款项时：

借：预付账款（按补付的款项）

贷：银行存款（按补付的款项）

（4）当预付账款大于采购货物所需支付的款项而收回多付的款项时：

借：银行存款（按收回的多余款项）

贷：预付账款（按收回的多余款项）

【例 6-13】1 月 6 日，甲企业与乙公司签订合同，采购一批原材料。根据合同规定，甲企业当天就通过银行向乙公司预付货款 50 000 元。1 月 15 日，甲企业如期收到乙公司发来的原材料，并验收入库，同时收到的增值税专用发票上注明货款 100 000 元，增值税税额 17 000 元，共计 117 000 元。甲企业通过银行补付不足款项 67 000 元。

（1）预付账款时：

	借方	贷方
借：预付账款——乙企业	50 000	
贷：银行存款		50 000

（2）收到货物时：

	借方	贷方
借：原材料	100 000	
应交税费——应交增值税（进项税额）	17 000	
贷：预付账款——乙企业		117 000

（3）补付货款时：

	借方	贷方
借：预付账款——乙企业	67 000	
贷：银行存款		67 000

【例 6-14】假设上例中，甲企业的预付款为 150 000 元。

（1）预付账款时：

借：预付账款——乙企业　　150 000

　贷：银行存款　　150 000

（2）收到货物时：

借：原材料　　100 000

　　应交税费——应交增值税（进项税额）　　17 000

　贷：预付账款——乙企业　　117 000

（3）退回多余预付款时：

借：银行存款　　33 000

　贷：预付账款——乙企业　　33 000

如果甲企业在会计核算中没有单独设置“预付账款”科目，则通过“应付账款”科目核算。

第四节　其他应收款的核算

其他应收款是指企业发生的除应收账款、应收票据、应收股利、应收利息、预付账款等以外的其他各种应收、暂付的款项。

一、科目设置

其他应收款主要发生于企业的非购销活动，应与应收账款和预付账款区分清楚，主要包括：

（1）应收的各种赔款、罚款，如因企业财产等遭受意外损失而应向有关保险公司收取的赔款等；

（2）应向职工收取的各种垫付款项，如为职工垫付的水电费、应由职工负担的医药费、房租费等；

（3）其他各种应收、暂付款项。

为了反映和监督其他应收款的发生和结算情况，企业应设置“其他应收款”科目，并按对方单位（或个人）设置明细账，进行明细核算。

“其他应收款”科目的借方登记发生的各种其他应收款，贷方登记收回的其他应收款；期末余额在借方，反映企业尚未收回的其他应收款。

二、账务处理

企业发生其他各种应收款项时，借记“其他应收款”科目，贷记有关科目；收回各种款项时，借记有关科目，贷记“其他应收款”科目。

（1）发生其他应收款时：

借：其他应收款

　　贷：库存现金、银行存款等

（2）收回其他应收款时：

借：库存现金、银行存款、应付职工薪酬等

　　贷：其他应收款

【例 6-15】某企业以现金代职工张某垫付应由其个人负担的住院医药费 1 300 元，在月末终了从其工资中扣回。

（1）垫付医药费时：

借：其他应收款——张某　　1 300

　　贷：库存现金　　1 300

（2）从其工资中扣回时：

借：应付职工薪酬　　1 300

　　贷：其他应收款——张某　　1 300

【例 6-16】企业清理一项固定资产，在清理过程中获得保险公司赔偿 50 000 元。

（1）保险公司承诺赔偿时：

借：其他应收款　　50 000

　　贷：固定资产清理　　50 000

（2）收到赔偿款时：

借：银行存款　　50 000

　　贷：其他应收款　　50 000

第五节　应收款项减值的核算

企业的各种应收款项（包括应收账款、其他应收款、预付账款和应收票据等）可能会因购货人拒付、破产、死亡等原因而无法收回，这类无法收回的应收款项就是坏账。因坏账而遭受的损失为坏账损失。

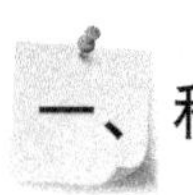

一、科目设置

企业应当在资产负债表日对应收款项的账面价值进行检查，有客观证据表明应收款项发生减值的，应当将该应收款项的账面价值减记至预计未来现金流量现值，减记的金额确认减值损失，计提坏账准备。

企业应当设置“坏账准备”科目，核算应收款项的坏账准备计提、转销等业务。企业当期计提的坏账准备应当计入资产减值损失。“坏账准备”科目贷方登记当期计提的坏账准备金额，借方登记实际发生的坏账损失金额和冲减的坏账准备金额，期末余额一般在贷方，反映企业已计提但尚未转销的坏账准备。

当期应提取的坏账准备应按以下公式计算：

当期应提取的坏账准备＝当期按应收款项计算应提坏账准备金额－（或＋）“坏账准备”科目的贷方余额（或借方余额）

（1）当期按应收款项计算应提取的坏账准备金额大于“坏账准备”科目的贷方余额，应按其差额提取坏账准备。

（2）如果当期按应收款项计算应提取坏账准备的金额小于“坏账准备”科目的贷方余额，应按其差额冲减已计提的坏账准备。

（3）如果当期按应收款项计算应提坏账准备的金额为零，应将“坏账准备”科目的余额全部冲回。

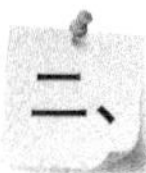

二、计提坏账准备的方法

确定应收款项减值有两种方法：直接转销法和备抵法。我国《企业会计准则》规定采用备抵法确定应收款项的减值。

备抵法是采用一定的方法按期估计坏账损失，计入当期损益，同时建立坏账准备，待坏账实际发生时冲销已计提的坏账准备和相应的应收款项。采用这种方法，在报表上列示应收款项的净额，使报表使用者能了解企业应收款项的可收回金额。在备抵法下，企业应当根据实际情况合理估计当期坏账损失金额。由于企业发生坏账损失带有很大的不确定性，所以只能以过去的经验为基础，参照当前的信用政策、市场环境和行业惯例，准确地估计每期应收款项未来现金流量现值，从而确定当期减值损失金额，计入当期损益。企业在预计未来现金流量现值时，应当在合理预计未来现金流量的同时，合理选用折现利率。短期应收款项的预计未来现金流量与其现值相差很小的，在确认相关减值损失时，可不对其预计未来现金流量进行折现。

（一）计提坏账准备的范围

企业主要针对年末应收账款和其他应收款的余额计提坏账准备。

企业持有的未到期应收票据，如有确凿证据证明不能够收回或收回的可能性不大时，应将其账面余额转入应收账款，并计提相应的坏账准备。

企业的预付账款如有确凿证据表明其不符合预付账款性质，或者因供货单位破产、撤销等原因已无望再收到所购货物的，应将原计入预付账款的金额转入其他应收款，并计提相应的坏账准备。

（二）坏账的计量

每年末企业应当列出目录，具体注明计提坏账准备的范围、提取方法、账龄的划分和提取比例，按照管理权限，经股东大会或董事会等类似机构批准。坏账准备提取方法一经确定，不得随意变更。企业对于不能收回的应收款项应当查明原因，追究责任。对有确凿证据表明确实无法收回的应收款项，如债务单位已撤销、破产、资不抵债、现金流量严重不足等，经股东大会或董事会等类似机构批准作为坏账损失，冲销提取的坏账准备。计提坏账准备的方法有以下几种。

1. 应收账款余额百分比法

应收账款余额百分比法是按应收款项期末余额的一定比例计算提取坏账准备的一种方法。从理论上说，这一比例应按坏账占应收款项的概率计算，发生坏账多的企业，计提比例相对高一些，反之则低一些。企业应根据本企业的实际情况确定坏账准备的提取比例。

2. 账龄分析法

账龄分析法实际上是应收账款余额百分比法的一种更为精确的估计坏账的方法。账龄指的是客户所欠账款的时间。

采用账龄分析法计提坏账准备，首先要对应收款项按账龄的长短进行分类，然后对各类应收款项确定不同的估计坏账的百分比，据以确定各类应收款项中无法收回的坏账准备，最后将各类应收款项中估计的坏账金额加总，求得全部应收款项中的坏账金额。

账龄分析法是以账款被拖欠的时间越长，发生坏账的可能性越大为前提的。当然，应收账款能否收回并不完全取决于欠账时间的长短。

3. 销货百分比法

销货百分比法是按当期赊销金额的一定百分比估计坏账损失的方法。这种方法的出发点是，坏账损失的产生与赊销金额的多少直接相关，当期赊销金额越多，产生的坏账损失就会越大。因此，可以根据过去的经验和当期的有关资料，估计坏账损失与赊销金额之间的比率，再用这一比率乘以当期的赊销金额，计算坏账损失的估计数。赊销金额一般应扣除销货退回和折让。

在采用赊销百分比法的情况下，估计坏账损失百分比可能由于企业生产经营情况的不断变化而不相适应，因此，需要经常检查百分比是否能足以反映企业坏账损失的实际情况。倘若发现过高或过低，应及时调整百分比。

4. 个别认定法

个别认定法就是根据每一应收款项的情况来估计坏账损失的方法。在采用应收账款余额百分比法和账龄分析法的同时，如果某笔应收款项收回的可能性与其他各项应收款项存在明显的差异，导致该笔应收款项在按照与其他应收款项同样的方法计提坏账准备，将无法真实地反映其可实现净值时，则对该笔应收款项采用个别认定法来计提坏账准备，同时将该应收款项金额从用其他方法计提坏账准备的应收款项中扣除。

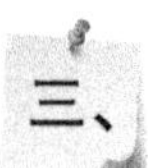

三、计提坏账准备的账务处理

（1）资产负债表日，企业根据金融工具确认和计量准则确定应收款项发生减值的，按应计提的坏账准备金额：

借：资产减值损失

贷：坏账准备

如果应提数大于坏账准备账面余额，按差额：

借：资产减值损失

贷：坏账准备

如果应提数小于坏账准备账面余额，按差额：

借：坏账准备

　贷：资产减值损失

（2）对于确实无法收回的应收款项，按管理权限报经批准后作为坏账损失，转销应收款项：

借：坏账准备

　贷：应收账款、其他应收款等

（3）已确认并转销的应收款项以后又收回的，应按实际收回的金额：

借：应收账款、其他应收款等

　贷：坏账准备

借：银行存款

　贷：应收账款、其他应收款等

【例 6-17】某房地产开发企业采用应收账款余额百分比法计提坏账准备，计提比例为 5%。2014 年年末，该企业“坏账准备”科目余额为 5 000 元，应收账款余额为 200 000 元；2015 年，该企业实际发生坏账损失 7 000 元，其中 A 企业 2 000 元，B 企业 5 000 元，年末应收账款余额为 300 000 元；2016 年，其在 2015 年已经冲销的 B 企业的应收账款 5 000 元又收回来了，期末应收账款余额为 160 000 元。

（1）2014 年年末计提坏账准备时：

应提取的坏账准备 = 200 000 × 5%–5 000 = 5 000（元）

借：资产减值损失	5 000	
贷：坏账准备		5 000

“坏账准备”科目贷方余额 = 5 000+5 000 = 10 000（元）

（2）2015 年实际发生坏账损失时：

借：坏账准备	7 000	
贷：应收账款——A 企业		2 000
——B 企业		5 000

“坏账准备”科目贷方余额 = 10 000 –7 000 = 3 000（元）

（3）2015 年年末计提坏账准备时：

应提取的坏账准备 = 300 000 × 5%– 3 000 = 12 000（元）

借：资产减值损失　　12 000

　贷：坏账准备　　12 000

“坏账准备”科目贷方余额＝3 000+12 000＝15 000（元）

（4）2016 年收回已冲销的坏账时：

借：应收账款——B 企业　　5 000

　贷：坏账准备　　5 000

借：银行存款　　5 000

　贷：应收账款——B 企业　　5 000

“坏账准备”科目贷方余额＝15 000+5 000＝20 000（元）

（5）2016 年年末计提坏账准备时：

应提取的坏账准备＝160 000×5%−20 000＝−12 000（元）

借：坏账准备　　12 000

　贷：资产减值损失　　12 000

第七章　对外投资的核算

房地产开发企业的对外投资通常有交易性金融资产、持有至到期投资、可供出售金融资产以及长期股权投资等。

第一节　交易性金融资产的核算

交易性金融资产是指企业为交易目的而持有的债券投资、股票投资和基金投资。取得该金融资产的目的，主要是为了近期内出售。例如，企业以赚取差价为目的从二级市场购入的股票、债券和基金等准备近期内出售。

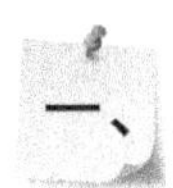

一、交易性金融资产的确认与计量

交易性金融资产具有如下特点：企业持有的目的是短期性的，即在初次确认时就确定其持有目的是为了短期获利，一般此处的短期也应该是不超过一年（包括一年）；该资产能够活跃市场，公允价值可以通过活跃市场获取。

为核算交易性金融资产，企业应设置两个账户："交易性金融资产"和"公允价值变动损益"。

"交易性金融资产"是资产类会计科目，核算企业为交易性目的所持有的债券投资、股票投资、基金投资等交易性金融资产的公允价值。企业持有的直接指定为公允价值计量且其变动部分计入当期损益的金融资产也在本科目核算。在交易性金融资产一级科目下应设置两个二级明细科目：一是"交易性金融资产——成本"；二是"交易性金融资产——公允价值变动"。"交易性金融资产——成本"科目用于核算企业取得交易性金融资产时的公允价值。"交易性金融资产——公允价值变动"科目用于核算企业持有期间交易性金融资产公允价值的增减变动额。

"公允价值变动损益"是损益类会计科目，核算交易性金融资产公允价值变动所形成的应计入当期损益的利得或损失。

二、取得交易性金融资产的核算

企业取得交易性金融资产时，应将交易性金融资产取得时的公允价值作为其初始确认金额，记入“交易性金融资产——成本”科目。取得交易性金融资产所发生的相关交易费用（包括支付给代理机构、咨询公司、券商的手续费和佣金等）应当在发生时计入投资收益。

借：交易性金融资产——成本（按交易性金融资产的公允价值）

投资收益（按发生的交易费用）

贷：银行存款

其他货币资金等（按实际支付的金额）

取得交易性金融资产所支付的价款中如果包含已宣告但尚未发放的现金股利或已到付息期但尚未领取的债券利息，应当单独确认为应收项目，记入“应收股利”或“应收利息”科目。

【例 7-1】甲房地产开发企业以银行存款购买 A 公司股票 10 000 股，并将其划分为交易性金融资产。该笔股票在购买时公允价值 250 000 元（A 公司未宣告发放现金股利），在购买股票时另支付相关交易费用 3 000 元。

（1）购买 A 公司股票时：

借：交易性金融资产——成本　　250 000

　贷：其他货币资金——存出投资款　　250 000

（2）支付相关交易费用时：

借：投资收益　　3 000

　贷：其他货币资金——存出投资款　　3 000

【例 7-2】3 月 20 日，乙房地产开发企业以银行存款购入 B 公司股票 10 000 股，并将其划分为交易性金融资产。每股成交价 15 元，另支付相关税费 500 元。B 公司于 3 月 15 日宣告每股发放现金股利 0.5 元，股利发放日为 4 月 15 日。乙企业账务处理为：

应收股利 =10 000 × 0.5=5 000（元）

初始投资成本 =10 000 × 15+500–5 000=145 500（元）

借：交易性金融资产——成本　　145 500

　应收股利　　5 000

　贷：银行存款　　150 500

【例 7-3】某房地产开发企业于 2016 年 1 月 3 日以银行存款 115 000 元购入丙公司 2015 年 1 月 1 日发行的三年期债券，并将其划为交易性金融资产，另支付手续费等相关税费 500 元。

其中，已到付息期但尚未领取的债券利息为 12 000 元。该债券面值 100 000 元，年利率 12%，按年付息、到期还本。根据这项业务，该企业应作如下账务处理：

借：交易性金融资产——成本　　103 000

　　应收利息　　12 000

　贷：银行存款　　115 000

借：投资收益　　500

　贷：银行存款　　500

三、持有交易性金融资产期间的核算

交易性金融资产采用公允价值进行后续计量，公允价值的变动计入当期损益。企业持有交易性金融资产期间，对于被投资单位宣告发放的现金股利和在资产负债表日分期付息，到期一次还本的债券投资分期计算出的利息收入，应确认为投资收益。

（1）企业取得交易性金融资产时：

借：银行存款

**　贷：应收股利或应收利息**

说明：企业取得交易性金融资产时，实际支付的价款中包含的已宣告但尚未领取的现金股利，或已到付息期但尚未领取的利息，应于实际收到时冲减已记录的应收股利或应收利息。

（2）在交易性金融资产持有期间，被投资单位宣告分派的现金股利时：

借：应收股利

**　贷：投资收益**

收到现金股利时：

借：银行存款

**　贷：应收股利**

（3）在资产负债表日，按分期付息、一次还本债券投资的票面利率计算的利息：

借：应收利息

**　贷：投资收益**

收到利息时：

借：银行存款

**　贷：应付利息**

【例7-4】2016年3月3日，某房地产开发企业购入A公司股票（股票A）10 000股并将其划为交易性金融资产，每股成交价5.3元（包含已宣告但尚未支付的2015年度现金股利每股0.3元），另支付佣金、手续费等费用共计500元，所有款项均以银行存款支付。

2016年3月10日，企业收到A公司发放的2015年度现金股利（假设不考虑发放现金股利的税费）。根据上述经济业务，该企业应作如下账务处理。

（1）购入时：

借：交易性金融资产——成本　　50 000

　　应收股利　　（10 000×0.3）3 000

　贷：银行存款　　53 000

借：投资收益　　500

　贷：其他货币资金——存出投资款　　500

（2）收到现金股利时：

借：银行存款　　3 000

　贷：应收股利　　3 000

【例7-5】某房地产开发企业以银行存款115 000元购入D公司2015年1月1日发行的三年期债券并将其划为交易性金融资产，另支付手续费等相关税费500元。该债券面值100 000元，年利率为12%，按年付息（每年1月1日）、到期还本。

（1）购买债权时：

借：交易性金融资产——成本　　115 000

　贷：银行存款　　115 000

借：投资收益　　500

　贷：其他货币资金——存出投资款　　500

（2）在资产负债表日确认利息收入：

借：应收利息　　（100 000×12%）12 000

　贷：投资收益　　12 000

（3）实际收到利息时：

借：银行存款　　12 000

　贷：应收利息　　12 000

四、交易性金融资产的期末计量

资产负债表日，交易性金融资产应当按照公允价值计量，公允价值与账面余额之间的差额计入当期损益（即记入“公允价值变动损益”账户）。

（1）若公允价值大于账面价值，按其差额：

借：交易性金融资产——公允价值变动

贷：公允价值变动损益

（2）若公允价值小于账面价值，按其差额：

借：公允价值变动损益

贷：交易性金融资产——公允价值变动

【例 7-6】甲公司 2015 年 9 月 20 日购入 10 万股总成本为 100 万元的股票作为交易性金融资产，到 2015 年 12 月 31 日，该股票每股的公允价值（2014 年 12 月 31 日收盘价）为每股 12 元。该批股票的市场价格为 120 万元，高于账面余额的差额为 20 万元。

2016 年 12 月 31 日，该批股票的公允价值（市价）为每股 11 元，市场价格为 110 万元，低于账面余额 10 万元。

（1）2015 年 12 月 31 日，确认该笔股票价值的变动损益：

借：交易性金融资产——公允价值变动　　200 000

贷：公允价值变动损益　　200 000

同时，在编制年度报告之前将公允价值变动损益结转到“本年利润”账户：

借：公允价值变动损益　　200 000

贷：本年利润　　200 000

（2）2016 年 12 月 31 日，确认该批股票的变动损益：

借：公允价值变动损益　　100 000

贷：交易性金融资产——公允价值变动　　100 000

同时，在编制年度报告之前将公允价值变动损益结转到“本年利润”账户：

借：本年利润　　100 000

贷：公允价值变动损益　　100 000

五、交易性金融资产的处置

出售交易性金融资产时，应将该金融资产出售时的公允价值与账面余额之间的差额计入投资收益，将交易费用也计入投资收益，同时调整公允价值变动损益。

借：银行存款（按实际收到的金额）

　　公允价值变动（按该项交易性金融资产的公允价值变动）

　　投资收益（按贷方差额）

　贷：交易性金融资产——成本（按该项交易性金融资产的公允价值变动）

　　　　　　　　　　　——公允价值变动（按该项交易性金融资产的公允价值变动）

　　　投资收益（按借方差额）

同时，按该项交易性金融资产的公允价值变动借记或贷记“公允价值变动损益”科目，贷记或借记“投资收益”科目。

借：公允价值变动损益（公允价值高于账面余额的差额）

　贷：投资收益

（或）借：投资收益

　贷：公允价值变动损益（公允价值低于账面余额的差额）

【例 7-7】8 月 15 日，甲公司所持有的交易性金融资产（丙公司债券），“交易性金融资产——成本”明细科目借方余额 500 000 元，“交易性金融资产——公允价值变动”明细科目借方余额 50 000 元。9 月 15 日，甲公司出售了该批债券，售价为 580 000 元。

假设不考虑其他费用，在出售债券时甲公司应作如下账务处理：

借：银行存款　　580 000

　贷：交易性金融资产——成本　　500 000

　　　　　　　　　　——公允价值变动　　50 000

　　　投资收益　　30 000

同时，按“交易性金融资产——公允价值变动”明细科目的余额，调整公允价值变动损益：

借：公允价值变动损益　　50 000

　贷：投资收益　　50 000

第二节　持有至到期投资的核算

持有至到期投资是指到期日固定、回收金额固定或可确定，且企业有明确意图和能力持有至到期的非衍生金融资产。通常情况下，包括企业持有的且在活跃市场上有公开报价的国债、企业债券、金融债券等。

一、科目设置

企业从二级市场购入的固定利率国债、浮动利率公司债券等，都属于持有至到期投资。持有至到期投资通常具有长期性质，但期限较短（一年以内）的债券投资，符合持有至到期投资条件的，也可以划分为持有至到期投资。

对于持有至到期投资，企业应设置“持有至到期投资”会计科目，用来核算企业持有至到期投资的价值。此科目属于资产类科目，应当按照持有至到期投资的类别和品种，分别设置“成本”“利息调整”“应计利息”等明细科目进行明细核算。其中，“利息调整”实际上反映企业债券投资溢价和折价的相应摊销额。

持有至到期投资应采用实际利率法，按摊余成本计量。实际利率法是指按实际利率计算摊余成本及各期利息费用的方法，摊余成本为持有至到期投资初始金额扣除已偿还的本金和加上或减去累计摊销额以及扣除减值损失后的金额。

二、持有至到期投资的取得

企业取得持有至到期投资应当按照公允价值计量，取得持有至到期投资所发生的交易费用计入持有至到期投资的初始确认金额。

企业取得持有至到期投资支付的价款中包含已到付息期但尚未领取的债券利息，应当单独确认为应收项目（应收利息），不构成持有至到期投资的初始确认金额。

入账成本 = 买价 – 到期未收到的利息 + 交易费用

借：持有至到期投资——成本（按该投资的面值）

——应计利息（按该投资买入时所含的未到期利息）

——利息调整（初始入账成本 – 债券购入时所含的未到期利息 – 面值）

（溢价记借，折价记贷）

应收利息（该投资买入时所含的已到付息期但尚未领取的利息）

贷：银行存款

【例7-8】2016年1月1日，甲公司购入乙公司当月发行的面值总额为1 000万元的债券，期限为5年，到期一次还本付息。票面利率8%。甲公司将其划分为持有至到期投资。

（1）若支付价款1 080万元，另支付相关税费10万元。

初始成本 =1 080+10=1 090（万元）

利息调整 =1 090–1 000=90（万元）

借：持有至到期投资——成本　　10 000 000

——利息调整　　900 000

贷：银行存款　　10 900 000

（2）若支付价款 980 万元，另支付相关税费 10 万元。

借：持有至到期投资——成本　　10 000 000

贷：银行存款　　9 900 000

持有至到期投资——利息调整　　100 000

三、持有至到期投资的持有

在资产负债表日，持有至到期投资摊余成本按实际利率计算确定的债券利息收入，应当作为投资收益进行会计处理。

（一）溢价摊销

（1）持有至到期投资为分期付息、一次还本债券投资的，企业应当在资产负债表日：

借：应收利息（按债券面值 × 票面利率）

贷：投资收益（按持有至到期投资期初摊余成本和实际利率计算确定的利息收入）

持有至到期投资——利息调整（按差额）

（2）持有至到期投资为一次还本付息债券投资的：

借：持有至到期投资——应计利息（按债券面值 × 票面利率）

——利息调整（按差额）

贷：投资收益（按摊余成本 × 实际利率）

【例 7-9】2012 年 1 月 1 日，甲公司购入 C 公司当日发行的 5 年期公司债券，共支付价款 105 万元（含交易费用）。该债券票面价值总额为 100 万元，票面年利率为 5%，于每年末支付本年度债券利息（即每年利息为 5 万元），本金在债券到期时一次性偿还。

甲公司将其划分为持有至到期投资，该债券投资的实际利率为 3.89%。

（1）取得时：

借：持有至到期投资——C 公司债券——成本　　1 000 000

——利息调整　　50 000

贷：银行存款　　1 050 000

（2）2012 年 12 月 31 日摊销时：

票面利息 =100 × 5% = 5（万元）

实际利息 =105 × 3.89% = 4.08（万元）

借：应收利息	50 000
贷：投资收益	40 800
持有至到期投资——利息调整	9 200

2012 年 12 月 31 日的摊余成本 = 105 – 0.92 = 104.08（万元）

（3）2013 年 12 月 31 日摊销时：

票面利息 = 100 × 5% = 5（万元）

实际利息 = 104.08 × 3.89% = 4.05（万元）

借：应收利息	50 000
贷：投资收益	40 500
持有至到期投资——利息调整	9 500

2013 年 12 月 31 日的摊余成本 = 104.08 – 0.95 = 103.13（万元）

（4）2014 年 12 月 31 日摊销时：

票面利息 = 100 × 5% = 5（万元）

实际利息 = 103.13 × 3.89% = 4.01（万元）

借：应收利息	50 000
贷：投资收益	40 100
持有至到期投资——利息调整	9 900

2014 年 12 月 31 日的摊余成本 = 103.13 – 0.99 = 102.14（万元）

（5）2015 年 12 月 31 日摊销时：

票面利息 = 100 × 5% = 5（万元）

实际利息 = 102.14 × 3.89% = 3.97（万元）

借：应收利息	50 000
贷：投资收益	39 700
持有至到期投资——利息调整	10 300

2015 年 12 月 31 日的摊余成本 = 102.14 – 1.03 = 101.11（万元）

（6）2016 年 12 月 31 日摊销时：

票面利息 = 100 × 5% = 5（万元）

借：应收利息	50 000
贷：投资收益	38 900
持有至到期投资——利息调整	11 100

2016 年 12 月 31 日的摊余成本 = 101.11 – 1.11 =100（万元）

（二）折价摊销

（1）持有至到期投资分期付息、一次还本债券投资的，企业应当在资产负债表日：

借：应收利息（按面值 × 票面利率）

持有至到期投资——利息调整（按差额）

贷：投资收益（按摊余成本 × 实际利率）

（2）持有至到期投资为一次还本付息债券投资的：

借：持有至到期投资——应计利息（按面值 × 票面利率）

——利息调整（按差额）

贷：投资收益（按摊余成本 × 实际利率）

【例 7-10】2012 年 1 月 1 日，甲公司购入 C 公司当日发行的 5 年期公司债券，共支付价款 95 万元（含交易费用）。该债券票面价值总额为 100 万元，票面年利率为 5%，于每年末支付本年度债券利息（即每年利息为 5 万元），本金在债券到期时一次性偿还。

甲公司将其划分为持有至到期投资。假设该债券投资的实际利率为 6.19%。

（1）取得时：

借：持有至到期投资——C 公司债券——成本	1 000 000	
贷：银行存款		950 000
持有至到期投资——C 公司债券——利息调整		50 000

（2）2012 年 12 月 31 日摊销时：

票面利息 = 100 × 5% = 5（万元）

实际利息 = 95 × 6.19% = 5.88（万元）

借：应收利息	50 000	
持有至到期投资——利息调整	8 800	
贷：投资收益		58 800

2012 年 12 月 31 日的摊余成本 = 95+0.88 = 95.88（万元）

（3）2013 年 12 月 31 日摊销时：

票面利息 = 100 × 5% = 5（万元）

实际利息 = 95.88 × 6.19% = 5.93（万元）

借：应收利息	50 000	
持有至到期投资——利息调整	9 300	
贷：投资收益		59 300

2013 年 12 月 31 日的摊余成本 = 95.88+0.93 = 96.81（万元）

（4）2014 年 12 月 31 日摊销时：

票面利息 = 100 × 5% = 5（万元）

实际利息 = 96.81 × 6.19% = 5.99（万元）

借：应收利息　　50 000

　　持有至到期投资——利息调整　　9 900

　贷：投资收益　　59 900

2014 年 12 月 31 日的摊余成本 = 96.81+0.99 = 97.8（万元）

（5）2015 年 12 月 31 日摊销时：

票面利息 = 100 × 5% = 5（万元）

实际利息 = 97.8 × 6.19% = 6.05（万元）

借：应收利息　　50 000

　　持有至到期投资——利息调整　　10 500

　贷：投资收益　　60 500

2015 年 12 月 31 日的摊余成本 = 97.8+1.05 = 98.85（万元）

（6）2016 年 12 月 31 日摊销时：

票面利息 = 100 × 5% = 5（万元）

利息调整 = 100− 98.85 = 1.15（万元）

投资收益 = 5+1.15 = 6.15（万元）

借：应收利息　　50 000

　　持有至到期投资——利息调整　　11 500

　贷：投资收益　　61 500

2016 年 12 月 31 日的摊余成本 = 100（万元）

（三）减值

资产负债表日，持有至到期投资的账面价值高于预计未来现金流量现值的，企业应当将该持有至到期投资的账面价值减记至预计未来现金流量现值，将减记的金额作为资产减值损失进行会计处理，计入当期损益，同时计提相应的资产减值准备。

已计提减值准备的持有至到期投资价值以后又得以恢复的，应当在原已计提的减值准备金额内予以转回。转回的金额计入当期损益。

计提减值准备时，按应计提的减值准备：

借：资产减值损失

贷：持有至到期投资减值准备

【例 7-11】2015 年 12 月 31 日，甲公司的一笔持有至到期投资账面价值为 800 000 元，预计未来现金流量现值为 700 000 元。2016 年 12 月 31 日，有客观证据表明该债券价值已恢复。假定甲公司确定的应恢复的金额为 100 000 元，账务处理如下所示。

（1）2015 年 12 月 31 日，确认减值损失时：

借：资产减值损失——计提的持有至到期投资减值准备　　100 000

贷：持有至到期投资减值准备　　100 000

（2）2016 年 12 月 31 日，确认减值损失的转回时：

借：持有至到期投资减值准备　　100 000

贷：资产减值损失——计提的持有至到期投资减值准备　　100 000

四、持有至到期投资的出售

企业出售持有至到期投资时，应当将取得的价款与账面价值之间的差额作为投资损益进行会计处理。如果对持有至到期投资计提了减值准备，还应当同时结转减值准备。具体账务处理为：

借：银行存款

持有至到期投资减值准备

贷：持有至到期投资——成本

——利息调整（也可能记借方）

——应计利息

投资收益（也可能记借方）

【例 7-12】2016 年 1 月 5 日，甲公司将所持有的 1 000 份 C 公司债券全部出售，取得价款 2 500 000 元。在该日，甲公司该债券投资的账面余额为 2 380 562 元，其中：成本明细科目为借方余额 2 500 000 元，利息调整明细科目为贷方余额 119 438 元。假定该债券投资在持有期间未发生减值，那么甲公司的相关账务处理为：

借：银行存款　　2 500 000

持有至到期投资——C 公司债券——利息调整　　119 438

贷：持有至到期投资——C 公司债券——成本　　2 500 000

投资收益——C 公司债券　　119 438

第三节　可供出售金融资产的核算

可供出售金融资产是指初始确认时即被指定为可供出售的非衍生金融资产，以及没有划分为持有至到期投资、贷款和应收款项、以公允价值计量且其变动计入当期损益的金融资产（即交易性金融资产）。

可供出售金融资产包括企业从二级市场上购入的债券投资、股票投资、基金投资等，但这些金融资产没有被划分为交易性金融资产或持有至到期投资。

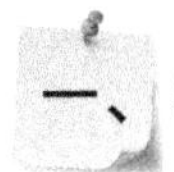

一、科目设置

为核算可供出售金融资产，企业应当设置“可供出售金融资产”“资本公积——其他资本公积”“投资收益”等科目。

“可供出售金融资产”科目应分别设置“成本”“利息调整”“应计利息”“公允价值变动”等明细科目进行核算。

“资本公积——其他资本公积”科目的借方登记资产负债表日企业持有的可供出售金融资产的公允价值低于账面余额的差额等，贷方登记资产负债表日企业持有的可供出售金融资产的公允价值高于账面余额的差额等。

可供出售金融资产发生减值的，也可以单独设置“可供出售金融资产减值准备”科目。

二、可供出售金融资产为股票

（一）初始计量

可供出售金融资产应当以公允价值进行初始计量，购入时发生的相关交易费用应计入初始入账金额。取得可供出售金融资产时，支付的价款中包含已宣告但尚未发放的现金股利或已到付息期但尚未领取的债券利息，应当单独确认为应收项目，不构成可供出售金融资产的初始入账金额。

借：可供出售金融资产——成本（公允价值与交易费用之和）

　　应收股利（支付的价款中包含的已宣告但尚未发放的现金股利）

　贷：银行存款等（实际支付的金额）

（二）后续计量

可供出售金融资产应当以公允价值进行后续计量。公允价值变动形成的利得或损失，应当直接计入所有者权益，在该金融资产终止确认时转出，计入当期损益。采用实际利率法计算的可供出售债务工具投资的利息，以及可供出售权益工具投资的现金股利，应当计入当期损益。

1. 期末公允价值变动的处理

借：可供出售金融资产——公允价值变动（公允价值高于其账面余额的差额）

　　贷：资本公积——其他资本公积

由于可供出售金融资产采用公允价值进行后续计量，而税法规定，以公允价值计量的金融资产在持有期间市价的波动在计税时不予考虑，有关金融资产在某一会计期末的计税基础为其取得成本。因此，当可供出售金融资产的公允价值上升时，账面价值大于其初始取得成本，即账面价值大于计税基础，形成应纳税暂时性差异，要确认递延所得税负债：

借：资本公积——其他资本公积

　　贷：递延所得税负债

（或）借：资本公积——其他资本公积（公允价值低于其账面余额的差额）

　　贷：可供出售金融资产——公允价值变动

此时可供出售金融资产的公允价值下降，账面价值小于其初始取得成本，即账面价值小于计税基础，形成可抵扣暂时性差异，要确认递延所得税资产：

借：递延所得税资产

　　贷：资本公积——其他资本公积

2. 发生减值

借：资产减值损失（应减记的金额）

　　贷：资本公积——其他资本公积（核算原计入的累计损失。原计入的累计收益应借记）

　　　　可供出售金融资产——公允价值变动（期末公允价值和账面价值之间的差额）

说明：可供出售金融资产发生减值时，即使该金融资产没有终止确认，原直接计入所有者权益的因公允价值下降形成的累计损失，也应当予以转出，计入当期损益。转出的累计损失等于可供出售金融资产的初始取得成本扣除已收回本金和已摊销金额，以及当前公允价值和原已计入损益的减值损失后的余额。

3. 原确认的减值损失予以转回

借：可供出售金融资产——公允价值变动

　　贷：资本公积——其他资本公积

说明：对于已确认减值损失的可供出售债务工具，在随后的会计期间公允价值已上升且客观上与原减值损失确认后发生的事项有关的，原确认的减值损失应当予以转回，计入当期损益。但可供出售权益工具投资发生的减值损失，不得通过损益转回。

4. 出售可供出售的金融资产

借：银行存款等（实际收到的金额）

资本公积——其他资本公积（公允价值累计变动额，或贷记）

贷：可供出售金融资产——成本

——公允价值变动（账面余额，或借记）

投资收益（差额，或借记）

【例 7-13】2014 年 8 月 15 日，甲公司支付价款 855 万元（含交易费用 5 万元）购入乙公司股票 100 万股，占乙公司有表决权股份的 1.5%，作为可供出售金融资产核算。

2014 年 12 月 31 日，该股票市场价格为每股 9 元。2015 年 3 月 5 日，乙公司宣告发放现金股利 1 000 万元，甲公司按股份可得 15 万元。2015 年 3 月 20 日，收到现金股利。

2015 年 7 月 8 日，甲公司以每股 8 元的价格将乙公司股票全部转让。

（1）2014 年 8 月 15 日取得时：

借：可供出售金融资产——成本 8 550 000

贷：银行存款 8 550 000

（2）2014 年 12 月 31 日调整公允价值时：

借：可供出售金融资产——公允价值变动 450 000

贷：资本公积——其他资本公积 450 000

（3）2015 年 3 月 5 日宣告发放现金股利时：

借：应收股利 150 000

贷：投资收益 150 000

（4）2015 年 3 月 20 日收到现金股利时：

借：银行存款 150 000

贷：应收股利 150 000

（5）2015 年 7 月 8 日出售时：

借：银行存款 8 000 000

投资收益 1 000 000

贷：可供出售金融资产——成本 8 550 000

可供出售金融资产——公允价值变动 450 000

借：资本公积——其他资本公积　　450 000

　贷：投资收益　　450 000

三、可供出售金融资产为债券

1. 初始计量

借：可供出售金融资产——成本（债券面值）

　可供出售金融资产——利息调整（差额，或贷记）

　应收利息（已到付息期但尚未领取的利息）

　贷：银行存款等（实际支付的金额）

2. 后续计量

（1）取得收益的处理。可供出售金融资产为分期付息，一次还本债券投资：

借：应收利息（债券面值 × 票面利率）

　贷：投资收益（期初摊余成本 × 实际利率）

　　可供出售金融资产——利息调整（差额，或借记）

可供出售金融资产为一次还本付息债券投资：

借：可供出售金融资产——应计利息（债券面值 × 票面利率）

　贷：投资收益（期初摊余成本 × 实际利率）

　　可供出售金融资产——利息调整（差额，或借记）

（2）期末公允价值变动的处理：

借：可供出售金融资产——公允价值变动（公允价值高于其账面余额的差额）

　贷：资本公积——其他资本公积

（或）借：资本公积——其他资本公积（公允价值低于其账面余额的差额）

　贷：可供出售金融资产——公允价值变动

（3）发生减值：

借：资产减值损失（应减记的金额）

　贷：资本公积—— 其他资本公积（核算原计入的累计损失。原计入的累计收益应借记）

　　可供出售金融资产—— 公允价值变动（期末公允价值和账面价值之间的差额）

（4）原确认的减值损失应当予以转回：

借：可供出售金融资产——公允价值变动

　贷：资产减值损失

（5）出售可供出售的金融资产：

借：银行存款等（实际收到的金额）

　　资本公积——其他资本公积（公允价值累计变动额，或贷记）

　贷：可供出售金融资产——成本

　　　　　　　　　　　——公允价值变动（账面余额，或借记）

　　　　　　　　　　　——应计利息（账面余额，或借记）

　　　　　　　　　　　——利息调整（账面余额，或借记）

　　　投资收益（差额，或借记）

【例 7-14】2013 年 1 月 1 日，瑞祥公司从证券市场上购入诺华公司于 2012 年 1 月 1 日发行的 5 年期债券，划分为可供出售金融资产，面值为 2 000 万元，票面年利率为 5%，实际利率为 4%，每年 1 月 5 日支付上年度的利息，到期日一次归还本金和最后一次利息。实际支付价款为 2 172.60 万元，假定按年计提利息。

2013 年 12 月 31 日，该债券的公允价值为 2 040 万元。

2014 年 12 月 31 日，该债券的预计未来现金流量现值为 2 000 万元并将继续下降。

2015 年 12 月 31 日，该债券的公允价值回升至 2 010 万元。

2016 年 1 月 20 日，瑞祥公司将该债券全部出售，收到款项 1 990 万元存入银行。

（1）2013 年 1 月 1 日：

借：可供出售金融资产——成本		20 000 000
应收利息	（20 000 000 × 5%）1 000 000	
可供出售金融资产——利息调整		726 000
贷：银行存款		21 726 000

（2）2013 年 1 月 5 日：

借：银行存款	1 000 000
贷：应收利息	1 000 000

（3）2013 年 12 月 31 日：

应确认的投资收益 = 期初摊余成本 × 实际利率 =（2 000+72.60）× 4% = 82.90（万元）

借：应收利息	1 000 000
贷：投资收益	829 000
可供出售金融资产——利息调整	171 000

可供出售金融资产账面价值 = 2 000+72.60 − 17.1 = 2 055.50（万元），公允价值为 2 040 万元，应确认公允价值变动损失 = 2 055.50 − 2 040 = 15.50（万元）。

借：资本公积——其他资本公积　155 000

　贷：可供出售金融资产——公允价值变动　155 000

（4）2014 年 1 月 5 日：

借：银行存款　1 000 000

　贷：应收利息　1 000 000

（5）2014 年 12 月 31 日：

应确认的投资收益 = 期初摊余成本 × 实际利率 =（2 000+72.60 – 17.1）×4% = 82.22（万元），注意这里不考虑 2013 年年末的公允价值暂时性变动。

借：应收利息　1 000 000

　贷：投资收益　822 200

　　可供出售金融资产——利息调整　177 800

可供出售金融资产账面价值 = 2 040 – 17.78 =2 022.22（万元），公允价值为 2 000 万元，由于预计未来现金流量会持续下降，所以公允价值变动 = 2 022.22 – 2 000=22.22（万元），并将原计入资本公积的累计损失转出：

借：资产减值损失　377 200

　贷：可供出售金融资产——公允价值变动　222 200

　　资本公积——其他资本公积　155 000

（6）2015 年 1 月 5 日：

借：银行存款　1 000 000

　贷：应收利息　1 000 000

（7）2015 年 12 月 31 日：

应确认的投资收益 = 期初摊余成本 × 实际利率 =（2 000+72.60 – 17.1 – 17.78 – 37.72）×4% = 80（万元）

借：应收利息　1 000 000

　贷：投资收益　800 000

　　可供出售金融资产——利息调整　200 000

可供出售金融资产账面价值 = 2 000– 20 = 1 980（万元），公允价值为 2 020 万元，应该转回原确认的资产减值损失 =2 010 – 1 980 = 30（万元）。

借：可供出售金融资产——公允价值变动　300 000

　贷：资产减值损失　300 000

（8）2016 年 1 月 5 日：

借：银行存款　1 000 000

贷：应收利息 1 000 000

（9）2016 年 1 月 20 日：

借：银行存款 19 900 000

可供出售金融资产——公允价值变动 （155 000+222 200−300 000）77 200

投资收益 200 000

贷：可供出售金融资产——成本 20 000 000

可供出售金融资产——利息调整 177 200

第四节 长期股权投资的核算

根据 2014 年 7 月 1 日开始执行的修订后的《企业会计准则第 2 号——长期股权投资》，房地产开发企业的长期股权投资是指投资方对被投资单位实施控制、重大影响的权益性投资，以及对其合营企业的权益性投资。

一、科目设置

为正确记录和反映各项投资所发生的成本和损益，在进行长期股权投资的会计处理时，一般需要设置"长期股权投资""长期股权投资减值准备""应收股利""投资收益"等科目。

根据会计准则的规定，房地产开发企业的长期股权投资应按照不同情况分别采用成本法或权益法进行会计核算。其中，长期股权投资核算采用权益法的，"长期股权投资"科目还应分别设置"投资成本""损益调整""其他综合收益""其他权益变动"明细科目进行明细核算。

二、成本法

投资方能够对被投资单位实施控制的长期股权投资（即对子公司投资），应当采用成本法核算。

除此之外，投资企业持有的对被投资单位不具有共同控制或重大影响，并且活跃市场中没有报价、公允价值不能可靠计量的长期股权投资，也应按照成本法核算。

（一）取得投资

长期股权投资可以通过不同的方式取得，不同取得方式下初始投资成本的计算也是不同的。

以支付现金取得长期股权投资的，应当按照实际支付的购买价款作为初始投资成本。初始投资成本包括购买过程中支付的手续费等必要支出，但所支付价款中包含的被投资单位已宣告但尚未发放的现金股利或利润应作为应收项目核算，不构成取得长期股权投资的成本。

借：长期股权投资（实际支付的价款）

贷：银行存款

借：应收股利（包含的已宣告但尚未发放的现金股利）

贷：银行存款

【例 7-15】2016 年 3 月 15 日，甲公司用银行存款购入乙公司 20% 的股份，实际支付价款 2 亿元，支付手续费等相关费用 500 万元，并于同日完成了相关手续。甲公司取得该部分股权后能够对乙公司施加重大影响。假设不考虑相关税费等其他因素影响。

借：长期股权投资——投资成本　　205 000 000

贷：银行存款　　205 000 000

（二）现金股利

长期股权投资采用成本法核算的，当被投资单位宣告发放现金股利或利润时，投资企业应按照属于本企业的部分：

借：应收股利

贷：投资收益

【例 7-16】2016 年 1 月，彭鑫公司自非关联方处以银行存款 1 000 万元取得对乙公司 60% 的股权，相关手续于当日完成，并能够对乙公司实施控制。2016 年 3 月，乙公司宣告分派现金股利，彭鑫公司按其持股比例可取得 20 万元。假定不考虑相关税费等其他因素影响，彭鑫公司应作如下账务处理。

（1）2016 年 1 月取得投资时：

借：长期股权投资——投资成本　　10 000 000

贷：银行存款　　10 000 000

（2）2016 年 3 月乙公司宣告分派现金股利时：

借：应收股利　　200 000

贷：投资收益　　200 000

（三）减值

企业应对长期股权投资的账面价值定期进行逐项检查，至少每年年末检查一次。发生减值的，应通过“长期股权投资减值准备”科目处理。

借：资产减值损失（按应减记的金额）

贷：长期股权投资减值准备

【例 7-17】沿用例 7-16，2015 年 12 月 31 日，彭鑫公司发现对乙公司的这笔长期股权投资（原投资成本为 1 000 万元）发生了减值，减值金额为 100 万元。彭鑫公司有关账务处理为：

借：资产减值损失 1 000 000

贷：长期股权投资减值准备 1 000 000

（四）处置

处置长期股权投资时，按实际取得的价款与长期股权投资账面价值的差额确认为投资损益，并应同时结转已计提的长期股权投资减值准备。

借：银行存款（按实际收到的金额）

长期股权投资减值准备（按已计提的减值准备）

应收股利（按尚未领取的现金股利或利润）

贷：长期股权投资（按账面余额）

投资收益（按差额）

【例 7-18】2016 年 3 月 5 日，甲公司以银行存款 1 000 万元（含已经宣告但尚未发放的现金股利 20 万元）取得对乙公司的长期股权投资，所持有的股份占乙公司有表决权股份的 2%，另支付相关税费 3 万元。甲公司对乙公司不具有共同控制或重大影响，且该长期股权投资在活跃市场中没有报价、公允价值不能可靠计量。甲公司采用成本法核算该长期股权投资。2016 年 3 月 10 日，甲公司收到宣告发放的现金股利。2016 年 12 月 5 日甲公司出售该长期股权投资，收到出售价款 1 300 万元，支付相关税费 4 万元。假设不考虑其他因素。

（1）取得投资时：

借：长期股权投资 （10 000 000– 200 000+30 000）9 830 000

应收股利 200 000

贷：银行存款 10 030 000

（2）收到现金股利时：

借：银行存款 200 000

贷：应收股利 200 000

（3）出售时：

借：银行存款　（13 000 000 – 40 000）12 960 000

　贷：长期股权投资　9 830 000

　　　投资收益　3 130 000

三、长期股权投资的权益法

长期股权投资准则规定，对合营企业和联营企业投资应当采用权益法核算。投资方在判断对被投资单位是否具有共同控制、重大影响时，应综合考虑直接持有的股权和通过子公司间接持有的股权。

在综合考虑直接持有的股权和通过子公司间接持有的股权后，如果认定投资方在被投资单位拥有共同控制或重大影响，在个别财务报表中，投资方进行权益法核算时，应仅考虑直接持有的股权份额；在合并财务报表中，投资方进行权益法核算时，应同时考虑直接持有和间接持有的份额。

（一）取得投资

在权益法下，长期股权投资的初始计量分为以下两个步骤。

首先，初始投资或追加投资时，按照初始投资成本或追加投资的投资成本，增加长期股权投资的账面价值。

其次，比较初始投资成本与投资时应享有被投资单位可辨认净资产公允价值的份额，前者大于后者的，不调整长期股权投资账面价值；前者小于后者的，应当按照二者之间的差额调增长期股权投资的账面价值，同时计入取得投资的当期损益。

具体来说，长期股权投资的初始投资成本大于投资时应享有被投资单位可辨认净资产公允价值份额的，不调整已确认的初始投资成本；长期股权投资的初始投资成本小于投资时应享有被投资单位可辨认净资产公允价值份额的，应按其差额，借记“长期股权投资”科目（投资成本），贷记“营业外收入”科目。

【例 7-19】2016 年 1 月，润开公司取得甲公司 30% 的股权，共支付价款 8 000 万元。取得投资时，甲公司净资产账面价值为 2 亿元（假定被投资单位各项可辨认净资产的公允价值与其账面价值相同）。润开公司在取得甲公司的股权后，能够对甲公司施加重大影响。不考虑相关税费等其他因素影响。

本例中，应对该投资采用权益法核算。取得投资时，润开公司有关会计处理如下：

借：长期股权投资——投资成本　80 000 000

　贷：银行存款　80 000 000

长期股权投资的初始投资成本8 000万元大于取得投资时应享有被投资单位可辨认净资产公允价值的份额6 000（20 000×30%）万元，该差额2 000万元不调整长期股权投资的账面价值。

假定本例中取得投资时被投资单位甲公司可辨认净资产的公允价值为3亿元，润开公司按持股比例30%计算确定应享有9 000万元，则初始投资成本与应享有被投资单位可辨认净资产公允价值份额之间的差额1 000万元应计入取得投资当期的营业外收入。有关会计处理如下：

借：长期股权投资——投资成本　　10 000 000

　贷：营业外收入　　10 000 000

（二）投资损益的确认

持有投资期间，投资企业应随着被投资单位所有者权益的变动相应调整增加或减少长期股权投资的账面价值，并按以下情况分别进行处理。

（1）资产负债表日，企业应按根据被投资单位实现的净利润或经调整的净利润计算该享有的份额，增加长期股权投资的账面价值，同时确认投资损益：

借：长期股权投资（损益调整）

**　贷：投资收益**

【例7-20】甲企业持有乙企业30%的股份，能够对乙企业施加重大影响。当期乙企业实现的净损益为8 000万元。假定甲企业与乙企业适用的会计政策、会计期间相同，投资时乙企业各项可辨认资产、负债的公允价值与其账面价值亦相同。双方在当期及以前期间未发生任何内部交易。假定不考虑所得税影响因素，那么甲企业在确认应享有被投资单位所有者权益的变动时应作如下账务处理：

借：长期股权投资——损益调整　　24 000 000

　贷：投资收益　　24 000 000

（2）对于被投资单位宣告分派的利润或现金股利计算应分得的部分，相应减少长期股权投资的账面价值：

借：应收股利

**　贷：长期股权投资（损益调整）**

【例7-21】甲企业持有乙企业30%的股份，能够对乙企业施加重大影响。3月5日，乙企业宣布发放现金股利50万元。假设不考虑所得税影响因素，那么甲企业在乙企业宣告发放现金股利时应作如下账务处理：

借：应收股利　　150 000

　　贷：长期股权投资——损益调整　　150 000

（3）超额亏损的确认。长期股权投资准则规定，投资企业确认应分担被投资单位发生的损失，原则上应以长期股权投资及其他实质上构成对被投资单位净投资的长期权益减记至零为限，投资企业负有承担额外损失义务的除外。

这里所讲的“其他实质上构成对被投资单位净投资的长期权益”，通常是指长期应收项目。例如，企业对被投资单位的长期债权，该债权没有明确的清收计划且在可预见的未来期间不准备收回的，实质上构成对被投资单位的净投资。应予说明的是，该类长期权益不包括投资企业与被投资单位之间因销售商品、提供劳务等日常活动所产生的长期债权。

按照长期股权投资准则规定，投资企业在确认应分担被投资单位发生的亏损时，应将长期股权投资及其他实质上构成对被投资单位净投资的长期权益项目的账面价值综合起来考虑。在长期股权投资的账面价值减记至零的情况下，如果仍有未确认的投资损失，应以其他长期权益的账面价值为基础继续确认。另外，投资企业在确认应分担被投资单位的净损失时，除应考虑长期股权投资及其他长期权益的账面价值以外，如果在投资合同或协议中约定将履行其他额外的损失补偿义务，还应按《企业会计准则第13号——或有事项》的规定确认预计将承担的损失金额。

企业在实务操作过程中，在发生投资损失时，应借记“投资收益”科目，贷记“长期股权投资（损益调整）”科目。在长期股权投资的账面价值减记至零以后，考虑其他实质上构成对被投资单位净投资的长期权益，继续确认的投资损失应借记“投资收益”科目，贷记“长期应收款”科目；因投资合同或协议约定导致投资企业需要承担额外义务的，按照或有事项准则的规定，对于符合确认条件的义务，应确认为当期损失，同时确认预计负债，借记“投资收益”科目，贷记“预计负债”科目。除上述情况仍未确认的应分担被投资单位的损失，应在账外备查登记。

在确认了有关的投资损失以后，被投资单位于以后期间实现盈利的，应按以上相反顺序分别减记已确认的预计负债、恢复其他长期权益及长期股权投资的账面价值，同时确认投资收益。即应当按顺序分别借记“预计负债”“长期应收款”“长期股权投资”科目，贷记“投资收益”科目。

【例7-22】甲企业持有乙企业30%的股份，能够对乙企业施加重大影响。2016年1月1日，该项长期股权投资账面价值为1 500万元。2015年乙企业发生净亏损6 000万元。假定甲企业与乙企业适用的会计政策、会计期间相同，投资时乙企业各项可辨认资产、负债的公允价值与其账面价值亦相同。双方在当期及以前期间未发生任何内部交易。不考虑所得税影响因素。

虽然乙企业当年亏损 6 000 万元，甲企业按比例应减少 1 800 万元，但是甲企业该项长期股权投资的账面价值只有 1 500 万元，以减至零为限。

借：投资收益　　15 000 000

　贷：长期股权投资——损益调整　　15 000 000

（4）除净损益以外所有者权益的其他变动：

借：长期股权投资（其他综合收益）

**　贷：其他综合收益**

对于被投资单位其他综合收益发生变动的，投资方应当按照归属于本企业的部分，相应调整长期股权投资的账面价值，同时增加或减少其他综合收益。

【例 7-23】甲企业持有乙企业 30% 的股份，能够对乙企业施加重大影响。当期乙企业因持有的可供出售金融资产公允价值的变动计入其他综合收益的金额为 1 500 万元。假定甲企业与乙企业适用的会计政策、会计期间相同，投资时乙企业各项可辨认资产、负债的公允价值与其账面价值亦相同。双方在当期及以前期间未发生任何内部交易。假定不考虑所得税影响因素，那么甲企业在确认应享有被投资单位所有者权益的变动时：

借：长期股权投资——其他综合收益　　4 500 000

　贷：其他综合收益　　4 500 000

（5）收到被投资单位发放的股票股利，不进行账务处理，但应在备查簿中登记。

（三）减值

资产负债表日，企业根据《企业会计准则第 8 号——资产减值》（以下简称“资产减值准则”）确定长期股权投资发生减值的，按应减记的金额：

借：资产减值损失

**　贷：长期股权投资减值准备**

（四）处置

处置长期股权投资时，应按实际取得的价款与长期股权投资账面价值的差额确认投资损益，并同时结转已计提的长期股权投资减值准备。

借：银行存款（按实际收到的金额）

**　　长期股权投资减值准备（按已计提的减值准备）**

**　　应收股利（按尚未领取的现金股利或利润）**

**　贷：长期股权投资（按账面余额）**

**　　投资收益（按差额）**

此外，在权益法下，处置长期股权投资时，还应按结转的长期股权投资的投资成本比例结转原记入“资本公积——其他资本公积”科目的金额，借记或贷记“资本公积——其他资本公积”科目，贷记或借记“投资收益”科目。

【例 7-24】甲企业原持有乙企业 40% 的股权，2016 年 12 月 15 日，甲企业决定出售 10% 乙企业股权，出售时甲企业账面上对乙企业长期股权投资的构成为：投资成本 1 500 万元、损益调整 330 万元、其他权益变动 120 万元。该项长期股权投资已计提减值准备 300 万元，出售取得价款 500 万元。

处置比例 = 10% ÷ 40% = 25%

长期股权投资账面余额 = 1 500+330+120 = 1 950（万元）

处置部分的长期股权投资账面余额 = 1 950 × 25% = 487.50（万元）

应结转的减值准备 = 300 × 25% = 75（万元）

（1）确认处置损益的账务处理为：

借：银行存款　　5 000 000

　　长期股权投资准备　　750 000

　贷：长期股权投资——投资成本　　3 750 000

　　　　　　　　——损益调整　　825 000

　　　　　　　　——其他权益变动　　300 000

　　投资收益　　875 000

（2）除应将实际取得价款与出售长期股权投资的账面价值进行结转，确认出售损益外，还应将原计入资本公积的部分按比例转入当期损益。

借：资本公积——其他资本公积　　300 000

　贷：投资收益　　300 000

第八章　原材料与周转材料的核算

房地产开发企业的材料是指企业为开发产品的建设需要而购置的各种材料，主要包括钢材、铝材、水泥、木材、五金材料、电器材料、化工材料以及各种结构物、构件（如钢木屋架、塑钢门窗、铝合金门窗、预制板）等。

不同于工业企业，房地产开发企业涉及的材料业务并不多。由于承发包方式的具体形式不同，企业需要储备材料的种类和数量也不同。如果采用包工包料形式，房地产开发企业不需要储备材料；如果采用全部包工、部分包料形式，则房地产开发企业需要储备部分材料。因此，房地产开发企业应根据实际情况组织好材料的管理与核算工作。

第一节　原材料的实际成本法核算

实际成本法核算是指存货在核算时按照其取得与发出的实际成本进行计价。对于原材料品种简单的企业来说，采用实际成本法核算会比较简单。

一、科目设置

企业按实际成本法对原材料进行核算，通常设置“原材料”和“在途物资”科目。

（一）“原材料”科目

“原材料”科目用于核算企业库存的各种原材料（包括原料及主要材料、辅助材料、外购半成品、修理用备件、燃料、包装材料等）的实际成本。其借方登记验收入库的各种原材料的实际成本；贷方登记发出的各种原材料的实际成本；期末余额在借方，反映企业库存原材料的实际成本。

“原材料”科目应按照材料的保管地点（仓库）以及材料的类别、品种和规格等进行明细核算。

（二）“在途物资”科目

“在途物资”科目用于核算企业采用实际成本进行原材料等物资的日常核算、货款已付尚未验收入库的在途物资的采购成本。其借方登记购入原材料的实际成本，贷方登记实际收到并验收入库时转入“原材料”等科目的“在途物资”成本；期末余额在借方，反映企业在途原材料等物资的采购成本。

“在途物资”科目应按照供应单位和物资品种进行明细核算。

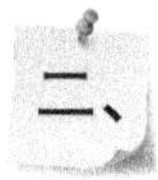

二、取得原材料的核算

（一）外购材料

外购原材料时，由于结算方式和采购地点的不同，原材料入库和货款的支付在时间上并不一定完全同步，相应地，其账务处理也会有所不同。

（1）如果发票账单与材料同时到达，应在原材料验收入库后：

借：原材料（按原材料的实际成本）

应交税费——应交增值税（进项税额）（按专用发票上注明的增值税额）

贷：银行存款、应付账款、应付票据等（按实际支付的款项或应付的账款）

（2）如果已取得发票等凭证或已支付货款但材料或商品等尚未运抵时，应根据发票账单等结算凭证：

借：在途物资（按原材料的实际成本）

应交税费——应交增值税（进项税额）（按专用发票上注明的增值税额）

贷：银行存款、应付账款、应付票据等（按实际支付的款项或应付的账款）

待原材料到达、验收入库后，再根据收料单：

借：原材料（按原材料的实际成本）

贷：在途物资（按原材料的实际成本）

【例 8-1】某房地产开发企业购入乙材料一批，发票及账单已经收到，但材料尚未到达。收到的增值税专用发票上注明材料价款 200 000 元，增值税税额 34 000 元。货款已经通过银行转账支付。该企业为增值税一般纳税人。

（1）收到发票及账单时：

借：在途物资——乙材料	200 000	
应交税费——应交增值税（进项税额）	34 000	
贷：银行存款		234 000

（2）材料到达并验收入库时：

借：原材料——乙材料	200 000	
贷：在途物资——乙材料		200 000

（3）如果原材料已经到达并验收入库，但发票账单等结算凭证未到，货款尚未支付，则根据以下程序进行处理。

第一步：在没有收到发票账单等结算凭证前先不作账务处理。

第二步：如果在月末，发票等结算凭证仍未收到，则须按原材料的暂估价值，借记“原材料”科目，贷记“应付账款——暂估应付账款”科目。

第三步：下月初先用红字作同样的记账凭证予以冲回。

第四步：待收到发票账单等结算凭证后，再按实际金额，借记“原材料”“应交税费——应交增值税（进项税额）”科目，贷记“银行存款”“应付账款”“应付票据”等科目。

【例 8-2】某房地产开发企业购入钢材一批，于 1 月 28 日收到材料并验收入库，但是发票等结算凭证直到 2 月 6 日才收到，上面注明材料价款 300 000 元，增值税税额 51 000 元，运杂费 1 000 元。收到发票的当日，企业以银行转账支付了该笔款项。该企业为增值税一般纳税人。

（1）1 月 28 日，收到材料时，由于尚未收到发票等结算凭证，可先不作账务处理。

（2）1 月 31 日（月末），由于仍未收到发票等结算凭证，先将该批材料估价入账（假设暂估价 300 000 元）：

借：原材料——钢材　　300 000

　贷：应付账款——暂估应付账款　　300 000

（3）2 月初，用红字（以方框表示）将上述分录原账冲回：

借：原材料——钢材　　[300 000]

　贷：应付账款——暂估应付账款　　[300 000]

（4）2 月 6 日，收到发票并支付货款时：

借：原材料——钢材　　301 000

　　应交税费——应交增值税（进项税额）　　51 000

　贷：银行存款　　352 000

（二）自制的材料

企业自制的材料，在验收入库后，根据实际成本：

借：原材料

**　贷：生产成本**

【例 8-3】某房地产开发企业自制并验收入库一批材料，其实际成本为 250 000 元。根据上述经济业务，应作如下账务处理：

借：原材料　250 000

　贷：生产成本　250 000

（三）投资者投入的材料

投资者投入的材料，按照投资合同或协议约定的价值（合同或协议约定价值不公允的除外）：

借：原材料

**　　应交税费——应交增值税（进项税额）**

**　贷：实收资本等**

其具体账务处理参见“实收资本”部分。

（四）向供应单位、外部运输机构等收回的材料或商品短缺或其他应冲减材料或商品采购成本的赔偿款项

应根据有关的索赔凭证：

借：应付账款

**　　其他应收款**

**　贷：在途物资**

【例 8-4】1 月 8 日，某房地产开发企业向甲公司购入 100 件材料，收到的增值税专用发票上注明材料款 300 000 元，增值税税额 51 000 元。1 月 15 日，材料运抵企业，经验收发现短缺了 10 件（30 000 元），经交涉，甲公司同意予以赔偿。

（1）购入材料时：

借：在途物资　300 000

　　应交税费——应交增值税（进项税额）　51 000

　贷：应付账款——甲公司　351 000

（2）验收入库时：

借：原材料　270 000

　贷：在途物资　270 000

（3）索赔时：

借：应付账款——甲公司　30 000

　贷：在途物资　30 000

（五）因自然灾害等发生的损失和尚待查明原因的途中损耗

因自然灾害等发生的损失和尚待查明原因的途中损耗，先记入“待处理财产损溢”

科目，查明原因后再作处理。

借：待处理财产损溢

贷：在途物资

【例 8-5】1 月 10 日，某房地产开发企业向甲公司购入 100 件材料，收到的增值税专用发票上注明材料款 500 000 元，增值税税额 85 000 元。1 月 16 日，材料运抵企业，经验收发现短缺了 10 件（50 000 元），原因尚未查明。

（1）购入材料时：

借：在途物资　　500 000

　　应交税费——应交增值税（进项税额）　　85 000

　贷：应付账款——甲公司　　585 000

（2）验收入库时：

借：原材料　　450 000

　贷：在途物资　　450 000

同时：

借：待处理财产损溢　　50 000

　贷：在途物资　　50 000

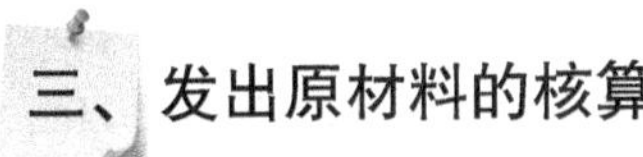

三、发出原材料的核算

（一）开发产品领用材料

房地产开发企业在开发产品或企业经营时领用的原材料，应根据领用部门不同，分别按领用材料的实际成本，借记“开发成本”“开发间接费用”“销售费用”“管理费用”等科目，贷记“原材料”科目。

（二）甲控材和甲供材

房地产开发企业将开发产品委托建设单位施工时，材料运作方式有甲控材、甲供材等方式，其会计处理也是不一样的。

在具体操作上，甲控材一般表现为甲方指定乙方施工企业必须到指定的材料供应商处购买指定的建筑材料，由于是以乙方名义和材料供应商订立材料买卖合同，材料供应商将材料出售给乙方并由乙方将其投入建筑施工。这种甲控材的处理和一般建筑企业包工包料的操作方式并没有本质区别。

在房地产开发企业作为发包方和建筑施工企业订立的工程施工承包合同中，房地产开发企业作为合同的甲方存在，施工企业作为合同的乙方存在。房地产开发企业为了保证工程质量或者基于其他考虑，会在合同中约定由其负责提供建筑材料，这些材料就是通常所说的甲供材。这类由业主方提供了全部或者部分建筑材料的建筑工程称为甲供材建筑工程。

对于甲供材，在会计处理时，应根据工程承包合同的约定不同采用不同的会计处理方式。

（1）如果工程承包合同约定总价中包括甲供材价格的，“甲供材”发出时作为预付给施工方的工程款，记入“预付账款”账户：

借：预付账款

贷：原材料

（2）如果工程承包合同约定总价中不包括甲供材价格的，“甲供材”直接记入开发成本账户。在发出原材料时，按材料实际购买价：

借：开发成本

贷：原材料

【例 8-6】某房地产开发企业与施工单位漳平建筑公司签订施工合同，合同总价为 8 000 万元，不包括房地产开发企业提供的钢材 3 000 万元。在房地产开发企业将钢材发给力华建筑公司时，应作如下账务处理：

借：开发成本　　30 000 000

贷：原材料　　30 000 000

（三）出售材料

对于房地产开发企业来说，出售原材料不是企业的主营业务，而属于其他业务性质，应通过“其他业务收入”和“其他业务成本”科目进行核算。在出售原材料时，应按出售原材料的实际成本结转成本：

借：其他业务成本

贷：原材料

【例 8-7】由于开发产品设计变更，某房地产开发企业将一批未用的材料对外销售，该批材料的实际成本为 210 000 元。

借：其他业务成本　　210 000

贷：原材料　　210 000

第二节　原材料的计划成本法核算

计划成本法是指企业原材料的收入、发出和结余均按预先制定的计划成本计价，同时另设“材料成本差异”科目，登记实际成本与计划成本的差额。

采用计划成本法的前提是制定每一品种规格原材料的计划单价。原材料计划成本的组成内容应与其实际成本的构成一致，包括买价、运杂费和有关的税金等。存货的计划成本一般由企业采购部门会同财务等相关部门共同制定，制定的计划成本应尽可能接近实际。

计划成本法只能对原材料进行日常的会计核算。在会计期末，企业需要通过“材料成本差异”账户，将发出的原材料和期末结余的原材料调整为实际成本。

一、科目设置

原材料采用计划成本法核算，除需要设置“原材料”“周转材料”“委托加工物资”等实际成本法核算运用的科目外，还需要增加“材料采购”“材料成本差异”科目。

（一）“材料采购”科目

“材料采购”科目用来核算企业采用计划成本进行材料日常核算而购入材料的采购成本。采用实际成本进行材料日常核算的，购入材料的采购成本在“在途物资”科目核算。委托外单位加工材料、商品的加工成本，在“委托加工物资”科目核算。购入的工程用材料，在“工程物资”科目核算。

“材料采购”科目的借方登记已经付款的外购材料等材料的实际成本和结转已经验收入库实际成本小于计划成本的节约差额；贷方登记已经付款并验收入库的材料等存货的计划成本和结转实际成本大于计划成本的超支差额。期末余额在借方，表示企业在途材料的采购成本。

“材料采购”科目应按供应单位和材料品种进行明细核算。

（二）“材料成本差异”科目

“材料成本差异”科目用来核算企业采用计划成本进行日常核算的材料计划成本与实际成本的差额。其借方登记验收入库材料成本的超支差异以及发出材料应负担的成本差异；贷方登记验收入库材料成本的节约差异以及发出材料应负担的成本差异；期末余额在借方，反映企业库存材料等的实际成本大于计划成本的差异；期末余额在贷方，反映企业库存材料等的实际成本小于计划成本的差异。

“材料成本差异”科目可以根据“原材料”“周转材料”等，按照类别或品种进行明细核算。此外，企业根据具体情况，可以单独设置本科目，也可以不设置本科目，而在“原材料”“周转材料”等科目内分别设置“成本差异”明细科目核算。

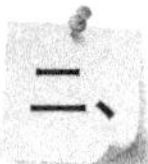

二、取得原材料的账务处理

在计划成本法下，取得原材料的实际成本要先通过“材料采购”科目核算，待原材料验收入库后，再将已经验收入库原材料的实际成本与计划成本的差异，通过“材料成本差异”科目核算。

为简化总分类核算工作，外购原材料入库时不必逐笔按计划成本结转，可于月末汇总结转，即月末将本月收到结算凭证的收料凭证按材料类别分别汇总其实际成本和计划成本，计算成本差异额，据以编制结转入库材料计划成本和结转成本差异额的会计分录。

（1）外购材料，已经收到发票账单的：

借：材料采购（按材料的实际成本）

应交税费——应交增值税（进项税额）（按专用发票上注明的增值税额）

贷：银行存款、应付账款、应付票据等（按实际支付的款项或应付的账款）

【例 8-8】某房地产开发企业存货核算采用计划成本法。1 月 5 日，企业购入 A 材料一批，收到的增值税专用发票上注明原材料价款为 500 000 元，增值税税额 85 000 元。货款已经通过银行转账支付。该企业为增值税一般纳税人。根据上述经济业务，企业应作如下账务处理：

借：材料采购　　500 000

　　应交税费——应交增值税（进项税额）　　85 000

　贷：银行存款　　585 000

（2）原材料已经收到但尚未办理结算手续的，可暂不作会计分录；待办理结算手续后，再根据所付金额或发票账单的应付金额作出处理。

【例 8-9】某房地产开发企业购入丙材料一批（计划成本 300 000 元），于 1 月 28 日收到材料并验收入库，但是发票等结算凭证直到 2 月 6 日才收到，上面注明材料价款 300 000 元，增值税税额 51 000 元，运杂费 1 000 元。收到发票的当日，企业以银行转账支付了该笔款项。该企业为增值税一般纳税人。根据上述经济业务，应作如下账务处理：

（1）1 月 28 日，收到材料时，由于尚未收到发票等结算凭证，可先不作账务处理。

（2）1月31日（月末），由于仍未收到发票等结算凭证，先将该批材料的计划成本估价入账：

借：原材料——丙材料　　300 000

　贷：应付账款——暂估应付账款　　300 000

（3）2月初，用红字（以方框表示）将上述分录原账冲回：

借：原材料——丙材料　　[300 000]

　贷：应付账款——暂估应付账款　　[300 000]

（4）2月6日，收到发票并支付货款时：

借：材料采购——丙材料　　301 000

　　应交税费——应交增值税（进项税额）　　51 000

　贷：银行存款　　352 000

（3）应向供应单位、外部运输机构等收回的材料或商品短缺或其他应冲减材料或商品采购成本的赔偿款项，应根据有关的索赔凭证：

借：应付账款

**　　其他应收款**

**　贷：材料采购**

【例8-10】某房地产开发企业存货核算采用计划成本法。1月8日，企业向甲公司购入100件材料，收到的增值税专用发票上注明材料款300 000元，增值税税额51 000元。1月15日，材料运抵企业，经验收发现短缺了10件（30 000元），经交涉，甲公司同意予以赔偿。

（1）购入材料时：

借：材料采购　　300 000

　　应交税费——应交增值税（进项税额）　　51 000

　贷：应付账款——甲公司　　351 000

（2）索赔时：

借：应付账款——甲公司　　30 000

　贷：材料采购　　30 000

（4）因自然灾害等发生的损失和尚待查明原因的途中损耗，先记入“待处理财产损溢”科目，查明原因后再作处理。

借：待处理财产损溢

**　贷：材料采购**

【例 8-11】某房地产开发企业存货核算采用计划成本法。1 月 10 日，企业向甲公司购入 100 件材料，收到的增值税专用发票上注明材料款 500 000 元，增值税税额 85 000 元。1 月 16 日，材料运抵企业，经验收发现短缺了 10 件（50 000 元），原因尚未查明。

（1）购入材料时：

借：材料采购　500 000

　　应交税费——应交增值税（进项税额）　85 000

　贷：应付账款——甲公司　585 000

（2）发现损耗时：

借：待处理财产损溢　50 000

　贷：材料采购　50 000

（5）月末，根据仓库转来的外购收料凭证，对于收到发票账单的收料凭证（包括本月付款或开出、承兑商业汇票的上月收料凭证），应按照实际成本和计划成本分别汇总：

借：原材料、周转材料等（按材料的计划成本）

**　　材料成本差异（按实际成本大于计划成本的差异）**

**　贷：材料采购（按材料的实际成本）**

**　　　材料成本差异（按实际成本小于计划成本的差异）**

【例 8-12】企业存货核算采用计划成本法。月末，仓库转来的外购收料凭证表明，本月外购 A 材料的实际成本 750 000 元，计划成本 800 000 元；外购 B 材料的实际成本 560 000 元，计划成本 500 000 元；外购周转材料的实际成本 200 000 元，计划成本 210 000 元。

（1）结转 A 材料成本差异：

借：原材料——A 材料　800 000

　贷：材料采购——A 材料　750 000

　　　材料成本差异——原材料（A 材料）　50 000

（2）结转 B 材料成本差异：

借：原材料——B 材料　500 000

　　材料成本差异——原材料（B 材料）　60 000

　贷：材料采购——B 材料　560 000

（3）结转周转材料成本差异：

借：周转材料　210 000

　贷：材料采购——周转材料　200 000

　　　材料成本差异——周转材料　10 000

三、发出原材料的账务处理

在计划成本法下，企业日常领用、发出原材料时，都按计划成本记账；期末，再结转领用、发出的材料应负担的成本差异，将计划成本调整为实际成本。

《企业会计准则》规定：发出材料应负担的成本差异应当按月分摊，不得在季末或年末一次计算。发出材料应负担的成本差异，除委托外部加工发出材料可按照月初成本差异率计算外，应使用本月的实际成本差异率；月初成本差异率与本月实际成本差异率相差不大的，也可按照月初成本差异率计算。计算方法一经确定，不得随意变更。材料成本差异率的计算公式如下：

本月材料成本差异率 =（月初结存材料的成本差异 + 本月验收入库材料的成本差异）÷（月初结存材料的计划成本 + 本月验收入库材料的计划成本）× 100%

月初材料成本差异率 = 月初结存材料的成本差异 ÷ 月初结存材料的计划成本 × 100%

发出材料应负担的成本差异 = 发出材料的计划成本 × 材料成本差异率

（一）日常领用或发出原材料

日常领用或发出原材料时，均应按计划成本计价，根据领用单位及用途：

借：开发成本、开发间接费用、管理费用等

**　贷：原材料**

（二）月末，结转发出材料的成本差异

将发出材料的计划成本调整为实际成本，按照发出各种原材料的计划成本计算应负担的成本差异：

（1）如果实际成本大于计划成本，按照实际成本大于计划成本的差异：

借：开发成本、开发间接费用、管理费用等

**　贷：材料成本差异**

（2）如果实际成本小于计划成本，按照实际成本小于计划成本的差异：

借：材料成本差异

**　贷：开发成本、开发间接费用、管理费用等**

【例 8-13】某房地产开发企业原材料核算采用计划成本法。月初，企业结存甲材料的计划成本为 500 000 元，月初结存甲材料的成本差异为 30 000 元（实际成本大于计划成本）；本月购进材料的计划成本为 800 000 元，实际成本为 900 000 元。

本月，企业根据发料凭证编制的“发出材料汇总表”列示：开发产品领用甲材料

600 000 元。

（1）材料入库：

借：原材料——甲材料　　800 000

　　材料成本差异　　100 000

　贷：材料采购——甲材料　　900 000

（2）领用材料：

借：开发成本　　600 000

　贷：原材料——甲材料　　600 000

（3）分摊材料成本差异：

本月材料成本差异率（超支差异率）=（30 000+100 000）÷（500 000+800 000）×100%=10%

借：生产成本——基本生产成本　　60 000

　贷：材料成本差异　　60 000

第三节　周转材料的核算

周转材料是指企业能够多次使用、逐渐转移其价值但仍保持原有形态且不确认为固定资产的材料，包括包装物、低值易耗品、企业（建筑业）的钢模板、木模板以及脚手架等。

一、科目设置

为了反映和监督企业各种周转材料的收发和结存情况，企业应设置“周转材料”科目，以进行总分类核算。该科目借方登记企业因购入、自制、委托加工完成、盘盈等而增加的周转材料成本；贷方登记企业因领用、摊销以及盘亏等减少的周转材料成本；期末余额在借方，反映企业在库周转材料的计划成本或实际成本，以及在用周转材料的摊余价值。

“周转材料”科目应根据周转材料的种类，分别按照“在库”“在用”和“摊销”进行明细核算。企业的包装物、低值易耗品也可以单独设置“包装物”“低值易耗品”科目。

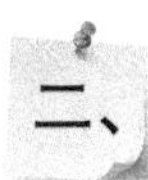

二、取得与领用周转材料

企业购入、自制、委托外单位加工完成并验收入库的周转材料，以及对周转材料的清查盘点，按照“原材料”科目的相关规定进行账务处理。

周转材料通常可以多次参加生产经营活动而不改变其实物形态，因而其价值也应按损耗程度，逐渐地转化为它所参与生产的产品成本或当期费用。反映周转材料损耗的价值转移，一般称为周转材料摊销。

企业的周转材料（如包装物和低值易耗品）可以采用一次转销法、五五摊销法进行摊销，计入相关资产的成本或者当期损益。如果对相关包装物或低值易耗品计提了存货跌价准备，还应结转已计提的存货跌价准备，冲减相关资产的成本或当期损益。

（一）一次转销法

一次转销法是指在领用周转材料时，将其全部价值一次性计入成本或期间费用；在周转材料报废时，收回残料的价值作为当期周转材料摊销额的减少。这种方法比较简单，但费用负担不够均衡，主要适用于一次领用数量不多、价值较低、使用期限短或者容易破损的周转材料。

（1）采用一次转销法，企业在领用周转材料时应将其全部价值摊入有关的成本费用：

借：开发成本、开发间接费用、管理费用等

贷：周转材料

（2）周转材料报废时，应按报废周转材料的残料价值：

借：原材料等

贷：开发成本、开发间接费用、管理费用等

【例 8-14】某房地产开发企业周转材料采用一次转销法核算。1 月 3 日，该企业购入管理用工具一批，收到的普通发票上注明价款 3 000 元，同时支付运杂费 300 元。1 月 20 日，相关部门领用了该批工具。3 月 5 日，该批工具报废，收回残料价值 100 元。

（1）1 月 3 日购入工具时：

借：周转材料——管理工具　　3 300

贷：银行存款　　3 300

（2）1 月 20 日生产领用时：

借：管理费用　　3 300

　贷：周转材料——管理工具　　3 300

（3）3 月 5 日报废时：

借：原材料　　100

　贷：管理费用　　100

（二）五五摊销法

五五摊销法是指周转材料在领用时先摊销其成本的一半，报废时再摊销另一半，即分两次各按 50% 进行摊销。

（1）领用时，按所领用的周转材料的实际成本：

借：周转材料（在用）

**　贷：周转材料（在库）**

（2）摊销时，应按当期摊销额，摊入有关的成本费用：

借：生产成本、开发间接费用、管理费用等

**　贷：周转材料（摊销）**

【例 8-15】某房地产开发企业采用五五摊销法进行低值易耗品的核算。1 月 3 日，企业管理部门领用一批低值易耗品，价值 5 000 元。3 月 10 日，该低值易耗品报废。

（1）1 月 3 日领用时：

借：周转材料（在用）　　5 000

　贷：周转材料（在库）　　5 000

借：管理费用　　2 500

　贷：周转材料（摊销）　　2 500

（2）3 月 10 日报废时：

借：管理费用　　2 500

　贷：周转材料（摊销）　　2 500

结转周转材料摊销额时：

借：周转材料（摊销）　　5 000

　贷：周转材料（在用）　　5 000

第四节　委托加工物资的核算

委托加工物资是指企业委托外单位加工的各种材料或产品。企业购入的材料，有些因生产条件的限制，需要委托外部单位将某种材料加工为另一种物资（如木板加工成木箱，纸张加工成商标纸等），以满足企业生产的需要。

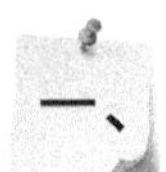

一、科目设置

为了反映和监督委托加工物资增减变动及其结存情况，企业应设置"委托加工物资"科目，并按照加工合同、受托加工单位以及加工物资的品种等进行明细核算。

"委托加工物资"科目属于资产类科目，其借方登记委托加工物资时发出材料的实际成本以及支付的加工费、运杂费、税金等；贷方登记加工完成并验收入库的委托加工物资的实际成本和退回材料的实际成本；期末余额在借方，反映企业委托外单位加工尚未完成物资的实际成本。

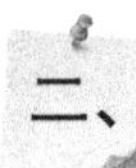

二、主要账务处理

委托加工物资应按实际成本计价核算，其实际成本包括加工中耗用材料的实际成本、支付的加工费用及加工材料的往返运杂费、支付的税金（包括委托加工物资应负担的增值税和消费税）。

1. 发出委托加工物资

企业发出委托加工物资的材料时，应按其实际成本：

借：委托加工物资

**　贷：原材料等**

2. 支付加工费和运杂费

借：委托加工物资

**　　应交税费——应交增值税（进项税额）**

**　贷：银行存款**

3. 需要缴纳消费税的委托加工物资

（1）收回后直接用于销售的，应将受托方代收代缴的消费税计入委托加工物资成本：

借：委托加工物资

　　贷：应付账款、银行存款等

（2）收回后用于连续生产应税消费品的物资，其所缴纳的消费税按规定准予抵扣的，不计入委托加工物资的成本，而是先记入“应交税费——应交消费税”科目的借方，用以抵扣继续加工的消费品销售后所负担的消费税。

借：应交税费——应交消费税

　　贷：应付账款、银行存款等

4. 加工完成验收入库的物资和剩余物资

按加工收回物资的实际成本和剩余物资的实际成本：

借：原材料等

　　贷：委托加工物资

【例 8-16】某房地产开发企业因经营需要，将一批材料委托其他企业加工。发出材料的实际成本为 100 000 元，加工费为 80 000 元（不含增值税，适用的增值税税率为 17%）。该批委托加工物资发生往返运费共 800 元（往返运费中不考虑增值税因素），加工费用与税金、往返运费已用银行存款支付。加工完成后，企业将其验收入库，准备用于继续生产应税消费品。

（1）发出材料时：

	借方	贷方
借：委托加工物资	100 000	
贷：原材料		100 000

（2）支付运杂费时：

	借方	贷方
借：委托加工物资	800	
贷：银行存款		800

（3）支付加工费时：

	借方	贷方
借：委托加工物资	80 000	
应交税费——应交增值税（进项税额）	13 600	
贷：银行存款		93 600

（4）委托加工物资完工，验收入库时：

	借方	贷方
借：原材料	180 800	
贷：委托加工物资		180 800

第五节　存货清查的核算

企业应定期对原材料等存货进行清查盘点。存货清查是指通过对存货的实地盘点，确定存货的实有数额，并与账面结存数相核对，从而确定存货实存数与账面结存数是否相符的一种方法。

由于存货种类繁多、手法频繁，在日常收发过程中可能发生计量错误、计算错误、自然损耗，还可能发生损坏变质以及贪污、盗窃等情况，造成账实不符，形成存货的盘盈盘亏。对于存货的盘盈盘亏，应及时查明原因并进行处理。

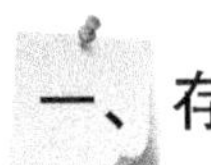

一、存货盘盈

企业盘盈的存货，盘盈存货的成本，应当按照同类或类似存货的市场价格或评估价值确定，盘盈存货实现的收益应当计入管理费用。具体账务处理为：

（1）批准处理前：

借：原材料等

　　贷：待处理财产损溢——待处理流动资产损溢

（2）批准处理后：

借：待处理财产损溢——待处理流动资产损溢

　　贷：管理费用

【例 8-17】某房地产开发企业在盘点中，盘盈甲材料一批，其市场价格为 80 000 元。

（1）批准处理前：

借：原材料　　80 000

　　贷：待处理财产损溢——待处理流动资产损溢　　80 000

（2）批准处理后：

借：待处理财产损溢——待处理流动资产损溢　　80 000

　　贷：管理费用　　80 000

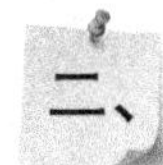

二、存货盘亏或毁损

存货发生的盘亏或毁损，应作为待处理财产损溢核算。按管理权限报经批准后，根据造成存货盘亏或毁损的原因，分别按以下情况进行处理。

属于计量收发差错和管理不善等原因造成的存货短缺，应先扣除残料价值、可以收回的保险赔偿和过失人赔偿，将净损失计入管理费用。

属于自然灾害等非常原因造成的存货毁损，应先扣除处置收入（如残料价值）、可以收回的保险赔偿和过失人赔偿，将净损失计入营业外支出。

（1）批准处理前：

借：待处理财产损溢——待处理流动资产损溢

贷：原材料等

（2）批准处理后，如果属于计量收发差错和管理不善等原因造成的存货短缺：

借：原材料（按入库的残料价值）

其他应收款（按收回的责任人赔偿和保险赔款）

管理费用（按净损失）

贷：待处理财产损溢——待处理流动资产损溢

（3）批准处理后，如果属于自然灾害等非常原因造成的存货毁损：

借：原材料（按入库的残料价值）

其他应收款（按收回的责任人赔偿和保险赔款）

营业外支出（按净损失）

贷：待处理财产损溢——待处理流动资产损溢

需要注意：因非正常原因导致的存货盘亏或毁损，按规定不能抵扣的增值税进项税额，应当予以转出。

【例 8-18】某房地产开发企业因洪水灾害造成一批原材料毁损，其实际成本为 80 000 元。根据保险责任范围和保险合同规定，应由保险公司赔偿 50 000 元。

（1）批准处理前：

借：待处理财产损溢——待处理流动资产损溢　　80 000

　贷：原材料　　80 000

（2）批准处理后：

借：其他应收款——××保险公司　　50 000

　营业外支出　　30 000

　贷：待处理财产损溢——待处理流动资产损溢　　80 000

【例 8-19】某房地产开发企业在盘点中，发现毁损原材料一批，其账面余额为 30 000 元。经查明是由于仓库管理员的过失造成的，按规定应由其赔偿 3 000 元，残料已经办理入库手续，价值 1 000 元，其余经批准计入营业外支出。

（1）批准处理前：

借：待处理财产损溢——待处理流动资产损溢　　30 000

　贷：原材料　　30 000

（2）批准处理后：

借：其他应收款——×××　　3 000

　　原材料　　1 000

　　管理费用　　26 000

　贷：待处理财产损溢——待处理流动资产损溢　　30 000

第九章　固定资产的核算

固定资产是指企业为生产产品、提供劳务、出租或经营管理而持有的，使用寿命超过1个会计年度的有形资产，包括房屋、建筑物、机器、机械、运输工具、设备、器具、工具等。

房地产开发企业应当根据固定资产定义，结合本企业的具体情况，制定适合本企业的固定资产目录、分类方法、每类或每项固定资产的折旧年限、折旧方法和预计净残值，作为进行固定资产核算的依据。

第一节　固定资产取得的核算

《企业会计准则》规定，固定资产应当按照成本进行初始计量。不同渠道取得的固定资产，其成本计算方式也是不一样的。

这里需要注意，“营改增”后，增值税所称固定资产，是指使用期限超过12个月的机器、机械、运输工具以及其他与生产经营有关的设备、工具、器具等有形动产，不包括房屋、建筑物等不动产。在实务中应注意增值税与企业所得税所称固定资产的区别。

一、外购固定资产的核算

外购固定资产的成本包括购买价款、相关税费（不含按照税法规定可以抵扣的增值税进项税额）、使固定资产达到预定可使用状态前所发生的可归属于该项资产的运输费、装卸费、安装费和专业人员服务费等。

以一笔款项购入多项没有单独标价的固定资产，应当按照各项固定资产公允价值比例对总成本进行分配，分别确定各项固定资产的成本。

（一）购入不需要安装的固定资产

购入不需要安装的固定资产是指企业购入的固定资产不需要安装就可以直接交付使用。企业购入不需要安装的固定资产，应按实际支付的购买价款、相关税费（不包括按照税法规定可抵扣的增值税进项税额）、运输费、装卸费、保险费等作为固定资产的成本。其账务处理为：

借：固定资产（按取得固定资产的成本）

应交税费——应交增值税（进项税额）（按可抵扣的增值税进项税额）

贷：银行存款等（按实际支付或应支付的款项）

根据“营改增”的相关规定，提供交通运输服务的应缴纳增值税，税率为11%。企业在支付运费时，如果有取得可抵扣的增值税专用发票，相应的增值税进项税额可以抵扣，不计入固定资产成本。

【例9-1】某房地产开发企业购入不需安装的设备一台，取得的增值税专用发票上注明价格100 000元，增值税税额为17 000元；另外支付运费3 000元，增值税税额330元，已取得增值税专用发票。所有款项已由银行存款支付。根据上述经济业务，应作如下账务处理：

固定资产的成本 =100 000+3 000 元 =103 000（元）

增值税进项税额 =17 000+330=17 330（元）

借：固定资产	103 000	
应交税费——应交增值税（进项税额）	17 330	
贷：银行存款		120 330

（二）购入需要安装的固定资产

购入需要安装的固定资产是指购入的固定资产需要经过安装以后才能交付使用。企业购入需要安装的固定资产，应先记入“在建工程”科目，待安装完毕交付使用时，再由“在建工程”科目转入“固定资产”科目。

根据“营改增”的相关规定：一项销售行为如果既涉及服务又涉及货物，为混合销售。从事货物的生产、批发或者零售的单位和个体工商户的混合销售行为，按照销售货物缴纳增值税；其他单位和个体工商户的混合销售行为，按照销售服务缴纳增值税。从事货物的生产、批发或者零售的单位和个体工商户，包括以从事货物的生产、批发或者零售为主，并兼营销售服务的单位和个体工商户在内。也就是说，企业销售货物又提供安装服务的，应按照销售货物缴纳增值税。

（1）购入固定资产时：

借：在建工程（按确认的取得固定资产的成本）

应交税费——应交增值税（进项税额）（按可抵扣的增值税进项税额）

贷：银行存款等（按实际支付或应支付的款项）

（2）安装固定资产时：

借：在建工程（按安装过程中发生的相关费用）

应交税费——应交增值税（进项税额）（按可抵扣的增值税进项税额）

贷：银行存款等

（3）安装完成并交付验收使用时：

借：固定资产（按确认的该项固定资产成本）

贷：在建工程

【例 9-2】某房地产开发企业购入一台需要安装的设备，取得的增值税专用发票上注明的设备买价为 100 000 元，增值税税额 17 000 元。此外，企业还以银行存款支付安装费 10 000 元，增值税税额 1 700 元（已取得增值税专用发票）。该企业为增值税一般纳税人，增值税进项税额不纳入固定资产成本核算。

（1）支付设备价款时：

借：在建工程　　100 000

　　应交税费——应交增值税（进项税额）　　17 000

　贷：银行存款　　117 000

（2）支付安装费时：

借：在建工程　　10 000

　　应交税费——应交增值税（进项税额）　　1 700

　贷：银行存款　　11 700

（3）设备安装完毕交付使用时：

固定资产入账价值 =100 000+10 000=110 000（元）

借：固定资产　　110 000

　贷：在建工程　　110 000

（三）具有融资性质的购入固定资产

《企业会计准则》规定，购买固定资产的价款超过正常信用条件延期支付，实质上具有融资性质的，固定资产的成本以购买价款的现值为基础确定。实际支付的价款与购买价款的现值之间的差额，除按照《企业会计准则第 17 号——借款费用》应予资本化的以外，应当在信用期间计入当期损益。

实际工作中，企业购买固定资产通常在正常信用条件期限内付款，但也会发生超过正常信用条件购买固定资产的经济业务事项，例如：采用分期付款方式购买资产，且在合同中规定的付款期限比较长，超过了正常信用条件，通常在三年以上。在这种情况下，该类购货合同实质上具有融资租赁性质，购入资产的成本不能以各期付款额之和确定，而应以各期付款额的现值之和确定。

固定资产购买价款的现值，应当按照各期支付的购买价款选择恰当的折现率进行折现后的金额加以确定。折现率是反映当前市场货币时间价值和延期付款债务特定风险的利率。该折现率实质上是供货企业的必要报酬率。各期实际支付的价款与购买价款的现值之间的差额，符合《企业会计准则第 17 号——借款费用》中规定的资本化条件的，应当计入固定资产成本，其余部分应当在信用期间内确认为财务费用，计入当期损益。

对于此类购入固定资产，具体的账务处理为：

借：固定资产或在建工程（按购买价款的现值）

未确认融资费用（按差额）

贷：长期应付款（按应支付的金额）

（四）取得不动产

根据“营改增”的相关规定，2016 年 5 月 1 日后取得并在会计制度上按固定资产核算的不动产或者 2016 年 5 月 1 日后取得的不动产在建工程，其进项税额应自取得之日起分两年从销项税额中抵扣，第一年抵扣比例为 60%，第二年抵扣比例为 40%。取得不动产包括以直接购买、接受捐赠、接受投资入股、自建以及抵债等各种形式取得不动产，但不包括房地产开发企业自行开发的房地产。

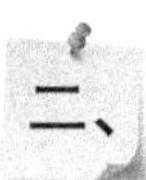

二、自建固定资产的核算

自建固定资产是指企业自行建造生产经营所需的各种设备、建筑物等，如自制特殊需要的机床、自建厂房。固定资产准则规定，自行建造固定资产的成本，由建造该项资产达到预定可使用状态前所发生的必要支出构成，包括工程用物资成本、人工成本、缴纳的相关税费、应予资本化的借款费用以及应分摊的间接费用等。

根据实施的方式不同，自建固定资产可分为自营建造和出包建造两种。无论采用何种方式，所建工程都应当按照实际发生的支出确定其工程成本并单独核算。

（一）自营建造

自营建造是指由企业自行组织施工队伍建造固定资产。企业自营建造主要通过“工程物资”和“在建工程”科目核算。

“工程物资”科目核算企业为在建工程准备的各种物资的成本，包括工程用材料、尚未安装的设备以及为生产准备的工器具等。其借方登记企业为工程准备的各种物资的实际成本，贷方登记结转工程领用的物资的实际成本，期末余额在借方，反映企业为在建工程准备的各种物资的成本。“工程物资”科目应按照“专用材料”“专用设备”“工器具”等进行明细核算。

“在建工程”科目核算企业需要安装的固定资产、固定资产新建工程、改扩建等所发生的成本。其借方登记在建工程发生的各项支出，贷方登记结转的固定资产的实际成本；期末余额在借方，表示尚未建造完毕的在建工程的实际成本。“在建工程”科目应按“建筑工程”“安装工程”“在安装设备”“待摊支出”以及单项工程等进行明细核算。企业购入不需要安装的固定资产，在“固定资产”科目核算，不在本科目核算。

（1）企业购入为工程准备的各项物资时，应按照实际支付的购买价款和相关税费确认实际成本：

借：工程物资

　贷：银行存款等

（2）自营工程领用工程物资时，应按工程物资的实际成本：

借：在建工程

　贷：工程物资

工程完工后对领出的剩余工程物资应当办理退库手续：

借：工程物资

　贷：在建工程

（3）工程领用本企业的商品：

借：在建工程（按商品的实际成本加上应缴纳的相关税费）

　贷：库存商品（按库存商品的实际成本）

　　应交税费——应交增值税（销项税额）（按应缴纳的增值税销项税额）

（4）工程应负担的职工薪酬：

借：在建工程

　贷：应付职工薪酬

（5）在建工程发生的借款费用满足借款费用资本化条件的：

借：在建工程

　贷：应付利息

（6）在建工程进行负荷联合试车发生的费用：

借：在建工程（待摊支出）

　贷：银行存款或原材料等

试车形成的产品或副产品对外销售或转为库存商品的：

借：银行存款或库存商品等

　贷：在建工程（待摊支出）

（7）在建工程达到预定可使用状态时，应计算分配待摊支出：

借：在建工程（××工程）

　　贷：在建工程（待摊支出）

（8）结转在建工程成本，应按建造过程中所发生的必要支出即实际造价转入“固定资产”科目，即：

借：固定资产

　　贷：在建工程（××工程）

（9）建设期间发生的工程物资盘亏、报废及毁损净损失：

借：在建工程

　　贷：工程物资

盘盈的工程物资或处置净收益做相反的会计分录。

由于自然灾害等原因造成的在建工程报废或毁损，减去残料价值和过失人或保险公司等赔款后的净损失，借记“营业外支出——非常损失”科目，贷记“在建工程”科目（建筑工程、安装工程等）。

【例 9-3】某房地产开发企业自行建造仓库一座，在建造期间发生如下经济业务：

（1）购入为工程准备的物资 300 000 元，增值税进项税额为 51 000 元。

借：工程物资　　351 000

　　贷：银行存款　　351 000

（2）工程领用工程物资 234 000 元（含进项税额）。

借：在建工程——建筑工程（仓库）　　234 000

　　贷：工程物资　　234 000

（3）工程领用本企业生产的材料一批，实际成本为 80 000 元，税务部门确定的计税价格为 100 000 元，增值税税率 17%。

借：在建工程——建筑工程（仓库）　　97 000

　　贷：原材料　　80 000

　　　　应交税费——应交增值税（销项税额）　　17 000

（4）支付工程人员工资 80 000 元。

借：在建工程——建筑工程（仓库）　　80 000

　　贷：应付职工薪酬　　80 000

（5）固定资产建造完工，达到预定可使用状态。

固定资产成本 =234 000+97 000+80 000=411 000（元）

借：固定资产　　411 000

　　贷：在建工程——建筑工程（仓库）　　411 000

（二）出包建造

采用出包方式建造固定资产，企业要与建造承包商签订建造合同，企业是建造合同的甲方，负责筹集资金和组织管理工程建设，通常称为建设单位，建造承包商是建造合同的乙方，负责建筑安装工程施工任务。

1. 出包工程的成本构成

企业以出包方式建造固定资产，其成本由建造该项固定资产达到预定可使用状态前所发生的必要支出构成，包括发生的建筑工程支出、安装工程支出以及需分摊计入各固定资产价值的待摊支出。

（1）建筑工程、安装工程支出。由于建筑工程、安装工程采用出包方式发包给建造承包商承建，因此，工程的具体支出，如人工费、材料费、机械使用费等由建造承包商核算。对于发包企业而言，建筑工程支出、安装工程支出是构成在建工程成本的重要内容，结算的工程价款计入在建工程成本。

（2）待摊支出。待摊支出是指在建设期间发生的，不能直接计入某项固定资产价值，而应由所建造固定资产共同负担的相关费用，包括为建造工程发生的管理费、可行性研究费、临时设施费、公证费、监理费、应负担的税金、符合资本化条件的借款费用、建设期间发生的工程物资盘亏、报废及毁损净损失，以及负荷联合试车费等。其中，征地费是指企业通过划拨方式取得建设用地发生的青苗补偿费、地上建筑物、附着物补偿费等。企业为建造固定资产通过出让方式取得土地使用权而支付的土地出让金不计入在建工程成本，应确认为无形资产（土地使用权）。

在建工程达到预定可使用状态时，首先计算分配待摊支出，待摊支出的分配率可按下列公式计算：

$$\text{待摊费用分配率}=\frac{\text{累计发生的待摊费用}}{\text{建筑工程支出}+\text{安装工程支出}+\text{在安装设备支出}}\times 100\%$$

$$\times\times\text{工程应分配的待摊支出}=(\times\times\text{工程的建筑工程支出}+\text{安装工程支出}+\text{在安装设备支出})\times\text{待摊支出分配率}$$

2. 出包工程的账务处理

出包方式下，“在建工程”科目主要是企业与建造承包商办理工程价款的结算科目，企业支付给建造承包商的工程价款作为工程成本通过“在建工程”科目核算。

（1）出包方式下，预先支付给建造承包商的款项通过“预付账款”核算：

借：预付账款

　贷：银行存款

（2）待办理工程验工计价结算时（可分阶段、进度进行），再确认相应的“在建工程”：

借：在建工程——××工程

　　贷：预付账款（银行存款）

（3）购置待安装设备，先在“工程物资”归集，实际现场安装时，再转入“在建工程”：

借：工程物资——××设备

　　贷：应付账款（银行存款）

借：在建工程——在安装设备

　　贷：工程物资——××设备

①不能明确列入“在建工程”各项目中，但属于该在建工程发生的各项支出的，先在“在建工程——待摊支出”中归集，待工程达到预定可使用状态时，再按照合理的分配方法将“在建工程——待摊支出”全部转入各拟形成固定资产的在建工程项目，即：

借：在建工程——待摊支出

　　贷：应付职工薪酬（银行存款）

借：在建工程——××工程

　　贷：在建工程——待摊支出

②归集完毕后，在建工程各达到预定可使用状态的项目转入固定资产，即：

借：固定资产

　　贷：在建工程——××工程

（三）存在弃置费用的固定资产

对于特殊行业的特定固定资产，确定其初始成本时还应考虑弃置费用。弃置费用通常是指根据国家法律和行政法规、国际公约等约定，企业承担的环境保护和生态恢复等义务确定的支出，如核电站设施等的弃置和恢复环境义务。

实务中，一般房地产开发企业的固定资产发生的报废清理费用不属于弃置费用，应当在发生时作为固定资产处置费用处理。

三、投资者投入固定资产的核算

根据《企业会计准则》规定，投资者投入固定资产的成本，应当按照投资合同或协议约定的价值确定，但合同或协议约定价值不公允的除外。根据“营改增”的相关规定，如果取得增值税专用发票，增值税进项税额可以抵扣。具体账务处理为：

借：固定资产或在建工程（按投资合同或协议约定的价值）

　　应交税费——应交增值税（进项税额）（按可抵扣的增值税进项税额）

　贷：实收资本

　　　资本公积

第二节　固定资产折旧的核算

固定资产折旧是指固定资产在使用过程中，逐渐损耗而消失的那部分价值。固定资产损耗的这部分价值，应当在固定资产的有效使用年限内进行分摊，形成折旧费用，计入各期成本。

只有正确地计算折旧，才能保证正确地计算营业成本，从而正确地确定企业的利润。企业应当根据固定资产的性质和使用情况，合理确定其折旧年限和净残值，作为计提折旧的依据。

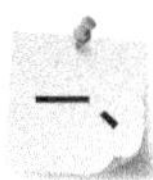

一、影响折旧的因素

根据《企业会计准则》的规定，企业应当对所有固定资产计提折旧，但已提足折旧仍继续使用的固定资产和单独计价入账的土地不得计提折旧。已提足折旧，是指已经提足该项固定资产的应计折旧额。

企业对固定资产进行改扩建后，应当根据调整后的固定资产成本以及企业的使用情况合理估计折旧年限和净残值，提取折旧。

企业应当根据固定资产的性质和使用情况，合理确定固定资产的使用寿命和预计净残值。

（一）固定资产的使用寿命

计算固定资产的折旧，最重要的是估计固定资产的使用寿命；固定资产的使用寿命是指固定资产为企业提供使用效能的有效期间。固定资产使用寿命的长短直接影响各期应提的折旧额。企业在确定固定资产的使用寿命时，主要应当考虑下列因素。

（1）预计生产能力或实物产量。

（2）预计有形损耗。有形损耗是指由于使用和自然力的影响而使固定资产发生的损耗，如设备使用中发生磨损、房屋建筑物受到自然侵蚀等。考虑有形损耗主要是为了估计固定资产的物理年限。

（3）预计无形损耗。无形损耗是指经济上、效能上的损耗。主要是由于劳动生产率的提高引起原有固定资产项目价值上的贬值，或是科学技术的进步，能够生产出效率更高的固定资产，使原有固定资产项目经济上、效能上相对降低。如因新技术的出现而使现有的资产技术水平相对陈旧、市场需求变化使产品过时等。

（4）有关资产使用的法律或者类似的限制。

（二）应计折旧额

应计折旧额是指应当计提折旧的固定资产的原价扣除其预计净残值后的金额。已计提减值准备的固定资产，还应当扣除已计提的固定资产减值准备累计金额。

预计净残值是指假定固定资产预计使用寿命已满并处于使用寿命终了时的预期状态，企业目前从该项资产处置中获得的扣除预计处置费用后的金额。

应计折旧额可通过以下公式表示出来：

应计折旧额 = 原始价值 –（预计残值 – 预计处置费用）= 原始价值 – 预计净残值

又由于：

预计净残值率 = 预计净残值 ÷ 原始价值 ×100%

因此：

应计折旧额 = 原始价值 ×（1– 预计净残值率）

企业一般应当按月提取折旧。在具体计提折旧时，应以月初应计提折旧的固定资产账面原价为依据。当月增加的固定资产，当月不提折旧，从下月起计提折旧；当月减少的固定资产，当月照提折旧，从下月起不提折旧。固定资产提足折旧后，不管能否继续使用，均不再提取折旧；提前报废的固定资产，也不再补提折旧。所谓提足折旧，是指已经提足该项固定资产的应计折旧额。

已达到预定可使用状态但尚未办理竣工决算的固定资产，应当按照估计价值确定其成本，并计提折旧；待办理竣工决算后再按实际成本调整原来的暂估价值，但不需要调整原已计提的折旧额。

二、折旧方法

固定资产不同的折旧方法，实质上涉及到固定资产的成本在它的折旧年限内如何分配的问题。

《企业会计准则》规定：企业应当根据与固定资产有关的经济利益的预期实现方式，合理选择固定资产折旧方法。可选用的折旧方法包括年限平均法、工作量法、双倍余额递减法和年数总和法等。固定资产的折旧方法一经确定，不得随意变更。但是，符合本准则第十九条规定的除外。

（一）年限平均法

年限平均法又称直线法，是将固定资产的应计折旧额在固定资产整个预计使用年限内平均分摊的一种方法。可见，采用这种方法计提的每期折旧额都是相等的。其计算公式如下：

年折旧率＝（1– 预计净残值率）÷ 预计使用年限

月折旧率＝年折旧率 ÷12

月折旧额＝固定资产原价 × 月折旧率

或者：

固定资产年折旧额＝（固定资产原价 – 净残值）÷ 固定资产预计使用年限

折旧率按计算对象不同，分为个别折旧率、分类折旧率和综合折旧率三种。

（1）个别折旧率是按单项固定资产计算的折旧率，即某项固定资产在一定期间的折旧额与该项固定资产原价的比率。按个别折旧率计算折旧，工作量会比较大。

（2）分类折旧率是按各类固定资产分别计算的折旧率，即某类固定资产折旧额与该类固定资产原价的比较。采用这种方法，应先把性质、结构和使用年限接近的固定资产归为一类，再按类计算平均折旧率，用该类折旧率对该类固定资产计提折旧。如将房屋建筑物划分为一类，将机械设备划分一类。采用分类折旧率，既可以适当简化核算工作，又可以较为合理地分配折旧费。其计算公式为：

某类固定资产年分类折旧率＝该类固定资产年折旧额之和 ÷ 该类固定资产原价之和 ×100%

（3）综合折旧率是按全部固定资产计算的折旧率，即某一期间企业全部固定资产折旧额与全部固定资产原价的比率。按综合折旧率计算折旧，会影响折旧费的合理分摊，其计算结果的准确性较差。其计算公式为：

固定资产年综合折旧率＝各项固定资产折旧额之和 ÷ 各项固定资产原价之和 ×100%

【例 9-4】某房地产开发企业有一套设备，原价 600 000 元，预计使用年限 5 年，预计净残值率为 10%，则该项固定资产的折旧额计算如下：

年折旧率＝（1–10%）÷5=18%

月折旧率 =18%÷12=1.5%

月折旧额 =600 000×1.5%=9 000（元）

【例 9-5】某企业共有房屋建筑类固定资产 960 000 元，该类固定资产年折旧率为 5%，则该类固定资产月折旧额计算如下：

该类固定资产月折旧额 =960 000×5%÷12=4 000（元）

（二）工作量法

工作量法是指根据固定资产在生产经营过程中实际完成的工作量（如生产量、行驶里程、工作时数、工作台班等）计算固定资产折旧额的一种方法。其计算公式如下：

单位工作量折旧额＝固定资产原价 ×（1– 预计净残值率）÷ 预计总工作量

某项固定资产月折旧额＝该项固定资产当月实际完成的工作量 × 单位工作量折旧额

（三）双倍余额递减法

双倍余额递减法是在不考虑固定资产残值的情况下，根据每期期初固定资产净值（固定资产账面余额减去累计折旧）和双倍的直线法折旧率计算固定资产折旧的一种方法。双倍余额递减法的计算公式如下：

年折旧率 =2÷ 预计使用年限 ×100%

月折旧率＝年折旧率 ÷12

月折旧额＝固定资产账面净值 × 月折旧率

必须注意，企业在选用双倍余额递减法计提折旧时，残值不能从固定资产中扣除，因此，每年计提的固定资产折旧额是用两倍于直线法的折旧率去乘固定资产的账面净值。运用这种方法计算折旧额时，由于每年年初固定资产净值并没有扣除预计净残值，所以在计算固定资产折旧额时，应在其折旧年限到期以前两年内，将固定资产的净值扣除预计净残值后的余额平均摊销。

（四）年数总和法

年数总和法，又称年限合计法，是指将固定资产的原价减去预计净残值后的余额，乘以一个以固定资产尚可使用寿命为分子、以预计使用寿命逐年数字之和为分母的逐年递减的分数计算每年的折旧额。计算公式如下：

年折旧率＝尚可使用年限 ÷ 预计使用寿命的年数总和 ×100%

月折旧率＝年折旧率 ÷12

月折旧额＝(固定资产原价 – 预计净残值) × 月折旧率

【例 9-6】某项固定资产，原价 50 000 元，预计使用年限 5 年，预计净残值率为 4%。采用年数总和法计算的各年折旧额如下所示。

单位：元

年份	尚可使用寿命	原价 – 净残值	年折旧率	每年折旧额	累计折旧
1	5	48 000	5/15	16 000	16 000
2	4	48 000	4/15	12 800	28 800

（续）

年份	尚可使用寿命	原价－净残值	年折旧率	每年折旧额	累计折旧
3	3	48 000	3/15	9 600	38 400
4	2	48 000	2/15	6 400	44 800
5	1	48 000	1/15	3 200	48 000

年数总和法和双倍余额递减法都属于加速折旧法，即在固定资产使用的前期多提折旧，从而使固定资产的成本在其折旧年限中加快得到补偿的一种折旧方法。从另一方面看，采用这种方法，每期计提的折旧数额随时间的增加而逐渐减少，因此这种方法也称递减折旧法。

（五）固定资产折旧的账务处理

固定资产应当按月计提折旧，计提的折旧应通过“累计折旧”科目核算，并根据用途计入相关资产的成本或者当期损益。

【例 9-7】某企业对固定资产采用直线法计提折旧（折旧率采用分类折旧率）。其中建筑物月折旧率为 0.5%，机器设备月折旧率为 2%。

3 月初，企业拥有固定资产的原始价值为 3 800 000 元。其中，建筑物为 1 100 000 元，开发现场使用的机器设备为 2 300 000 元；出租在外的机器设备为 400 000 元。本月，企业增加一台开发现场使用的机器设备，入账价值 500 000 元；报废一台设备，原始价值 300 000 元。

根据上述经济业务，该企业应作如下账务处理。

（1）当月增加的固定资产当月不提折旧，当月减少的固定资产当月照提折旧，因此，本月企业应计提折旧的固定资产原始价值为 3 800 000 元。

（2）建筑物应提折旧 =1 100 000 × 0.5%=5 500（元）

机器设备应提折旧 =2 300 000 × 2%=46 000（元）

（3）出租在外的机器设备应提折旧 =400 000 × 2%=8 000（元）

（4）本月计提的折旧费用中，建筑物计提的折旧费应记入“管理费用”科目，开发现场使用的机器设备计提的折旧费应记入“开发间接费用”科目，出租在外的固定资产计提的折旧费应记入“其他业务成本”科目。编制会计分录为：

借：开发间接费用——折旧费　　46 000

　　管理费用——折旧费　　5 500

　　其他业务成本　　8 000

　贷：累计折旧　　59 500

第三节 固定资产租赁的核算

企业在生产经营过程中，由于生产经营的临时性或季节性需要，或出于融资等方面的考虑，对于生产经营所需的固定资产可以采用租赁的方式取得。

租赁，是指在约定的期间内，出租人将资产使用权让与承租人，以获取租金的协议。租赁按其性质和形式的不同可以分为经营租赁和融资租赁两种。

必须注意的是："营改增"后，有形动产租赁服务（包括融资租赁和经营租赁）应缴纳增值税，税率为17%；不动产租赁服务（包括融资租赁和经营租赁）应缴纳增值税，税率为11%。此外，对融资租赁中的回租业务和直租业务进行定性区分，适用不同税率："融资性售后回租服务"纳入金融服务范围，按照贷款服务适用6%的增值税税率；而非回租型融资租赁服务和经营租赁服务仍属于租赁服务的范围，适用17%的增值税税率。

一、租赁的分类

承租人和出租人应当在租赁开始日将租赁分为融资租赁和经营租赁。

满足下列一项或数项标准的，应当认定为融资租赁。

（1）在租赁期届满时，租赁资产的所有权转移给承租人。

（2）承租人有购买租赁资产的选择权，所订立的购买价款预计将远低于行使选择权时租赁资产的公允价值，因而在租赁开始日就可以合理确定承租人将会行使这种选择权；

（3）租赁期占租赁资产使用寿命的大部分［75%（含75%）以上，下同］；

（4）承租人在租赁开始日的最低租赁付款额现值，几乎相当于租赁开始日租赁资产公允价值（≥90%）；出租人在租赁开始日的最低租赁收款额现值，几乎相当于租赁开始日租赁资产公允价值（≥90%）；

（5）租赁资产性质特殊，如果不作较大改造，只有承租人才能使用。

二、经营租赁的核算

（一）租金的处理

（1）对于经营租赁的租金，承租人应当在租赁期内各个期间按照直线法计入相关资产成本或当期损益；其他方法更为系统合理的，也可以采用其他方法。

（2）承租人在经营租赁中发生的初始直接费用，应当计入当期损益。

（3）或有租金应当在实际发生时计入当期损益。

（4）某些情况下，出租人可能对经营租赁提供激励措施，如免租期、承担承租人某些费用等。在出租人提供了免租期的情况下，承租人应将租金总额在整个租赁期内，而不是在租赁期扣除免租期后的期间内，按直线法或其他合理的方法进行分摊，免租期内应确认租金费用。

（5）在出租人承担了承租人的某些费用的情况下，承租人应将该费用从租金总额中扣除，并将租金余额在租赁期内进行分摊。

（二）账务处理

从承租人（即租入资产方企业）的角度来看，采用经营租赁方式租入的资产，主要是为了解决生产经营的季节性、临时性的需要，并不是长期拥有，租赁期限相对较短；资产的所有权仍属出租方，企业只是在租赁期内拥有资产的使用权；租赁期满，企业应将资产退还给出租方。也就是说，在这种租赁方式下，与租赁资产有关的风险和报酬仍然属于出租人。

鉴于经营租赁的上述特点，作为承租人的企业，对租入的资产不需要也不应该作为本企业的资产计价入账，也无需计提折旧。经营租入的固定资产，应当另设备查簿进行登记，不在“固定资产”科目核算。

（1）如果是一次性预付租金，应在预付租金时：

借：预付账款

　　应交税费——应交增值税（进项税额）（按可抵扣的增值税进项税额）

　贷：银行存款等

在分期摊销时：

借：管理费用、销售费用等

　贷：预付账款

（2）如果是分期支付租金的，在支付租金时：

借：管理费用、销售费用等

　　应交税费——应交增值税（进项税额）（按可抵扣的增值税进项税额）

　贷：银行存款等

【例 9-8】由于开发产品的需要，甲房地产开发企业于 1 月 5 日向乙企业租入汽车 10 辆，租期为 3 个月，每辆车每月租金 5 000 元。所有租金于开始时一次性以银行存款付清。假设企业取得可抵扣的增值税专用发票，税率为 17%。

（1）预付租金时：

借：预付账款　　150 000

　　应交税费——应交增值税（进项税额）　　25 500

　贷：银行存款　　175 500

（2）分三期摊销时：

借：制造费用　　50 000

　贷：预付账款　　50 000

【例 9-9】2014 年 1 月 1 日，甲房地产开发公司向乙公司租入办公设备一台，租期为 3 年。设备价值为 200 000 元，预计使用年限为 10 年。租赁合同规定，租赁开始日（2014 年 1 月 1 日）甲公司向乙公司一次性预付租金 30 000 元，第 1 年年末支付租金 30 000 元，第 2 年年末支付租金 40 000 元，第 3 年年末支付租金 50 000 元。租赁期届满后乙公司收回设备，3 年的租金总额为 150 000 元（假定甲公司和乙公司均在年末确认租金费用和租金收入，并且不存在租金逾期支付的情况）。

分析：此项租赁没有满足融资租赁的任何一条标准，应作为经营租赁处理。确认租金费用时，不能依据各期实际支付的租金的金额确定，而应采用直线法分摊确认各期的租金费用。此项租赁租金费用总额为 150 000 元，按直线法计算，每年应分摊的租金费用为 50 000 元。假设不考虑相关税费，那么相关账务处理如下：

（1）2014 年 1 月 1 日：

借：长期待摊费用　　30 000

　贷：银行存款　　30 000

（2）2014 年 12 月 31 日：

借：管理费用　　50 000

　贷：长期待摊费用　　20 000

　　　银行存款　　30 000

（3）2015 年 12 月 31 日：

借：管理费用　　50 000

　贷：长期待摊费用　　10 000

　　　银行存款　　40 000

（4）2016 年 12 月 31 日：

借：管理费用　　50 000

　贷：银行存款　　50 000

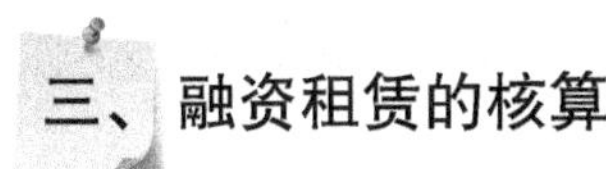

三、融资租赁的核算

“营改增”后，融资租赁被纳入增值税的征收范畴，其中有形动产融资租赁服务的税率为17%，不动产融资租赁服务的税率为11%。对融资租赁业务的销售额规定如下：经人民银行、银监会或者商务部批准从事融资租赁业务的试点纳税人，提供融资租赁服务，以取得的全部价款和价外费用，扣除支付的借款利息（包括外汇借款和人民币借款利息）、发行债券利息和车辆购置税后的余额为销售额。

（一）租赁期开始日的会计处理

在租赁期开始日，承租人通常应当将租赁开始日租赁资产公允价值与最低租赁付款额现值两者中较低者作为租入资产的入账价值，将最低租赁付款额作为长期应付款的入账价值，其差额作为未确认融资费用。会计分录为：

借：固定资产（或在建工程）（租赁资产公允价值与最低租赁付款额现值两者中较低者）

　　未确认融资费用

　　应交税费——应交增值税（进项税额）（按可抵扣的增值税进项税额）

　贷：长期应付款（最低租赁付款额）

承租人在计算最低租赁付款额的现值时，能够取得出租人租赁内含利率的，应当采用租赁内含利率作为折现率；否则，应当采用租赁合同规定的利率作为折现率。承租人无法取得出租人的租赁内含利率且租赁合同没有规定利率的，应当采用同期银行贷款利率作为折现率。

租赁内含利率是指在租赁开始日，使最低租赁收款额的现值与未担保余值的现值之和等于租赁资产公允价值与出租人的初始直接费用之和的折现率。

承租人在租赁谈判和签订租赁合同过程中发生的，可归属于租赁项目的手续费、律师费、差旅费、印花税等初始直接费用，应当计入租入资产价值。会计分录为：

借：固定资产（或在建工程）

　贷：银行存款

（二）未确认融资费用的分摊

未确认融资费用应当在租赁期内各个期间进行分摊。承租人应当采用实际利率法计算确认当期的融资费用。

未确认融资费用分摊率的确定分为下列几种情况。

（1）以出租人的租赁内含利率为折现率将最低租赁付款额折现，且以该现值作为租赁资产入账价值的，应当将租赁内含利率作为未确认融资费用的分摊率。

（2）以合同规定利率为折现率将最低租赁付款额折现，且以该现值作为租赁资产入账价值的，应当将合同规定利率作为未确认融资费用的分摊率。

（3）以银行同期贷款利率为折现率将最低租赁付款额折现，且以该现值作为租赁资产入账价值的，应当将银行同期贷款利率作为未确认融资费用的分摊率。

（4）以租赁资产公允价值为入账价值的，应当重新计算分摊率。该分摊率是使最低租赁付款额的现值等于租赁资产公允价值的折现率。会计分录为：

借：财务费用

　贷：未确认融资费用

每期未确认融资费用摊销＝期初应付本金余额 × 实际利率

＝（期初长期应付款余额－期初未确认融资费用余额）× 实际利率

（三）租赁资产折旧的计提

1. 折旧政策

承租人应当采用与自有固定资产相一致的折旧政策计提租赁资产折旧。如果承租人或与其有关的第三方对租赁资产余值提供了担保，则应计提的折旧总额为融资租入固定资产的入账价值扣除担保余值后的余额；如果承租人或与其有关的第三方未对租赁资产余值提供担保，则应提的折旧总额为租赁开始日固定资产的入账价值。

应注意的是：在计提固定资产折旧时应扣除承租人担保余值。

2. 折旧期间

如果能够合理确定租赁期届满时取得租赁资产所有权的，应当在租赁资产使用寿命内计提折旧。无法合理确定租赁期届满时能够取得租赁资产所有权的，应当在租赁期与租赁资产使用寿命两者中较短的期间内计提折旧。

（四）履约成本的会计处理

履约成本在实际发生时，通常计入当期损益。

（五）或有租金的会计处理

或有租金应当在实际发生时计入当期损益（销售费用等）。

（六）租赁期届满时的会计处理

1. 返还租赁资产

（1）如果存在承租人担保余值：

借：长期应付款（担保余值）

累计折旧

贷：固定资产

（2）如果不存在承租人担保余值：

借：累计折旧

贷：固定资产

2. 优惠续租租赁资产

如果承租人行使优惠续租选择权，则应视同该项租赁一直存在而作出相应的会计处理，如继续支付租金等。如果租赁期届满时承租人没有续租，承租人向出租人返还租赁资产时，其会计处理同上述返还租赁资产的会计处理。

3. 留购租赁资产

借：长期应付款（购买价款）

贷：银行存款

借：固定资产——生产用固定资产等

贷：固定资产——融资租入固定资产

第四节　固定资产后继支出的核算

固定资产的后续支出属于固定资产后续计量的范畴，是指企业为了维护或提高固定资产的使用效能，而对资产进行维护、改建、扩建或者改良所发生的开支，如生产设备的日常维修、定期大修，房屋进行装修等。《企业会计准则第 4 号——固定资产》规定："与固定资产有关的后续支出，符合本准则第四条规定的确认条件的，应当计入固定资产成本；不符合本准则第四条规定的确认条件的，应当在发生时计入当期损益。"

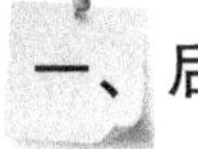

一、后继支出的处理原则

固定资产后续支出的处理原则是：后续支出满足固定资产确认条件的，按资本化的后续支出处理；后续支出不能满足固定资产确认条件的，按费用化的后续支出处理。在具体实务中，对于各项后续支出，通常的处理方法如下所述。

1. 固定资产修理

经常性的维修通常不满足固定资产的确认条件，按费用化的后续支出处理，应在发生时直接计入当期费用。不得采用预提或待摊方式处理。

2. 固定资产改良

改良固定资产通常能满足固定资产的确认条件，按资本化的后续支出处理，应在发生时计入固定资产的账面价值。

3. 混合型修改

如果后续支出不能区分是固定资产修理还是固定资产改良，或固定资产修理和固定资产改良结合在一起，则企业应当判断该后续支出是否满足固定资产的确认条件。如果满足了固定资产的确认条件，后续支出应当计入固定资产账面价值；否则，后续支出应当确认为当期费用。

4. 固定资产装修

如果满足固定资产的确认条件，装修费用应当计入固定资产账面价值，并在“固定资产”科目下单设“固定资产装修”明细科目进行核算，在两次装修间隔期间与固定资产尚可使用年限两者中较短的期间内，采用合理的方法单独计提折旧。如果在下次装修时，与该项固定资产相关的“固定资产装修”明细科目仍有账面价值，应将该账面价值一次全部计入当期营业外支出。

5. 融资租入固定资产的修改

融资租入固定资产发生的装修费用等，满足固定资产确认条件的，按资本化的后续支出处理，计入固定资产账面价值；不能满足固定资产确认条件的，按费用化的后续支出处理，计入当期损益。满足固定资产确认条件的装修费用等，应在两次装修间隔期间、剩余租赁期和固定资产尚可使用年限三者中较短的期间内，采用合理的方法单独计提折旧。

6. 经营租入固定资产的修改

经营租入固定资产发生的装修费用等，不论是否满足固定资产确认条件，均按费用化的后续支出处理。费用较少的维护或装修等费用应当在发生时计入当期损益；费用较多的装修或改良等支出，在停工装修或改良过程中先通过“在建工程”科目核算，装修或改良工程达到预定可使用状态交付使用时，再转入“长期待摊费用”科目核算，并在剩余租赁期与租赁资产尚可使用年限两者中较短的期间内，摊销计入每期损益。

二、资本化的后继支出

资本化的后续支出是指“与固定资产的更新改造等有关、符合固定资产确认条件的，应当计入固定资产成本，同时将被替换部分的账面价值扣除”，以避免将替换部分的成本和被替换部分的账面价值同时计入固定资产成本。如果企业不能确定被替换部分的账面价值，可将替换部分的成本视为被替换部分的账面价值。

企业固定资产发生资本化的后续支出时，首先应将相关固定资产的原价、已计提的累计折旧和减值准备转销，将固定资产的账面价值转入在建工程，并停止计提折旧，发生的支出通过“在建工程”科目核算，待工程完工并达到预定可使用状态时，再从在建工程转为固定资产，并按重新确定的使用寿命、预计净残值和折旧方法计提折旧。

【例 9-10】凯瑞房地产开发公司 2013 年 12 月自行建造一套设备，建造成本为 500 000 元；采用年限平均法计提折旧；预计净残值率为固定资产原价的 5%，预计使用年限为 5 年。

2016 年 1 月 1 日，由于现有设备的生产能力已难以满足公司生产发展的需要，但若新建设备成本过高，周期过长，于是公司决定对现有设备进行改良，以提高其生产能力。2016 年 1 月 1 日至 3 月 31 日，经过三个月的改扩建，完成了对这套设备的改良工程，共发生支出 250 000 元，全部以银行存款支付。该设备改良工程达到预定可使用状态后，大大提高了生产能力，预计将其使用年限延长 3 年，即预计使用年限为 8 年。

假定改良后的设备的预计净残值率为改扩建后固定资产账面价值的 5%，折旧方法仍为年限平均法。为简化计算过程，不考虑其他相关税费；公司按年度计提固定资产折旧。

本例中，设备改良后生产能力将大大提高，能够为企业带来更多的经济利益，改良的支出金额也能可靠计量，因此该后续支出符合固定资产的确认条件，应计入固定资产成本，按资本化的后续支出处理方法进行账务处理。有关会计处理如下。

（1）2015 年 12 月 31 日，该公司有关账户的余额：

设备的年折旧额 =500 000 ×（1–5%）÷ 5=95 000（元）

累计折旧的账面价值 =95 000 × 2=190 000（元）

固定资产的账面净值 =500 000–190 000=310 000（元）

（2）2016 年 1 月 1 日，固定资产转入改良时：

借：在建工程	310 000	
累计折旧	190 000	
贷：固定资产		500 000

（3）2016 年 1 月 1 日至 3 月 31 日，发生改良工程支出时：

借：在建工程	250 000	
贷：银行存款		250 000

（4）2016 年 3 月 31 日，设备改良达到预定可使用状态时：

固定资产的入账价值 =310 000+250 000=560 000（元）

借：固定资产　　560 000

　贷：在建工程　　560 000

（5）2016 年 3 月 31 日，重新转为固定资产后，应按重新确定的使用寿命、预计净残值和折旧方法计提折旧：

应计提折旧额 =560 000×（1–5%）=532 000（元）

月折旧额 =532 000÷（5×12+9）=7 710.14（元）

年折旧额：7 710.14×12=92 521.68（元）

2016 年应计提的折旧额 =7 710.14×9=69 391.26（元）

借：管理费用　　69 391.26

　贷：累计折旧　　69 391.26

三、费用化支出的核算

费用化的后续支出是指与固定资产有关的修理费用等后续支出，不符合固定资产确认条件的，应当根据不同情况分别在发生时计入当期管理费用或销售费用等。

固定资产修理是指固定资产投入使用之后，由于固定资产磨损、各组成部分耐用程度不同，可能导致固定资产的局部损坏，为了维护固定资产的正常运转和使用，充分发挥其使用效能，企业将对固定资产进行必要的维护和修理。固定资产的日常修理、大修理等只是确保固定资产的正常工作状况，这类维修一般范围较小、间隔时间较短，一次修理费用较少，不能改变固定资产的性能，不能增加固定资产的未来经济利益，不符合固定资产的确认条件，在发生时应直接计入当期损益。

（1）行政管理部门发生的固定资产修理费用等后续支出记入“管理费用”。

（2）企业专设销售机构的，发生的与专设销售机构相关的固定资产修理费用等后续支出记入“销售费用”。

【例 9-11】企业对现有的一台设备进行修理维护，共发生修理费用 1 500 元，以银行存款支付。假定不考虑其他因素，则：

借：管理费用　　1 500

　贷：银行存款　　1 500

第五节 固定资产处置的核算

企业在生产经营过程中，对那些不适用或不需用的固定资产，可以出售转让；对那些由于使用而不断磨损甚至最终报废，或由于技术进步等原因而提前报废，或由于遭受自然灾害等原因发生毁损的固定资产应及时进行清理。

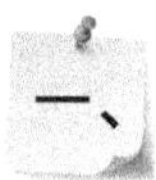

一、固定资产终止确认的条件

固定资产准则规定，固定资产满足下列条件之一的，应当予以终止确认：

1. 该固定资产处于处置状态

固定资产处置包括固定资产的出售、转让、报废或毁损、对外投资、非货币性资产交换、债务重组等。处于处置状态的固定资产不再用于生产商品、提供劳务、出租或经营管理，因此不再符合固定资产的定义，应予终止确认。

2. 该固定资产预期通过使用或处置不能产生经济利益

固定资产的确认条件之一是“与该固定资产有关的经济利益很可能流入企业”，如果一项固定资产预期通过使用或处置不能产生经济利益，就不再符合固定资产的定义和确认条件，应予终止确认。

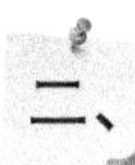

二、固定资产处置的账务处理

企业出售、转让、报废固定资产或发生固定资产毁损，应当将处置收入扣除账面价值和相关税费后的金额计入当期损益。固定资产处置一般通过“固定资产清理”科目核算。

企业因出售、报废或毁损、对外投资、非货币性资产交换、债务重组等处置固定资产，其会计处理一般经过以下几个步骤。

1. 固定资产转入清理

借：固定资产清理（按该项固定资产的账面价值）
　　累计折旧（按已提折旧）
　　固定资产减值准备（按已计提的固定资产减值准备）
　贷：固定资产（按固定资产账面余额）

如果该项固定资产有按照税法规定不得从增值税销项税额中抵扣的进项税额：

借：固定资产清理

贷：应交税费——应交增值税（进项税额转出）

2. 固定资产清理过程中应支付的清理费用

借：固定资产清理（按固定资产清理过程中发生的清理费用，如支付清理人员的工资等）

贷：银行存款等

3. 固定资产清理过程中应支付的相关税费

借：固定资产清理（按固定资产清理过程中应支付的相关税费）

贷：应交税费

取得出售固定资产的价款、残料价值和变价收入等处置收入，冲减清理支出：

借：银行存款、原材料等

贷：固定资产清理

4. 保险赔偿的处理

由保险公司或过失人赔偿的损失，应冲减清理支出：

借：其他应收款

贷：固定资产清理

5. 清理净损益的处理

（1）固定资产清理产生的净收益：

借：固定资产清理

贷：营业外收入——非流动资产处置净收益

（2）固定资产清理产生的净损失，如果属于生产经营期间正常的处理损失：

借：营业外支出——非流动资产处置净损失

贷：固定资产清理

（3）固定资产清理产生的净损失，如果属于生产经营期间由于自然灾害等非正常原因造成的：

借：营业外支出——非常损失

贷：固定资产清理

【例 9-12】某房地产开发企业将一台不需用的机器设备以 100 000 元（不含增值税）的价格出售，同时发生清理费用 3 000 元。该设备原价 200 000 元，已提折旧 50 000 元。上述固定资产出售交易按照税法规定应缴纳增值税，税率为 17%。

（1）固定资产转入清理：

借：固定资产清理　150 000

　　累计折旧　50 000

　贷：固定资产　200 000

（2）取得出售固定资产的价款：

借：银行存款　117 000

　贷：固定资产清理　100 000

　　　应交税费——应交增值税（销项税额）　17 000

（3）支付清理费用：

借：固定资产清理　3 000

　贷：银行存款　3 000

（4）结转固定资产清理净损益：

固定资产清理净损益 =100 000–150 000–3 000=–53 000（元）

借：营业外支出——非流动资产处置净损失　53 000

　贷：固定资产清理　53 000

【例 9-13】某房地产开发企业因火灾毁损机器一台，该机器原价 500 000 元，已提折旧 200 000 元。其残料估价为 10 000 元，残料已入库。在清理过程中，以银行存款支付清理费用 3 000 元。经保险公司核定应赔偿损失 150 000 元。

（1）将毁损的机器转入清理时：

借：固定资产清理　300 000

　　累计折旧　200 000

　贷：固定资产　500 000

（2）残料估价入库时：

借：原材料　10 000

　贷：固定资产清理　10 000

（3）支付清理费用时：

借：固定资产清理　3 000

　贷：银行存款　3 000

（4）确定应由保险公司赔偿损失时：

借：其他应收款　150 000

　贷：固定资产清理　150 000

（5）结转毁损固定资产净损失时：

固定资产清理净损益 =150 000+10 000–300 000–3 000=–143 000（元）

借：营业外支出——非流动资产处置净损失　　143 000

　贷：固定资产清理　　143 000

【例 9-14】某房地产开发企业的一台机器设备已到规定的使用年限，决定实行报废。该设备原值 300 000 元，已提折旧 270 000 元，因使用期满经批准报废。在清理过程中，以银行存款支付清理费用 3 000 元，拆除的残料一部分作价 25 000 元，由仓库收作维修材料，另一部分变卖收入 15 000 元存入银行。

（1）固定资产转入清理：

借：固定资产清理　　30 000

　　累计折旧　　270 000

　贷：固定资产　　300 000

（2）支付清理费用：

借：固定资产清理　　3 000

　贷：银行存款　　3 000

（3）收到残料变价收入：

借：原材料　　25 000

　　银行存款　　15 000

　贷：固定资产清理　　40 000

（4）结转固定资产清理净损益：

固定资产清理净损益 =40 000-30 000-3 000=7 000（元）

借：固定资产清理　　7 000

　贷：营业外收入——非流动资产处置净收益　　7 000

三、持有待售的固定资产

同时满足下列条件的非流动资产应当划分为持有待售：一是企业已经就处置该非流动资产作出决议；二是企业已经与受让方签订了不可撤销的转让协议；三是该项转让将在一年内完成。

持有待售的非流动资产包括单项资产和处置组，处置组是指一项交易中作为整体通过出售或其他方式一并处置的一组资产组，一个资产组或某个资产组中的一部分。如果处置组是一个资产组，并且按照《企业会计准则第 8 号——资产减值》的规定将企业合并中取得的商誉分摊至该资产组，或者该处置组是这种资产组中的一项经营，则该处置组应当包括企业合并中取得的商誉。

企业对于持有待售的固定资产，应当调整该项固定资产的预计净残值，使该项固定资产的预计净残值能够反映其公允价值减去处置费用后的金额，但不得超过符合持有待售条件时该项固定资产的原账面价值，原账面价值高于调整后预计净残值的差额，应作为资产减值损失计入当期损益。企业应当在报表附注中披露持有待售的固定资产名称、账面价值、公允价值、预计处置费用和预计处置时间等。持有待售的固定资产不计提折旧，按照账面价值与公允价值减去处置费用后的净额孰低进行计量。

某项资产或处置组被划归为持有待售，但后来不再满足持有待售的固定资产的确认条件，企业应当停止将其划归为持有待售，并按照下列两项金额中较低者计量：

（1）该资产或处置组被划归为持有待售之前的账面价值，按照其假定在没有被划归为持有待售的情况下原应确认的折旧、摊销或减值进行调整后的金额；

（2）决定不再出售之日的再收回金额。

符合持有待售条件的无形资产等其他非流动资产，比照上述原则处理，此处所指其他非流动资产不包括递延所得税资产、《企业会计准则第 22 号——金融工具确认和计量》规范的金融资产、以公允价值计量的投资性房地产和生物资产、保险合同中产生的合同权利。

第六节　固定资产清查的核算

企业应定期对固定资产进行盘点清查，每年至少实地盘点清查一次，以保证固定资产核算的真实性，充分挖掘企业现有固定资产的潜力。

在固定资产清查过程中，如果发现盘盈、盘亏的固定资产，应填制固定资产盘盈盘亏报告表。清查固定资产的损溢，应查明原因，并根据企业的管理权限，经股东大会或董事会等类似机构批准后，在期末结账前处理完毕。

一、盘盈固定资产的核算

企业在财产清查中盘盈的固定资产，作为前期差错处理。盘盈的固定资产通过“以前年度损益调整”科目核算。

（1）企业在盘盈固定资产时，首先应确定盘盈固定资产的原值、累计折旧和固定资产净值。根据确定的固定资产原值借记“固定资产”，贷记“累计折旧”，将两者的差额贷记“以前年度损益调整”。

（2）其次再计算应纳的所得税费用，借记“以前年度损益调整”，贷记“应交税费——应交所得税”。

（3）接着补提盈余公积，借记“以前年度损益调整”，贷记“盈余公积”。

（4）最后调整利润分配，借记“以前年度损益调整”，贷记“利润分配——未分配利润”。

【例 9-15】年末，润华房地产公司对企业全部的固定资产进行盘查，盘盈一台六成新的机器设备，该设备同类产品市场价格为 100 000 元，企业所得税税率为 25%。按净利润的 10% 提取法定盈余公积金。

那么该企业的有关会计处理为：

借：固定资产　　100 000

　贷：累计折旧　　40 000

　　　以前年度损益调整　　60 000

借：以前年度损益调整　　15 000

　贷：应交税费——应交所得税　　15 000

借：以前年度损益调整　　4 500

　贷：盈余公积——法定盈余公积　　4 500

借：以前年度损益调整　　40 500

　贷：利润分配——未分配利润　　40 500

二、固定资产盘亏的核算

《企业会计准则》规定，固定资产盘亏造成的损失，应当计入当期损益：

借：待处理财产损溢——待处理固定资产损溢（按该项固定资产的账面价值）

**　　　累计折旧（按已提折旧）**

**　　　固定资产减值准备（按已提减值准备）**

**　贷：固定资产（按固定资产原价）**

按管理权限报经批准后处理时，按可收回的保险赔偿或过失人赔偿，借记“其他应收款”科目，按应计入营业外支出的金额，借记“营业外支出——盘亏损失”科目，贷记“待处理财产损溢”科目。

【例 9-16】某企业在财产清查中发现丢失一台设备，该设备原价 100 000 元，已计提折旧 30 000 元，并已计提减值准备 20 000 元。经查，设备丢失的原因在于设备管理员看守不当。经董事会批准，由设备管理员赔偿 10 000 元。

（1）盘点发现设备丢失时：

借：待处理财产损溢　　50 000

累计折旧 30 000
固定资产减值准备 20 000
贷：固定资产 100 000

（2）董事会报经批准后：

借：其他应收款 10 000
营业外支出——盘亏损失 40 000
贷：待处理财产损溢 50 000

（3）收到设备管理员赔款：

借：库存现金 10 000
贷：其他应收款 10 000

第七节 固定资产减值的核算

根据《企业会计准则》的规定，固定资产及在建工程在资产负债表日存在可能发生减值的迹象时，其可收回金额低于账面价值的，企业应当将该项固定资产在建工程的账面价值减记至可收回的金额，减记的金额确认为损失，计入当期损益，同时计提相应的资产减值准备。

一、科目设置

为了核算固定资产减值准备，企业应当设置“固定资产减值准备”及“在建工程减值准备”科目核算。

“固定资产减值准备”及“在建工程减值准备”账户是“固定资产”和“在建工程”账户的备抵账户，其贷方反映企业固定资产减值准备和在建工程减值准备的提取，借方反映处置固定资产和在建工程时注销的减值准备，期末余额在贷方，反映企业已经提取但尚未注销的固定资产减值准备和在建工程减值准备。

二、主要账务处理

企业应当在期末或者至少在每年年度终了，对固定资产逐项进行检查，如果由于市价持续下跌，或技术陈旧、损坏、长期闲置等原因导致其可收回金额低于账面价值的，应当将可收回金额低于其账面价值的差额作为固定资产减值准备。固定资产和在建工程减值准备应按单项资产计提。固定资产及在建工程减值损失一经确认，在以后会计期间不得转回。

（1）资产负债表日，固定资产发生减值的，按应减记的金额：

借：资产减值损失——计提的固定资减值准备

贷：固定资减值准备

在建工程发生减值的，按应减记的金额：

借：资产减值损失——计提的在建工程减值准备

贷：在建工程减值准备

（2）固定资产及在建工程减值损失一经确认，在以后会计期间不得转回。但遇到处置、出售、对外投资、非货币性交换、债务重组等情况时，同时符合固定资产和在建工程终止确认条件的，可将相关资产减值准备予以注销。

【例 9-17】2015 年年末，某房地产开发企业清查固定资产时发现，一台设备原账面净值为 480 000 元，但由于技术进步等原因造成设备贬值，预计可收回金额为 360 000 元，2016 年该固定资产实价下跌，预计可收回金额 320 000 元。

2015 年年末该企业应提资产减值准备 120 000（480 000–360 000）元。会计分录为：

借：资产减值损失——计提固定资产减值准备　　120 000

贷：固定资产减值准备　　120 000

2016 年年末由于可收回金额低于 2015 年，应补提资产减值准备 40 000（360 000–320 000）元。会计分录为：

借：资产减值损失——计提固定资产减值准备　　40 000

贷：固定资产减值准备　　40 000

第十章　无形资产的核算

无形资产是指企业拥有或控制的没有实物形态可辨认的非货币性资产，包括土地使用权、专利权、商标权、著作权以及非专利技术等。

第一节　无形资产的初始计量

无形资产通常是按实际成本计量，即以取得无形资产并使之达到预定用途而发生的全部支出作为无形资产的成本。对于不同来源取得的无形资产，其成本构成不尽相同。

在“营改增”后，无形资产的转让被纳入增值税征收范围。企业取得无形资产时，如果同时取得符合法律规定的可抵扣的增值税专用发票，那么该进项税额可以依法抵扣。如果没有取得法律规定的可抵扣的增值税专用发票，那么相关税额应计入无形资产的成本，可以在将来摊销。

一、外购的无形资产

外购的无形资产，其成本包括购买价款、相关税费以及直接归属于使该项资产达到预定用途所发生的其他支出。

其中，直接归属于使该项资产达到预定用途所发生的其他支出包括使无形资产达到预定用途所发生的专业服务费用、测试无形资产是否能够正常发挥作用的费用等，但不包括为引入新产品进行宣传发生的广告费、管理费用及其他间接费用，也不包括在无形资产达到预定用途以后发生的费用。

无形资产达到预定用途后所发生的支出不构成无形资产的成本，如在形成预定经济规模之前发生的初始运作损失。在无形资产达到预定用途之前发生的其他经营活动的支出，如果该经营活动并非为使无形资产达到预定用途所必不可少的，有关经营活动的损益应于发生时计入当期损益，而不构成无形资产的成本。

（1）外购无形资产，如果取得可抵扣的增值税专用发票，其进项税额依法可以抵扣，不用计入无形资产成本。账务处理为：

借：无形资产

　　应交税费——应交增值税（进项税额）

　　贷：银行存款、应收账款等

（2）如果企业没有取得可抵扣的增值税专用发票，不符合增值税进项税额可抵扣条件，则不得计提增值税进项税额：

借：无形资产

　　贷：银行存款、应收账款等

购买无形资产的价款超过正常信用条件延期支付，实质上具有融资性质的，无形资产的成本应以购买价款的现值为基础确定。实际支付的价款与购买价款的现值之间的差额作为未确定融资费用，在信用期间采用实际利率法摊销，摊销金额除满足借款费用资本化条件应当计入无形资产成本外，均应在信用期间内确认为财务费用，计入当期损益。

【例 10-1】张龙公司 2013 年 2 月 10 日从甲公司购买一项商标权，采用分期付款方式支付款项。合同规定，该项商标权总计 600 000 元，每年末付款 300 000 元，三年付清。假定银行同期贷款利率为 10%。为了简化核算，假定不考虑其他有关税费，其有关计算如下：

无形资产现值 $=200\ 000\times(1+10\%)^{-1}+200\ 000\times(1+10\%)^{-2}+200\ 000\times(1+10\%)^{-3}$ $=497\ 380$（元）

未确认融资费用 =600 000–497 380=102 620（元）

第一年应确认的融资费用 =497 380 × 10%=49 738（元）

第二年应确认的融资费用 =（497 380–200 000+49 738）× 10%=34 711.80（元）

第三年应确认的融资费用 =102 620–49 738–34 711.8=18 170.20（元）

张龙公司的账务处理如下：

	借方	贷方
借：无形资产——商标权	497 380	
未确认融资费用	102 620	
贷：长期应付款		600 000

第一年年底付款时：

	借方	贷方
借：长期应付款	200 000	
贷：银行存款		200 000
借：财务费用	49 738	
贷：未确认融资费用		49 738

第二年年底付款时：

借：长期应付款　　200 000

　　贷：银行存款　　200 000

借：财务费用　　34 711.80

　　贷：未确认融资费用　　34 711.80

第三年年底付款时：

借：长期应付款　　200 000

　　贷：银行存款　　200 000

借：财务费用　　18 170.20

　　贷：未确认融资费用　　18 170.20

二、投资者投入的无形资产

投资者投入的无形资产的成本，应当按照投资合同或协议约定的价值确定，在投资合同或协议约定价值不公允的情况下，应按无形资产的公允价值入账。“营改增”后，投资者投入无形资产时，如果企业同时取得可抵扣的增值税专用发票，按增值税发票金额计提抵扣增值税进项税额。账务处理为：

借：无形资产

**　　应交税费——应交增值税（进项税额）**

**　贷：实收资本（股本等）**

第二节　无形资产的后续计量

无形资产属于企业的长期资产，能在较长的时间里给企业带来效益。但无形资产通常也有一定的有效期限，其价值将随着时间的推移而消失，因此，企业应将入账的无形资产在一定年限内摊销。

需要强调的是，确定无形资产在使用过程中的累计摊销额，基础是估计其使用寿命，只有使用寿命有限的无形资产才需要在估计的使用寿命内采用系统合理的方法进行摊销，对于使用寿命不确定的无形资产，每年进行减值测试。

一、无形资产的使用寿命

无形资产准则规定，企业应当于取得无形资产时分析判断其使用寿命。无形资产的使用寿命如为有限的，应当估计该使用寿命的年限或者构成使用寿命的产量等类似计量单位数量；无法预见无形资产为企业带来未来经济利益期限的，应当视为使用寿命不确定的无形资产。

无形资产的后续计量是以其使用寿命为基础的。无形资产的使用寿命包括法定寿命和经济寿命两个方面，有些无形资产的使用寿命受法律、规章或合同的限制，称为法定寿命。如我国法律规定发明专利权有效期为20年，商标权的有效期为10年。有些无形资产如永久性特许经营权、非专利技术等的寿命则不受法律或合同的限制。经济寿命是指无形资产可以为企业带来经济利益的年限。由于受技术进步、市场竞争等因素的影响，无形资产的经济寿命往往短于法定寿命，因此，在估计无形资产的使用寿命时，应当综合考虑各方面相关因素的影响，合理确定无形资产的使用寿命。

（1）源自合同性权利或其他法定权利取得的无形资产，其使用寿命通常不应超过合同性权利或其他法定权利的期限。如果合同性权利或其他法定权利能够在到期时因续约等延续，则仅当有证据表明企业续约不需要付出重大成本时，续约期才能够包括在使用寿命的估计中。

（2）没有明确的合同或法律规定无形资产的使用寿命的，企业应当综合各方面因素判断，以确定无形资产能为企业带来经济利益的期限。

经过上述努力确实无法合理确定无形资产为企业带来经济利益期限的，才能将其作为使用寿命不确定的无形资产。

企业至少应当于每年年度终了，对无形资产的使用寿命进行复核，如果有证据表明无形资产的使用寿命不同于以前的估计，由于合同的续约或无形资产应用条件的改善，延长了无形资产的使用寿命，对于使用寿命有限的无形资产应改变其摊销年限，并按照《企业会计准则第28号——会计政策、会计估计变更和差错更正》进行处理。

对于使用寿命不确定的无形资产，如果有证据表明其使用寿命是有限的，应当按照《企业会计准则第28号——会计政策、会计估计变更和差错更正》进行处理，并按照无形资产准则中关于使用寿命有限无形资产的处理原则处理。

二、使用寿命有限的无形资产摊销

使用寿命有限的无形资产，应在其预计的使用寿命内采用系统合理的方法对应摊销金额进行摊销。

（一）应摊销金额

无形资产的应摊销金额为其成本扣除预计残值后的金额。已计提减值准备的无形资产，还应扣除已计提的无形资产减值准备累计金额。使用寿命有限的无形资产，其残值一般为零，但下列情况除外：

（1）有第三方承诺在无形资产使用寿命结束时购买该无形资产；

（2）可以根据活跃市场得到预计残值信息，并且该市场在无形资产使用寿命结束时很可能存在。

（二）摊销期和摊销方法

企业摊销无形资产，应当自无形资产可供使用时起，至不再作为无形资产确认时止。

企业选择的无形资产摊销方法，应当反映与该项无形资产有关的经济利益的预期实现方式。无法可靠确定预期实现方式的，应当采用直线法摊销。企业至少应当于每年年度终了，对无形资产的摊销方法进行复核，摊销方法与以前估计不同的，应当改变摊销方法。

（三）使用寿命有限的无形资产摊销的会计处理

无形资产的摊销金额一般应计入当期损益，但如果某项无形资产是专门用于生产某种产品或其他资产的，其所包含的经济利益是通过转入到所生产的产品或其他资产中实现的，则该无形资产的摊销金额应当计入相关资产的成本。

（1）对于自用的无形资产，编制会计分录为：

借：管理费用等

贷：累计摊销

（2）对于出租的无形资产，编制会计分录为：

借：其他业务成本

贷：累计摊销

【例 10-2】某房地产开发企业购入一项专利权，价款 240 000 元，预计使用年限为 5 年，法律对此并没有规定有效年限。根据上述经济业务，每月摊销该无形资产时应作如下账务处理：

年摊销额 =240 000 ÷ 5=48 000（元）

月摊销额 =48 000 ÷ 12=4 000（元）

借：管理费用——无形资产摊销 4 000

贷：累计摊销 4 000

【例 10-3】某企业将其自行开发完成的非专利技术出租给丁公司，该非专利技术成本为 3 600 000 元，双方约定的租赁期限为 10 年。根据上述经济业务，每月摊销该无形资产时应作如下账务处理：

年摊销额 =3 600 000 ÷ 10=360 000（元）

月摊销额 =360 000 ÷ 12=30 000（元）

借：其他业务成本　　30 000

　贷：累计摊销　　30 000

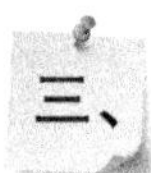

三、使用寿命不确定的无形资产

根据可获得的情况判断，有确凿证据表明无法合理估计其使用寿命的无形资产，才能作为使用寿命不确定的无形资产。企业不得随意判断使用寿命不确定的无形资产。

按照无形资产准则规定，对于使用寿命不确定的无形资产，在持有期间内不需要摊销，如果期末重新复核后仍为不确定的，应当在每个会计期间进行减值测试。如果无形资产在资产负债表日存在可能发生减值的迹象，其可收回金额低于账面价值的，企业应当严格按照《企业会计准则第 8 号——资产减值》的规定，将该无形资产的账面价值减记至可收回金额，减记的金额确认为减值损失，计入当期损益，同时计提相应的资产减值准备。账务处理为：借记“资产减值损失”科目，贷记“无形资产减值准备”科目。

无形资产减值损失一经确认，在以后会计期间不得转回。

第三节　无形资产的处置

无形资产的处置，主要是指无形资产出售、对外出租、对外捐赠，或者是无法为企业带来未来经济利益时，应予转销并终止确认。

《关于全面推开营业税改征增值税试点的通知》（财税〔2016〕36 号）后附的《销售服务、无形资产、不动产注释》明确：无形资产，是指不具实物形态，但能带来经济利益的资产，包括技术、商标、著作权、商誉、自然资源使用权和其他权益性无形资产。可见，“营改增”后，被纳入增值税征收范围的无形资产范围扩大了。

其中，自然资源使用权包括土地使用权、海域使用权、探矿权、采矿权、取水权和其他自然资源使用权。其他权益性无形资产包括基础设施资产经营权、公共事业特许权、配额、经营权（包括特许经营权、连锁经营权、其他经营权）、经销权、分销权、代理权、会员权、席位权、网络游戏虚拟道具、域名、名称权、肖像权、冠名权以及转会费等。

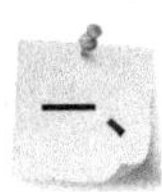

一、无形资产的出租

企业在持有无形资产期间，可以让渡该无形资产的使用权，其出租收入属于收入要素中的“让渡资产使用权收入”。根据规定，符合条件的专利技术和非专利技术使用权的让渡及其相关服务免征增值税，其他无形资产使用权让渡按6%的税率计算销项税额。

企业让渡无形资产使用权并收取租金，在满足收入确认条件的情况下，应确认相关的收入和费用。

（1）出租无形资产取得租金收入时：

借：银行存款等

贷：其他业务收入

应交税费——应交增值税（销项税额）等

（2）摊销出租无形资产的成本和发生与转让有关的各种费用支出时：

借：其他业务成本

贷：累计摊销、应交税费等

【例10-4】实行“营改增”后，柏克公司（增值税一般纳税人）将某商标权出租给乙公司使用，租期为4年，每月收取租金20 000元。租金收入适用的增值税税率为6%，柏克公司在出租期间不再使用该商标权。该商标权每月摊销额为10 000元。假定该商标权按年摊销。

（1）每月取得租金：

	借方	贷方
借：银行存款	21 200	
贷：其他业务收入——出租商标权		20 000
应交税费——应交增值税（销项税额）		1 200

（2）每月摊销时：

	借方	贷方
借：其他业务成本——商标权摊销	10 000	
贷：累计摊销		10 000

二、无形资产的出售

企业将无形资产出售，表明企业放弃无形资产的所有权。无形资产准则规定，企业出售无形资产时，应将所取得的价款与该无形资产账面价值的差额作为资产处置利得或损失（营业外收入或营业外支出），与固定资本处置性质相同，计入当期损益。但是，值得注意的是，企业出售无形资产确认其利得的时点，应按照收入确认中的相关原则进行确定。

借：银行存款（按实际收到的金额）

　　累计摊销（按已摊销的累计摊销额）

　　无形资产减值准备（按已经计提的减值准备）

　　营业外支出——处置非流动资产损失（按差额）

　贷：应交税费（按应支付的相关税费）

　　　无形资产（按账面余额）

　　　营业外收入——处置非流动资产利得（按差额）

“营改增”后，除销售土地使用权适用11%的税率外，销售其他无形资产适用6%的税率（符合规定的技术转让、技术开发等在试点期间内免征增值税）。小规模纳税人适用的征收率为3%。

【例10-5】实行“营改增”后，科海公司（增值税一般纳税人）将拥有的一项商标权出售，开出的增值税专用发票上注明价款500 000元，增值税进项税额6 000元，总计106 000元。该项商标的账面余额为700 000元，累计摊销额为300 000元，已计提的减值准备为200 000元，款项已经收到。

会计分录	借方	贷方
借：银行存款	506 000	
累计摊销	300 000	
无形资产减值准备	200 000	
贷：无形资产		700 000
应交税费——应交增值税（销项税额）		6 000
营业外收入——处置非流动资产利得		300 000

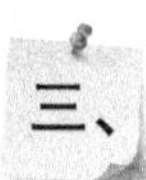

三、无形资产的报废

如果无形资产预期不能为企业带来未来经济利益，例如，某无形资产已被其他新技术所替代或超过法律保护期，不能再为企业带来经济利益的，则不再符合无形资产的定义，应将其报废并予以转销，其账面价值转作当期损益。

借：累计摊销（按已计提的累计摊销额）

　　无形资产减值准备（按已计提的减值准备）

　贷：无形资产（按无形资产账面余额）

　　　营业外支出（按差额）

第十一章　投资性房地产的核算

投资性房地产是指为赚取租金或资本增值，或两者兼有而持有的房地产。投资性房地产应当能够单独计量和出售。

第一节　投资性房地产的确认和初始计量

将某个项目确认为投资性房地产，首先应当符合投资性房地产的概念，其次要同时满足投资性房地产的两个确认条件：（1）与该资产相关的经济利益很可能流入企业；（2）该投资性房地产的成本能够可靠计量。

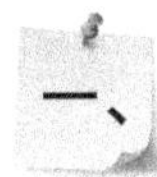

一、投资性房地产的界定

根据《企业会计准则》的规定，投资性房地产是指为赚取租金或资本增值，或两者兼有而持有的房地产，包括已出租的土地使用权、持有并准备增值后转让的土地使用权和已出租的建筑物。

（1）已出租的土地使用权。已出租的土地使用权，是指企业通过出让或转让方式取得并以经营租赁方式出租的土地使用权。企业计划用于出租但尚未出租的土地使用权，不属于此类。

（2）持有并准备增值后转让的土地使用权。持有并准备增值后转让的土地使用权是指企业取得的、准备增值后转让的土地使用权。按照国家有关规定认定的闲置土地，不属于持有并准备增值后转让的土地使用权，也就不属于投资性房地产。

（3）已出租的建筑物。已出租的建筑物，是指企业拥有产权并以经营租赁方式出租的建筑物。

注意

（1）通常情况下，对企业持有以备经营出租的空置建筑物或在建建筑物，如董事会或类似机构作出书面决议，明确表示将其用于经营出租且持有意图短期内不再发生变化的，即使尚未签定租赁协议，也应视为投资性房地产。

（2）企业将建筑物出租，按租赁协议向承租人提供的相关辅助服务在整个协议中不重大的，应当将该建筑物确认为投资性房地产。

（3）下列各项不属于投资性房地产：①自用房地产，即为生产商品、提供劳务或者经营管理而持有的房地产。例如，企业拥有并自行经营的旅馆饭店，其经营目的主要是通过提供客房服务赚取服务收入，那么该旅馆饭店不确认为投资性房地产。②作为存货的房地产。

（4）某项房地产，部分用于赚取租金或资本增值、部分用于生产商品、提供劳务或经营管理，能够单独计量和出售的、用于赚取租金或资本增值的部分，应当确认为投资性房地产；不能够单独计量和出售的、用于赚取租金或资本增值的部分，不确认为投资性房地产。

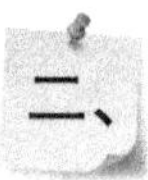

二、投资性房地产的初始计量

投资性房地产应当按照成本进行初始计量。

（一）外购投资性房地产的成本

外购投资性房地产的成本包括购买价款、相关税费和可直接归属于该资产的其他支出。

对于企业外购的房地产，只有在购入房地产的同时开始对外出租（自租赁期开始日起，下同）或用于资本增值，才能称之为外购的投资性房地产。

企业购入房地产，自用一段时间之后再改为出租或用于资本增值的，应当先将外购的房地产确认为固定资产或无形资产，自租赁期开始日或用于资本增值之日开始，才能从固定资产或无形资产转换为投资性房地产。

（二）自行建造投资性房地产的成本

自行建造投资性房地产的成本由建造该项资产达到预定可使用状态前所发生的必要支出构成，包括土地开发费、建筑成本、安装成本、应予以资本化的借款费用、支付的其他费用和分摊的间接费用等。建造过程中发生的非正常性损失，直接计入当期损益，不计入建造成本。账务处理为：

借：投资性房地产

　　贷：开发成本、银行存款等

（三）以其他方式取得的投资性房地产的成本，按照相关会计准则的规定确定

【例 11-1】某房地产开发企业计划购入一栋写字楼用于对外出租。3 月 15 日，该企业与乙企业签订了经营租赁合同，约定自写字楼购买日起将这栋写字楼出租给乙企业，为期 5 年。4 月 5 日，该企业实际购入写字楼，支付价款共计 1 100 万元（假设不考虑其他因素，该企业采用成本模式进行后续计量）。根据上述经济业务，应作如下账务处理：

借：投资性房地产——写字楼　　11 000 000

　贷：银行存款　　11 000 000

三、与投资性房地产有关的后续支出

（一）资本化的后续支出

与投资性房地产有关的后续支出，满足投资性房地产确认条件的，应当计入投资性房地产成本。

企业对某项投资性房地产进行改扩建等再开发且将来仍作为投资性房地产的，在再开发期间应继续将其作为投资性房地产，再开发期间不计提折旧或摊销。

【例 11-2】1 月 10 日，顺成房地产开发公司作为投资性房地产的一栋写字楼经营租赁合同到期。该写字楼按照成本模式进行后续计量，原价为 1 500 万元，已计提折旧 500 万元。为了提高写字楼的租金收入，顺成房地产开发公司决定即日起对写字楼进行改扩建。3 月 10 日，写字楼改扩建工程完工，共发生支出 200 万元，即日按照租赁合同出租给丙企业。假设顺成房地产开发公司对投资性房地产采用成本计量模式。

本例中，改扩建支出属于资本化的后续支出，应当计入投资性房地产的成本。账务处理如下。

（1）1 月 10 日，投资性房地产转入改扩建工程：

借：投资性房地产——写字楼（在建）　　10 000 000

　　投资性房地产累计折旧　　5 000 000

　贷：投资性房地产——写字楼　　15 000 000

（2）1 月 10 日—2 月 10 日，改扩建期间发生的费用：

借：投资性房地产——写字楼（在建）　　2 000 000

　贷：银行存款　　2 000 000

（3）3 月 10 日，改扩建工程完工：

借：投资性房地产——写字楼　　12 000 000

　贷：投资性房地产——写字楼（在建）　　12 000 000

（二）费用化的后续支出

与投资性房地产有关的后续支出，不满足投资性房地产确认条件的，应当在发生时计入当期损益。

【例 11-3】理得房地产开发公司于 1 月对其某项投资性房地产进行日常维修，共发生维修支出 3 万元。根据上述经济业务，该公司应作如下账务处理：

借：其他业务成本　　30 000

　贷：银行存款　　30 000

第二节　投资性房地产的后续计量

企业通常应当采用成本模式对投资性房地产进行后续计量，满足特定条件时也可以采用公允价值模式对投资性房地产进行后续计量。但是，同一企业只能采用一种模式对所有投资性房地产进行后续计量，不得同时采用两种计量模式。

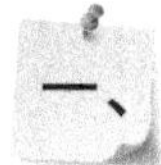

一、采用成本模式进行后续计量

在成本模式下，企业应当按照《企业会计准则第 4 号——固定资产》和《企业会计准则第 6 号——无形资产》的规定，对投资性房地产进行计量，计提折旧或摊销；存在减值迹象的，应当按照《企业会计准则第 8 号——资产减值》的规定处理。

1. 计提折旧或摊销

借：其他业务成本

　贷：投资性房地产累计折旧（摊销）

2. 取得租金收入

借：银行存款

　贷：其他业务收入

3. 计提减值准备

借：资产减值损失

　贷：投资性房地产减值准备

减值准备一经计提，在持有期间不得转回。

【例 11-4】开元公司将一栋办公楼出租给乙企业使用，已确认为投资性房地产，采用成本模式进行后续计量。假设这栋办公楼的成本为 3 600 万元，按照直线法计提折旧，使用寿命为 30 年，预计净残值为零。按照经营租赁合同约定，乙企业每月支付开元公司租金 15 万元。2016 年 12 月，该栋办公楼发生减值迹象，经减值测试，其可收回金额为 2 300 万元，此时办公楼的账面价值为 2 600 万元，以前未计提减值准备。

（1）计提折旧：每月计提的折旧额 =3 600 ÷ 30 ÷ 12=10（万元）

借：其他业务成本　　100 000

　贷：投资性房地产累计折旧　　100 000

（2）确认租金，假定不考虑相关税费：

借：银行存款（或其他应收款）　　150 000

　贷：其他业务收入　　150 000

（3）计提减值准备：

借：资产减值损失　　3 000 000

　贷：投资性房地产减值准备　　3 000 000

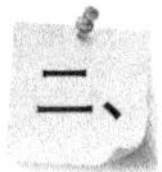

二、采用公允价值模式进行后续计量

（一）采用公允价值模式的前提条件

根据规定，企业只有存在确凿证据表明投资性房地产的公允价值能够持续可靠取得，才可以采用公允价值模式对投资性房地产进行后续计量。企业一旦选择采用公允价值计量模式，就应当对其所有投资性房地产均采用公允价值模式进行后续计量。

采用公允价值模式计量的投资性房地产，应当同时满足下列条件。

（1）投资性房地产所在地有活跃的房地产交易市场。所在地，通常是指投资性房地产所在的城市。对于大中型城市，应当为投资性房地产所在的城区。

（2）企业能够从活跃的房地产交易市场上取得同类或类似房地产的市场价格及其他相关信息，从而对投资性房地产的公允价值作出合理的估计。同类或类似的房地产，对建筑物而言，是指所处地理位置和地理环境相同、性质相同、结构类型相同或相近、新旧程度相同或相近、可使用状况相同或相近的建筑物；对土地使用权而言，是指同一城区、同一位置区域、所处地理环境相同或相近、可使用状况相同或相近的土地。

（二）采用公允价值模式进行后续计量的会计处理

采用公允价值模式计量的，不对投资性房地产计提折旧或进行摊销，应当以资产负债表日投资性房地产的公允价值为基础调整其账面价值，公允价值与原账面价值之间的差额计入当期损益（公允价值变动损益）。投资性房地产取得的租金收入，确认为其他业务收入。

资产负债表日，投资性房地产的公允价值高于其账面余额的差额，借记“投资性房地产——公允价值变动”科目，贷记“公允价值变动损益”科目；公允价值低于其账面余额的差额做相反的会计分录。

【例 11-5】顺成房地产公司于 1 月 1 日与乙公司签订租赁协议，约定将该公司当日开发完成的一栋精装修的写字楼自当日起经营租赁给乙公司使用，租赁期为 10 年，每年租金 500 万元。该写字楼的造价为 5 000 万元。12 月 31 日，该写字楼的公允价值为 5 800 万元。顺成房地产公司采用公允价值计量模式。

（1）1 月 1 日开发完成写字楼并出租：

借：投资性房地产——成本　　50 000 000

　贷：开发成本　　50 000 000

（2）取得租金收入，假定不考虑相关税费：

借：银行存款　　5 000 000

　贷：开发成本　　5 000 000

（3）12 月 31 日，按照公允价值为基础调整其账面价值，公允价值与原账面价值之间的差额计入当期损益：

借：投资性房地产——公允价值变动　　8 000 000

　贷：公允价值变动损益　　8 000 000

三、投资性房地产后续计量模式的变更

企业对投资性房地产的计量模式一经确定，不得随意变更。以成本模式转为公允价值模式的，应当作为会计政策变更处理，将计量模式变更时公允价值与账面价值的差额，调整期初留存收益。

已采用公允价值模式计量的投资性房地产，不得从公允价值模式转为成本模式。

【例 11-6】2015 年，梨园房地产开发公司将一栋写字楼对外出租，采用成本模式进行后续计量。2017 年 1 月 1 日，假设梨园房地产开发公司持有的投资性房地产满足采用公允价值模式条件，梨园房地产开发公司决定采用公允价值模式对该写字楼进行后续计量。2017 年 1 月 1 日，该写字楼的原价为 6 000 万元，已计提折旧 500 万元，账面价值为 5 500 万元，公允价值为 6 500 万元。梨园房地产开发公司按净利润的 10% 计提盈余公积。假定除上述对外出租的写字楼外，梨园房地产开发公司无其他的投资性房地产。

借：投资性房地产——成本　　65 000 000
　　投资性房地产累计折旧　　5 000 000
　贷：投资性房地产　　60 000 000
　　　利润分配——未分配利润　　9 000 000
　　　盈余公积　　1 000 000

第三节　投资性房地产的转换和处置

一、投资性房地产的转换

房地产转换是针对房地产用途发生改变而言，而不是后续计量模式的转变。企业必须有确凿证据表明房地产用途发生改变，才能将投资性房地产转换为非投资性房地产或者将非投资性房地产转换为投资性房地产。

（一）投资性房地产的转换形式

投资性房地产的转换形式有以下几项。

（1）投资性房地产开始自用，相应地由投资性房地产转换为固定资产或无形资产。投资性房地产开始自用是指企业将原来用于赚取租金或资本增值的房地产改为用于生产商品、提供劳务或者经营管理。例如，企业将出租的厂房收回，用于生产产品。

（2）作为存货的房地产改为出租，通常指房地产开发企业将其持有的开发产品以经营租赁的方式出租，相应地由存货转换为投资性房地产。

（3）自用土地使用权停止自用，用于赚取租金或资本增值，相应地由无形资产转换为投资性房地产。

（4）自用建筑物停止自用，改为出租，相应地由固定资产转换为投资性房地产。

（二）投资性房地产的转换日

投资性房地产转换日的确定关系到资产的确认时点和入账价值，因此非常重要。转换日是指房地产的用途发生改变、状态相应发生改变的日期。转换日的确定标准如下所述。

（1）投资性房地产开始自用，转换日是指房地产达到自用状态，企业开始将房地产用于生产商品、提供劳务或者经营管理的日期。

（2）作为存货的房地产改为出租，或者自用建筑物或土地使用权停止自用改为出租，转换日应当为租赁期开始日。租赁期开始日是指承租人有权行使其使用租赁资产权利的日期。

（3）自用土地使用权停止自用，改为用于资本增值，转换日是指企业停止将该项土地使用权用于生产商品、提供劳务或者经营管理且管理当局做出房地产转换决议的日期。

（三）投资性房地产转换的会计处理

1. 在成本模式下，将房地产转换前的账面价值作为转换后的入账价值

（1）将作为存货的房地产转换为投资性房地产的，应按其在转换日的账面价值，借记“投资性房地产”科目，贷记“开发产品”等科目。已计提跌价准备的，还应同时结转跌价准备。

将自用的建筑物等转换为投资性房地产的，应按其在转换日的原价、累计折旧、减值准备等，分别转入“投资性房地产”“投资性房地产累计折旧（摊销）”“投资性房地产减值准备”科目。

（2）将投资性房地产转为自用时，应按其在转换日的账面余额、累计折旧、减值准备等，分别转入“固定资产”“累计折旧”“固定资产减值准备”等科目。

（3）企业将投资性房地产转换为存货时，应当按照该项投资性房地产在转换日的账面价值，借记“开发产品”科目，按照已计提的折旧或摊销，借记“投资性房地产累计折旧（摊销）”科目，原已计提减值准备的，借记“投资性房地产减值准备”科目，按其账面余额，贷记“投资性房地产”科目。

【例 11-7】某房地产公司决定将一项投资性房地产转换为自用房地产。当日，该投资性房地产已计提累计折旧 300 万元，已计提减值准备 120 万元。假定投资性房地产账面原价为 900 万元，不考虑其他因素。公司采用成本模式对投资性房地产进行核算。

借：固定资产	9 000 000	
投资性房地产减值准备	1 200 000	
投资性房地产累计折旧	3 000 000	
贷：固定资产减值准备		1 200 000
累计折旧		3 000 000
投资性房地产		9 000 000

【例 11-8】3 月 10 日，鲤城房地产开发公司与乙企业签订了租赁协议，将其开发的一栋写字楼出租给乙企业使用，租赁期开始日为 4 月 1 日。4 月 1 日，该写字楼的账面余额 3 000 万元，未计提存货跌价准备，鲤城房地产开发公司采用成本模式对其投资性

房地产进行后续计量。

借：投资性房地产——写字楼　30 000 000

　贷：开发产品　30 000 000

2．采用公允价值模式计量的投资性房地产转换为自用房地产

采用公允价值模式计量的投资性房地产转换为自用房地产时，应当以其转换当日的公允价值作为自用房地产的账面价值，公允价值与原账面价值的差额计入当期损益（公允价值变动损益）。

将投资性房地产转为自用时，应按其在转换日的公允价值，借记“固定资产”等科目，按其账面余额，贷记“投资性房地产（成本、公允价值变动）”，按其差额，贷记或借记“公允价值变动损益”科目。

【例 11-9】3 月 10 日，因租赁期满，里德房地产公司将出租的写字楼收回，作为公司自用办公楼。当日，该写字楼的公允价值为 5 000 万元。该项房地产在转换前采用公允价值模式计量，原账面价值为 4 500 万元，其中，成本为 4 200 万元，公允价值变动为增值 300 万元。

借：固定资产　50 000 000

　贷：投资性房地产——成本　42 000 000

　　　　　　　　——公允价值变动　3 000 000

　　公允价值变动损益　5 000 000

【例 11-10】古丽房地产开发公司将其开发的部分写字楼用于对外经营租赁。2 月 15 日，因租赁期满，古丽房地产开发公司将出租的写字楼收回，并作出书面决议，将该写字楼重新开发用于对外销售，即由投资性房地产转换为存货，当日的公允价值为 5 000 万元。该项房地产在转换前采用公允价值模式计量，原账面价值为 4 600 万元，其中，成本为 4 300 万元，公允价值增值为 300 万元。

借：开发产品　50 000 000

　贷：投资性房地产——成本　43 000 000

　　　　　　　　——公允价值变动　3 000 000

　　公允价值变动损益　4 000 000

3．自用房地产或存货转换为采用公允价值模式计量的投资性房地产

自用房地产或存货转换为采用公允价值模式计量的投资性房地产时，投资性房地产应当按照转换当日的公允价值计量。

转换当日的公允价值小于原账面价值的，其差额计入当期损益（公允价值变动损

益）；转换当日的公允价值大于原账面价值的，其差额作为资本公积（其他资本公积），计入所有者权益。处置该项投资性房地产时，原计入所有者权益的部分应当转入处置当期损益（其他业务成本）。会计处理为：

将作为存货的房地产转换为投资性房地产的，应按其在转换日的公允价值，借记“投资性房地产（成本）”，按其账面余额，贷记“开发产品”等科目，按其差额，贷记“资本公积——其他资本公积”科目或借记“公允价值变动损益”科目。已计提跌价准备的，还应同时结转跌价准备。

将自用的建筑物等转换为投资性房地产的，按其在转换日的公允价值，借记“投资性房地产（成本）”，按已计提的累计折旧等，借记“累计折旧”等科目，按其账面余额，贷记“固定资产”等科目，按其差额，贷记“资本公积——其他资本公积”科目或借记“公允价值变动损益”科目。已计提减值准备的，还应同时结转减值准备。

【例 11-11】1 月 15 日，釜山房地产开发公司与乙企业签订了租赁协议，将其开发的一栋写字楼出租给乙企业。租赁期开始日为 2 月 1 日。2 月 1 日，该写字楼的账面余额为 8 000 万元，公允价值为 8 500 万元。12 月 31 日，该项投资性房地产的公允价值为 8 800 万元。

（1）2 月 1 日：

	借方	贷方
借：投资性房地产——成本	85 000 000	
贷：开发产品		80 000 000
资本公积——其他资本公积		5 000 000

（2）12 月 31 日：

	借方	贷方
借：投资性房地产——公允价值变动	3 000 000	
贷：公允价值变动损益		3 000 000

二、投资性房地产的处置

当投资性房地产被处置，或者永久退出使用且预计不能从其处置中取得经济利益时，应当终止确认该项投资性房地产。

企业出售、转让、报废投资性房地产或者发生投资性房地产毁损时，应当将处置收入扣除其账面价值和相关税费后的金额计入当期损益（将实际收到的处置收入计入其他业务收入，所处置投资性房地产的账面价值计入其他业务成本）。

（一）采用成本模式计量

（1）处置时，应按实际收到的金额：

借：银行存款

　　贷：其他业务收入

（2）按该项投资性房地产的累计折旧或累计摊销，借记“投资性房地产累计折旧（摊销）”科目，按该项投资性房地产的账面余额，贷记“投资性房地产”科目，按其差额，借记“其他业务成本”科目。已计提减值准备的，还应同时结转减值准备。

借：其他业务成本

　　投资性房地产累计折旧（摊销）

　　投资性房地产减值准备

　　贷：投资性房地产

【例 11-12】胡明房地产开发公司将其出租的一栋写字楼确认为投资性房地产，采用成本模式计量。租赁期届满后，该公司将该栋写字楼出售给乙公司，合同价款为 1 亿元，乙公司已用银行存款付清。出售时，该栋写字楼的成本为 8 000 万元，已计提折旧 1 000 万元。假定不考虑相关税费。根据上述经济业务，该公司应作如下账务处理：

借：银行存款	100 000 000	
贷：其他业务收入		100 000 000
借：其他业务成本	70 000 000	
投资性房地产累计折旧（摊销）	10 000 000	
贷：投资性房地产——写字楼		80 000 000

（二）采用公允价值模式计量

（1）处置时，应按实际收到的金额：

借：银行存款

　　贷：其他业务收入

（2）按该项投资性房地产的账面余额：

借：其他业务成本

　　贷：投资性房地产——成本

　　　　　　　　　　——公允价值变动

（3）按该项投资性房地产的公允价值变动，借记或贷记“公允价值变动损益”科目，贷记或借记“其他业务收入”“其他业务成本”科目：

借：公允价值变动损益

贷：其他业务成本

（或）借：其他业务成本

贷：公允价值变动损益

（4）按该项投资性房地产在转换日计入资本公积的金额：

借：资本公积——其他资本公积

贷：其他业务成本

【例 11-13】2015 年 3 月 1 日，凯合房地产公司与乙企业签订了租赁协议，将其开发的一栋写字楼出租给乙企业使用，租赁期开始日为 4 月 1 日。2016 年 4 月 1 日，该写字楼的账面余额为 2 亿元，公允价值为 2.5 亿元。2015 年 12 月 31 日，该项投资性房地产的公允价值为 2.8 亿元。2016 年 3 月租赁期届满，企业收回该项投资性房地产，并以 3 亿元出售，出售款项已收讫。凯合房地产公司采用公允价值模式计量，假设不考虑相关税费。

（1）2015 年 3 月 1 日，存货转换为投资性房地产：

	借方	贷方
借：投资性房地产——成本	250 000 000	
贷：开发产品		200 000 000
资本公积——其他资本公积		50 000 000

（2）2015 年 12 月 31 日，公允价值变动：

	借方	贷方
借：投资性房地产——公允价值变动	30 000 000	
贷：公允价值变动损益		30 000 000

（3）2016 年 6 月，出售投资性房地产：

	借方	贷方
借：银行存款	300 000 000	
贷：其他业务收入		300 000 000
借：其他业务成本	280 000 000	
贷：投资性房地产——成本		250 000 000
——公允价值变动		30 000 000
借：资本公积——其他资本公积	50 000 000	
贷：其他业务成本		50 000 000
借：公允价值变动损益	30 000 000	
贷：其他业务成本		30 000 000

第十二章　流动负债的核算

企业负债包括流动负债和非流动负债。其中，流动负债是指预计在1年内或者超过1年的一个正常营业周期内清偿的债务，具体包括短期借款、应付及预收款项、应付职工薪酬、应交税费、应付利息等。非流动负债是指流动负债以外的负债。企业的非流动负债包括长期借款、长期应付款等。

第一节　短期借款的核算

短期借款是指企业为了满足日常生产经营的需要，而向银行或其他金融机构借入的期限在1年以下（含1年）的各种借款。

一、科目设置

为了反映短期借款的取得、偿还等情况，企业应设置“短期借款”科目。“短期借款”科目属于负债类科目，其贷方登记企业取得借款的本金，借方登记企业偿还短期借款的本金；期末余额在贷方，表示企业尚未偿还的短期借款本金。

“短期借款”科目应按借款种类、贷款人进行明细核算。借入的期限在1年以上的各种借款，在“长期借款”科目核算，不在本科目核算。

二、账务处理

企业借入的短期借款无论用于哪方面，只要借入了这笔资金，就构成了一项负债。归还短期借款时，除了归还借入的本金外，按照货币的时间价值，还应支付利息。短期借款的利息，应在资产负债表日计提应付利息。因此，短期借款的账务处理主要包括借入、计提利息和偿还三个方面。

（1）借入各种短期借款时：

借：银行存款

　　贷：短期借款

（2）在应付利息日，应当按照短期借款合同利率计算确定的利息费用：

借：财务费用

贷：应付利息等

（3）归还短期借款时：

借：短期借款（按本金）

财务费用（按应支付的利息）

贷：银行存款（按实际支付的金额）

【例 12-1】某企业于 1 月 1 日向银行借入短期借款 500 000 元，期限半年，年利率为 12%，当即将借款存入银行。每月末支付一次利息。

（1）1 月 1 日借入款项时：

借：银行存款　　500 000

贷：短期借款　　500 000

（2）每月末计提当月利息时：

预提利息 =500 000 × 12% ÷ 12=5 000（元）

借：财务费用　　5 000

贷：应付利息　　5 000

实际支付利息时：

借：应付利息　　5 000

贷：银行存款　　5 000

（3）借款到期归还本金时：

借：短期借款　　500 000

贷：银行存款　　500 000

【例 12-2】1 月 1 日，某企业从银行取得短期借款 200 000 元，期限三个月，年利率为 6%，到期一次还本付息。借款到期时，该企业按照借款协议归还该项短期借款的本息。

（1）借入款项时：

借：银行存款　　200 000

贷：短期借款　　200 000

（2）每月末计提利息时：

借：财务费用　　1 000

贷：应付利息　　1 000

（3）借款到期归还本息时：

借：短期借款　　200 000

财务费用　　3 000
贷：银行存款　　203 000

第二节　应付账款的核算

应付账款是指企业因购买材料、商品或接受劳务供应等业务应支付给供应单位的款项。应付账款是由于企业在购销活动中买卖双方取得物资与支付货款在时间上的不一致而产生的负债。

一、科目设置

为了核算和监督应付账款的形成及其偿还情况，企业应设置“应付账款”科目，并按不同的债权人进行明细核算。

“应付账款”科目属于负债类科目，其贷方登记企业因购买材料、商品和接受劳务等所形成的应付未付款项，借方登记企业偿还的应付账款或开出商业汇票抵付应付账款的款项；期末余额一般在贷方，表示企业尚未支付的应付账款。

二、账务处理

应付账款一般按实际发生额入账，而不按到期应付金额入账。简单地说，应付账款的入账金额应以发票金额为依据，不管是有商业折扣还是有现金折扣。

如果企业购入的资产在形成一笔应付账款时是带有现金折扣的，应付账款入账价值的确定，应按发票上记载的应付金额的总值（即不扣除现金折扣）记账。实际发生现金折扣时，直接冲减财务费用。

（一）发生应付账款

从理论上讲，应付账款入账时间的确认，应以所购买物资的所有权转移或接受劳务已经发生为标志。但在实际工作中，应分不同情况进行处理：

1. 物资已经验收入库，发票账单也同时到达，但货款尚未支付

在物资和发票账单同时到达的情况下，应付账款一般待物资验收入库后，才按发票账单登记入账。这主要是为了确认所购入的物资是否在质量、数量和品种上都与合同上订明的条件相符，以免因先入账而在验收入库时发现购入物资错、漏、破损等问题再进行调账。

借：原材料等（按发票等有关凭证记载的实际价款）

应交税费——应交增值税（进项税额）（按税法规定可抵扣的增值税进项税额）

贷：应付账款（按应付的价款）

【例 12-3】1月5日，某企业（增值税一般纳税人）向瑞丰公司购入一批原材料，收到的增值税发票上注明价款100 000元，增值税税额17 000元，价税合计117 000元。原材料已验收入库，货款尚未支付。根据上述经济业务，账务处理如下：

借：原材料　　100 000

　　应交税费——应交增值税（进项税额）　　17 000

　贷：应付账款——瑞丰公司　　117 000

【例 12-4】1月3日，某企业（增值税一般纳税人）向华兴公司购入一批原材料，收到的增值税发票上注明价款100 000元，增值税税额17 000元，价税合计117 000元。原材料已验收入库，货款尚未支付。华兴公司给予的付款条件为“2/10、N/30”。根据上述经济业务，账务处理如下：

借：原材料　　100 000

　　应交税费——应交增值税（进项税额）　　17 000

　贷：应付账款——华兴公司　　117 000

2. 物资已经验收入库，但发票账单尚未到达

在物资和发票账单未同时到达的情况下，由于应付账款需根据发票账单登记入账，有时货物已到但发票账单需要间隔较长时间才能到达，但这笔负债已经成立，应作为一项负债反映。为在“资产负债表”上客观反映企业所拥有的资产和负债的真实面貌，在实际工作中，一般于月份终了将所购物资和应付的债务估计入账，待下月初再用红字冲回。

（1）月底前暂不入账。

（2）到月末，如果发票账单仍未到达，为如实反映企业的这项负债，应对企业所购入的这批物资暂估价入账：

借：原材料等（按暂估价值）

贷：应付账款（按暂估价值）

（3）下月初，用红字冲回：

借：原材料等

贷：应付账款

（4）发票账单到达后：

借：原材料等（按发票等有关凭证记载的实际价款）

应交税费——应交增值税（进项税额）（按税法规定可抵扣的增值税进项税额）

贷：应付账款（按应付的价款）

【例 12-5】1 月 25 日，某企业向胜华公司购入一批原材料，已经验收入库，但发票账单尚未到达。月末，企业仍未收到发票账单，该批原材料的暂估价值为 100 000 元。2 月 8 日，企业终于收到胜华公司开来的增值税专用发票，上面注明商品价款 110 000 元，增值税税额 18 700 元。根据上述经济业务，账务处理如下。

（1）1 月 25 日，原材料入库时，暂不入账。

（2）1 月 31 日（月末），按暂估价值入账：

借：原材料 100 000

贷：应付账款——胜华公司 100 000

（3）2 月初，用红字（方框表示）冲回：

借：原材料 [100 000]

贷：应付账款——胜华公司 [100 000]

（4）2 月 8 日收到发票时：

借：原材料 110 000

应交税费——应交增值税（进项税额） 18 700

贷：应付账款——胜华公司 128 700

3. 接受供应单位提供劳务而发生的应付未付款项

根据供应单位的发票账单：

借：管理费用等

贷：应付账款

【例 12-6】甲企业收到乙公司寄来的发票账单，上面注明当月的劳务费用为 15 000 元。该劳务费是为维修办公设备而发生的。

借：管理费用 15 000

贷：应付账款——乙公司 15 000

（二）偿付应付账款

1. 没有获得现金折扣

借：应付账款（按实际偿还金额）

贷：银行存款（按实际偿还金额）

2．获得现金折扣

在实际偿付时所获得的现金折扣，直接冲减财务费用：

借：应付账款（按应偿还金额）

　贷：财务费用（按获得的现金折扣金额）

　　银行存款（按实际偿还金额）

3．由于债权单位撤销或者其他原因而无法支付的应付账款，或是被其他单位承担的应付账款

在实际工作中，可能会出现由于债权单位撤销或者其他原因而无法支付的应付账款，或是被其他单位承担的应付账款，应当计入营业外收入：

借：应付账款（按无法偿付的金额）

　贷：营业外收入

【例 12-7】月末，当某企业准备偿还丙企业的一笔 200 000 元的款项时，发现丙企业已经撤销。

借：应付账款——丙企业　　200 000

　贷：营业外收入　　200 000

第三节　应付票据的核算

应付票据是指由出票人出票、委托付款人在约定日期无条件支付确定的金额给收款人或者持票人的票据。它通常是因企业购货时采用商业汇票（商业承兑汇票或银行承兑汇票）而形成的一项负债。由于我国商业汇票的付款期限最长不得超过 6 个月，因此，应付票据属于流动负债的范畴。

一、科目设置

为了核算应付票据的增减变动情况，企业应设置“应付票据”科目。“应付票据”科目属于负债类科目，其贷方登记开出承兑商业汇票的面值，借方登记票据到期而支付的款项或票据到期无力支付而转为应付账款的款项等；期末余额在贷方，反映企业开出、承兑的尚未到期的商业汇票的票面金额。

此外，企业应当设置“应付票据备查簿”，详细登记每一商业汇票的种类、号数和出票日期、到期日、票面余额、交易合同号和收款人姓名或单位名称以及付款日期和金额等资料。应付票据到期结清时，应当在备查簿内逐笔注销。

二、账务处理

（1）因购买物资而开出商业汇票时：

借：原材料

应交税费——应交增值税（进项税额）

贷：应付票据

（2）开出商业汇票抵付应付账款时：

借：应付账款

贷：应付票据

（3）如果开出的是银行承兑汇票，还应支付银行承兑汇票的手续费：

借：财务费用

贷：银行存款

（4）应付票据到期时，根据收到的银行支付到期票据的付款通知：

借：应付票据

贷：银行存款

（5）应付票据到期时，如果企业不能如期支付，对于银行承兑汇票，承兑银行仍然必须无条件向持票人付款，同时对出票人尚未支付的汇票金额转作逾期贷款处理，并收取利息。因此，企业无力支付到期银行承兑汇票，在接到银行转来的“××号汇票无款支付转入逾期贷款户”等有关凭证时，按照银行承兑汇票的票面金额：

借：应付票据

贷：短期借款

之后，对于银行计收的利息，按短期借款利息的处理方法处理。

对于商业承兑汇票，如果到期时企业无力支付票据款，应将应付票据的账面余额转作应付账款：

借：应付票据

贷：应付账款

【例 12-8】某企业于3月1日购入原材料一批，收到的增值税专用发票上注明价款100 000元，增值税税额17 000元，原材料已验收入库。企业开出一张期限3个月、面值为117 000元的无息商业承兑汇票，用以支付上述款项。

（1）购买原材料开出商业承兑汇票时：

借：原材料	100 000
应交税费——应交增值税（进项税额）	17 000

贷：应付票据 117 000

（2）票据到期偿付时：

借：应付票据 117 000

贷：银行存款 117 000

【例 12-9】某企业于 4 月 1 日购入原材料一批，收到的增值税专用发票上注明材料价款 200 000 元，增值税税额 34 000 元，原材料已验收入库。企业开出一张期限 3 个月、面值为 234 000 元的无息银行承兑汇票，用以支付上述款项。同时，企业还以银行存款支付手续费 300 元。

（1）购买商品开出银行承兑汇票时：

借：原材料 200 000

应交税费——应交增值税（进项税额） 34 000

贷：应付票据 234 000

借：财务费用 300

贷：银行存款 300

（2）票据到期偿付时：

借：应付票据 234 000

贷：银行存款 234 000

（3）票据到期无力偿付时：

借：应付票据 234 000

贷：短期借款 234 000

第四节　预收账款的核算

预收账款是指企业按照合同规定，向购货方预收的定金或部分货款。预收账款虽然表现为企业货币资金的增加，但它并不是企业的收入，其实质是一项负债，要求企业在短期内以某种商品、提供劳务或服务来补偿。在实务中，预收账款通常包括预收销售货款、预收租金等。

房地产开发企业取得预售收入时，也应通过“预收账款”核算。该部分内容请参考销售收入核算章节。

一、科目设置

如果企业的预收账款比较多，通常应设置“预收账款”科目进行核算。该科目的借方登记企业应收的款项和退回多收的款项，贷方登记企业预收的款项和购货方补付的款项；期末贷方余额，反映企业预收的款项；期末借方余额，反映应由购货单位补收的款项。“预收账款”科目应按购货单位进行明细核算。

如果企业的预收账款不多，可以不设置“预收账款”科目，而将预收的款项直接记入“应收账款”科目的贷方进行核算。

二、账务处理

（1）企业向购货单位预收款项时：

借：银行存款

　　贷：预收账款

（2）销售实现时：

借：预收账款（按实现的营业收入和应收取的增值税销项税额）

　　贷：主营业务收入（按实现的营业收入）

　　　　应交税费——应交增值税（销项税额）（按专用发票上注明的增值税额）

（3）收到购货单位补付的款项：

借：银行存款

　　贷：预收账款

（4）向购货单位退回多付的款项：

借：预收账款

　　贷：银行存款

第五节　应付职工薪酬的核算

职工薪酬是指企业为获得职工提供的服务或解除劳动关系而给予的各种形式的报酬。企业提供给职工配偶、子女、受赡养人、已故员工遗属及其他受益人等的福利，也属于职工薪酬。职工薪酬主要包括短期薪酬、离职后福利、辞退福利和其他长期职工福利。

职工是指与企业订立劳动合同的所有人员，即包括全职、兼职和临时职工，也包括虽未与企业订立劳动合同但由企业正式任命的人员。

一、职工薪酬的确认

企业应当在职工为其提供服务的会计期间，将应付的职工薪酬确认为负债，除因解除与职工的劳动关系给予的补偿外，应当根据职工提供服务的受益对象，分别按下列情况进行处理。

（1）应由生产产品、提供劳务负担的职工薪酬，计入产品成本或劳务成本。生产产品、提供劳务中的直接生产人员和直接提供劳务人员发生的职工薪酬，根据《企业会计准则第 1 号——存货》的规定，计入存货成本，但非正常消耗的直接生产人员和直接提供劳务人员的职工薪酬，应当在发生时确认为当期损益。

（2）应由在建工程、无形资产负担的职工薪酬，计入固定资产或无形资产成本。自行建造固定资产和自行研究开发无形资产过程中发生的职工薪酬，能否计入固定资产或无形资产成本，根据《企业会计准则第 4 号——固定资产》和《企业会计准则第 6 号——无形资产》确定。例如，企业在研究阶段发生的职工薪酬不能计入自行开发无形资产的成本，在开发阶段发生的职工薪酬，符合《企业会计准则第 6 号——无形资产》资本化条件的，应当计入自行开发无形资产的成本。

（3）除直接生产人员、直接提供劳务人员、建造固定资产人员、开发无形资产人员以外的职工，包括公司总部管理人员、董事会成员、监事会成员等人员相关的职工薪酬，因难以确定直接对应的受益对象，均应在发生时计入当期损益。

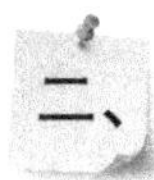

二、职工薪酬的计量

职工薪酬包括货币性职工薪酬和非货币性职工薪酬。

（一）货币性职工薪酬

计量应付职工薪酬时，国家规定了计提基础和计提比例的，应当按照国家规定的标准计提。没有规定计提基础和计提比例的，企业应当根据历史经验数据和实际情况，合理预计应付职工薪酬金额和应计入成本费用的薪酬金额。当期实际发生金额大于预计金额的，应当补提应付职工薪酬；当期实际发生金额小于预计金额的，应当冲回多提的应付职工薪酬。

（二）非货币性职工薪酬

（1）企业以其自产产品作为非货币性福利发放给职工的，应按照该产品的公允价值和相关税费计量应计入相关资产成本或当期损益的职工薪酬。

（2）以外购商品作为非货币性福利提供给职工的，应按照该商品的公允价值和相关税费计量应计入成本费用的职工薪酬金额。

（3）将企业拥有的房屋等资产或租赁住房无偿提供给职工使用的，应按照折旧或租金计量应计入相关资产成本或当期损益的职工薪酬。

（4）向职工提供企业支付了补贴的住房，应当将出售价款与成本的差额（即相当于企业补贴的金额）计入长期待摊费用，并按照受益对象和期限摊销，无法确定期限时计入当期损益。

（5）辞退福利确认计量。由于被辞退的职工不再为企业带来未来经济利益，因此，辞退福利计入当期管理费用，不需要确认受益对象。企业应当按照辞退计划条款的规定，合理预计并确认辞退福利产生的职工薪酬负债，并具体考虑下列情况。

①对于职工没有选择权的辞退计划，企业应当根据计划条款规定拟解除劳动关系的职工数量、每一职位的辞退补偿等确认职工薪酬负债。

②对于自愿接受裁减建议的辞退计划，由于接受裁减的职工数量不确定，企业应当根据《企业会计准则第 13 号——或有事项》规定，预计将会接受裁减建议的职工数量，根据预计的职工数量和每一职位的辞退补偿等确认职工薪酬负债。

③对于辞退福利预期在其确认的年度报告期间期末后十二个月内完全支付的辞退福利，企业应当适用短期薪酬的相关规定。

④对于辞退福利预期在年度报告期间期末后十二个月内不能完全支付的辞退福利，企业应当适用本准则关于其他长期职工福利的相关规定，即实质性辞退工作在一年内实施完毕但补偿款项超过一年支付的辞退计划，企业应当选择恰当的折现率，以折现后的金额计量应计入当期损益的辞退福利金额。

三、货币性短期薪酬的核算

1. 企业发生的职工工资、津贴和补贴等短期薪酬

企业发生的职工工资、津贴和补贴等短期薪酬，应当根据职工提供服务情况和工资标准等计算应计入职工薪酬的工资总额，并按照受益对象计入当期损益或相关资产成本：

借：管理费用（行政管理人员）

　　销售费用（销售人员）

贷：应付职工薪酬——工资

——职工福利

2．企业为职工缴纳的医疗保险费、工伤保险费、生育保险费等社会保险费和住房公积金，以及按规定提取的工会经费和职工教育经费

上述费用应当在职工为其提供服务的会计期间，根据规定的计提基础和计提比例计算确定相应的职工薪酬金额，并确认相关负债，按照受益对象计入当期损益或相关资产成本：

借：管理费用（行政管理人员）

销售费用（销售人员）

贷：应付职工薪酬——社会保险费

——住房公积金

——工会经费

——职工教育经费等

【例 12-10】2016 年 5 月，甲企业当月应发工资 130 000 元，其中：销售部门人员工资 100 000 元；公司管理部门人员工资 30 000 元。

根据所在地政府规定，公司分别按照职工工资总额的 10% 和 8% 计提医疗保险费和住房公积金。另外，分别按照职工工资总额的 2% 和 1.5% 计提工会经费和职工教育经费。

假定不考虑所得税影响。根据上述资料，甲企业应作如下账务处理。

应计入销售的职工薪酬 =100 000＋100 000×（10%＋8%＋2%＋1.5%）=121 500（元）

应计入管理费用的职工薪酬 =30 000＋30 000×（10%＋8%＋2%＋1.5%）=36 450（元）

公司应根据上述业务，作如下账务处理：

借：销售费用　121 500

管理费用　36 450

贷：应付职工薪酬——工资　130 000

——医疗保险费　13 000

——住房公积金　10 400

——工会经费　2 600

——职工教育经费　1 950

四、非货币性职工薪酬

企业向职工提供非货币性福利的，应当按照公允价值计量。公允价值不能可靠取得的，可以采用成本计量。

企业向职工提供的非货币性福利，应当分情况处理。

（一）以外购商品发放给职工作为福利

（1）购入时：

借：库存商品等

应交税费——应交增值税（进项税额）

贷：银行存款

（2）决定发放非货币性福利时：

借：销售费用

管理费用等

贷：应付职工薪酬——非货币性福利

（3）发放时：

借：应付职工薪酬——非货币性福利

贷：库存商品等

应交税费——应交增值税（进项税额转出）

【例 12-11】甲公司共有职工 100 名，其中 80 名为销售部门的职工，20 名为总部管理人员。2016 年 6 月，公司以银行存款购买了一批商品，发放给职工作为福利。该批商品总价为 100 000 元，增值税税额 17 000 元，已取得增值税专用发票。

分析：企业以外购商品发放给职工作为福利，应当将缴纳的增值税进项税额计入成本费用。

（1）购入时：

借：库存商品　100 000

应交税费——应交增值税（进项税额）　17 000

贷：银行存款　117 000

（2）决定发放非货币性福利时：

借：销售费用　93 600

管理费用　23 400

贷：应付职工薪酬——非货币性福利　117 000

（3）实际发放时：

借：应付职工薪酬——非货币性福利 117 000

贷：库存商品 100 000

应交税费——应交增值税（进项税额转出） 17 000

（二）将拥有的房屋等资产无偿提供给职工使用或租赁住房等资产供职工无偿使用

企业将拥有的房屋等资产无偿提供给职工使用的，应当根据受益对象，将住房每期应计提的折旧计入相关资产成本或当期损益，同时确认应付职工薪酬。租赁住房等资产供职工无偿使用的，应当根据受益对象，将每期应付的租金计入相关资产成本或当期损益，并确认应付职工薪酬。难以认定受益对象的，直接计入当期损益，并确认应付职工薪酬。

（1）将企业拥有的房屋等资产无偿提供给职工使用，根据受益对象处理：

借：管理费用等

贷：应付职工薪酬——非货币性福利

借：应付职工薪酬——非货币性福利

贷：累计折旧

（2）将租赁住房等资产供职工无偿使用，根据受益对象处理：

借：管理费用等

贷：应付职工薪酬——非货币性福利

借：应付职工薪酬——非货币性福利

贷：其他应付款

【例 12-12】2016 年乙公司为总部各部门经理级别以上职工提供自建单位宿舍免费使用，同时为副总裁以上高级管理人员每人租赁一套住房。该公司总部共有部门经理以上职工 50 名，每人提供一间单位宿舍免费使用，假定每间单位宿舍每月计提折旧 2 000 元；该公司共有副总裁以上高级管理人员 10 名，公司为其每人租赁一套月租金为 15 000 元的公寓。该公司每月应作如下账务处理。

（1）将企业拥有的房屋无偿提供给部门经理以上职工使用：

借：管理费用 100 000

贷：应付职工薪酬——非货币性福利 100 000

借：应付职工薪酬——非货币性福利 100 000

贷：累计折旧 100 000

（2）将租赁住房等资产供副总裁以上高级管理人员无偿使用：

借：管理费用　　　　150 000

　贷：应付职工薪酬——非货币性福利　　　　150 000

借：应付职工薪酬——非货币性福利　　　　150 000

　贷：其他应付款　　　　150 000

（三）向职工提供企业支付了补贴的商品或服务

企业有时以低于企业取得资产或服务成本的价格向职工提供资产或服务，比如以低于成本的价格向职工出售住房、以低于企业支付的价格向职工提供医疗保健服务。以提供包含补贴的住房为例，企业在出售住房等资产时，应当将出售价款与成本的差额（即相当于企业补贴的金额）分情况进行处理。

1. 规定了提供服务年限的

如果出售住房的合同或协议中规定了职工在购得住房后至少应当提供服务的年限，企业应当将该项差额作为长期待摊费用处理，并在合同或协议规定的服务年限内平均摊销，根据受益对象分别计入相关资产成本或当期损益。

（1）购入住房时：

借：固定资产

　贷：银行存款

（2）出售时：

借：银行存款

　　长期待摊费用

　贷：固定资产

（3）摊销时：

借：管理费用等

　贷：应付职工薪酬——非货币性福利

借：应付职工薪酬——非货币性福利

　贷：长期待摊费用

企业应当注意将以补贴后价格向职工提供商品或服务的非货币性福利，与企业直接向职工提供购房补贴、购车补贴等区分开来，后者属于货币性补贴，与其他货币性薪酬如工资一样，应当在职工提供服务的会计期间，按照企业各期预计补贴金额，确认企业应承担的薪酬义务，并根据受益对象计入相关资产的成本或当期损益。

2. 未规定提供服务年限的

如果出售住房的合同或协议中未规定职工在购得住房后必须服务的年限，企业应当将该项差额直接计入出售住房当期损益，因为在这种情况下，该项差额相当于是对职工过去提供服务成本的一种补偿，不以职工的未来服务为前提，因此，应当立即确认为当期损益。

【例 12-13】2016 年 7 月，甲公司购买了 50 套全新的公寓拟以优惠价格向职工出售，该公司共有 100 名职工，其中 80 名为销售人员，20 名为公司总部管理人员。甲公司拟向直接销售人员出售的住房平均每套购买价为 150 万元，向职工出售的价格为每套 120 万元；拟向管理人员出售的住房平均每套购买价为 200 万元，向职工出售的价格为每套 150 万元。假定该 100 名职工均在 2016 年度中陆续购买了公司出售的住房，售房协议规定，职工在取得住房后必须在公司服务 15 年。不考虑相关税费。

（1）购入住房时：

借：固定资产　　（1 500 000 × 80+2 000 000 × 20）160 000 000

　贷：银行存款　　160 000 000

（2）出售住房时：

借：银行存款　　（1 200 000 × 80+1 500 000 × 20）126 000 000

　　长期待摊费用　　34 000 000

　贷：固定资产　　160 000 000

（3）出售住房后的每年，应当按照直线法在 15 年内摊销长期待摊费用：

借：生产成本　　（300 000 × 80 ÷ 15）1 600 000

　　管理费用　　（500 000 × 20 ÷ 15）666 700

　贷：应付职工薪酬——非货币性福利　　2 266 700

借：应付职工薪酬——非货币性福利　　2 266 700

　贷：长期待摊费用　　2 266 700

五、带薪缺勤的核算

带薪缺勤应当分为累积带薪缺勤和非累积带薪缺勤两类。

（一）累积带薪缺勤

累积带薪缺勤是指带薪权利可以结转下期的带薪缺勤，本期尚未用完的带薪缺勤权可以在未来期间使用。

企业应当在职工提供服务从而增加了其未来享有的带薪缺勤权利时，确认与累积带薪缺勤相关的职工薪酬，并以累积未行使权利而增加的预期支付金额计量。

【例 12-14】甲公司共有 1 000 名职工，从 2015 年 1 月 1 日起，该公司实行累积带薪缺勤制度。该制度规定，每个职工每年可享受5个工作日带薪年休假，未使用的年休假只能向后结转一个日历年度，超过1年未使用的权利作废，不能在职工离开公司时获得现金支付；职工休年休假是以后进先出为基础，即首先从当年可享受的权利中扣除，再从上年结转的带薪年休假余额中扣除；职工离开公司时，公司对职工未使用的累积带薪年休假不支付现金。

2015年12月31日，每个职工当年平均未使用带薪年休假为2天。根据过去的经验并预期该经验将继续适用，甲公司预计2016年有950名职工将享受不超过5天的带薪年休假，剩余50名职工每人将平均享受6天半年休假，假定这50名职工全部为总部各部门经理，该公司平均每名职工每个工作日工资为300元。

分析：甲公司在2015年12月31应当预计由于职工累积未使用的带薪年休假权利而导致预期将支付的工资负债，即相当于75天（50×1.5天）的年休假工资22 500（75×300）元，并作如下账务处理：

借：管理费用　22 500

　贷：应付职工薪酬——累积带薪缺勤　22 500

（二）非累积带薪缺勤

非累积带薪缺勤是指带薪权利不能结转下期的带薪缺勤，本期尚未用完的带薪缺勤权利将予以取消，并且职工离开企业时也无权获得现金支付。

企业应当在职工实际发生缺勤的会计期间确认与非累积带薪缺勤相关的职工薪酬。

【例12-15】乙公司共有1 000名职工，该公司实行累积带薪缺勤制度。该公司的带薪缺勤制度规定，每个职工每年可享受5个工作日带薪病假，职工累积未使用的带薪缺勤权利可以无限期结转，且可以于职工离开企业时以现金支付。乙公司1 000名职工中，50名为总部各部门经理，150名为总部各部门职员，800名为销售人员。

2015年12月31日，每个职工当年平均未使用带薪病假为2天。根据过去的经验并预期该经验将继续适用，乙公司预计2016年有950名职工将享受不超过5天的带薪病假，剩余50名职工每人将平均享受6天半病假，假定这50名职工全部为总部各部门经理，该公司平均每名职工每个工作日工资为300元。

分析：乙公司在2015年12月31日应当预计由于职工累积未使用的带薪病假权利而导致的全部金额，即相当于2 000（1 000×2）天的病假工资600 000（2 000×300）元，并作如下账务处理：

借：管理费用　120 000

　　销售费用　480 000

　贷：应付职工薪酬——累积带薪缺勤　600 000

六、短期利润分享计划的核算

企业制订短期利润分享计划的，如当职工完成规定业绩指标，或者在企业工作了特定期限后，能够享有按照企业净利润的一定比例计算的薪酬，企业应当按照准则的规定，进行有关会计处理。

短期利润分享计划同时满足下列条件的，企业应当确认相关的应付职工薪酬，并计入当期损益或相关资产成本：

（1）企业因过去事项导致现在具有支付职工薪酬的法定义务或推定义务；

（2）因利润分享计划所产生的应付职工薪酬义务能够可靠估计。

属于下列三种情形之一的，视为义务金额能够可靠估计：在财务报告批准报出之前企业已确定应支付的薪酬金额；该利润分享计划的正式条款中包括确定薪酬金额的方式；过去的惯例为企业确定推定义务金额提供了明显证据。

企业在计量利润分享计划产生的应付职工薪酬时，应当反映职工因离职而没有得到利润分享计划支付的可能性。

如果企业预期在职工为其提供相关服务的年度报告期间结束后 12 个月内，不需要全部支付利润分享计划产生的应付职工薪酬，该利润分享计划应当适用准则其他长期职工福利的有关规定。

企业根据经营业绩或职工贡献等情况提取的奖金，属于奖金计划，应当比照短期利润分享计划进行处理。

【例 12-16】丙公司于 2015 年年初制订和实施了一项短期利润分享计划，以对公司管理层进行激励。该计划规定，公司全年的净利润指标为 3 000 万元，如果在公司管理层的努力下完成的净利润超过 3 000 万元，公司管理层将可以分享超过 3 000 万元净利润部分的 10% 作为额外报酬。假定至 2015 年 12 月 31 日，丙公司全年实际完成净利润 3 800 万元。

假定不考虑离职等其他因素，则丙公司管理层按照利润分享计划可以分享利润 80［（3 800–1 000）×10%］万元作为其额外的薪酬。丙公司 2015 年 12 月 31 日的相关账务处理如下：

借：管理费用　800 000

　贷：应付职工薪酬——利润分享计划　800 000

七、离职后福利的核算

离职后福利是指企业为获得职工提供的服务而在职工退休或与企业解除劳动关系后，提供的各种形式的报酬和福利，短期薪酬和辞退福利除外。

离职后福利计划是指企业与职工就离职后福利达成的协议，或者企业为向职工提供离职后福利制定的规章或办法等。

企业应当将离职后福利计划分类为设定提存计划和设定受益计划两种类型。

（一）设定提存计划

设定提存计划是指向独立的基金缴存固定费用后，企业不再承担进一步支付义务的离职后福利计划。

企业应在资产负债表日确认为换取职工在会计期间内为企业提供的服务而应付给设定提存计划的提存金，并作为一项费用计入当期损益或相关资产成本。

借：管理费用等

　　贷：应付职工薪酬

借：应付职工薪酬

　　贷：银行存款

【例 12-17】甲企业为管理人员设立了一项企业年金：每月该企业按照每个管理人员工资的 5% 向独立于甲企业的年金基金缴存企业年金，年金基金将其计入该管理人员个人账户并负责资金的运作。该管理人员退休时可以一次性获得其个人账户的累积额，包括公司历年来的缴存额以及相应的投资收益。公司除了按照约定向年金基金缴存之外不再负有其他义务，既不享有缴存资金产生的收益，也不承担投资风险。因此，该福利计划为设定提存计划。2016 年，按照计划安排，该企业向年金基金缴存的金额为 1 000 万元。账务处理如下：

借：管理费用　　10 000 000

　　贷：应付职工薪酬　　10 000 000

借：应付职工薪酬　　10 000 000

　　贷：银行存款　　10 000 000

（二）设定受益计划

设定受益计划是指除设定提存计划以外的离职后福利计划。在设定提存计划下，风险实质上要由职工来承担。在设定受益计划下，风险实质上由企业来承担。

八、辞退福利的核算

辞退福利，是指企业在职工劳动合同到期之前解除与职工的劳动关系，或者为鼓励职工自愿接受裁减而给予职工的补偿。

辞退福利还包括当公司控制权发生变动时，对辞退的管理层人员进行补偿的情况。

（一）辞退福利的确认

职工薪酬准则规定的辞退福利包括两方面的内容：

一是在职工劳动合同尚未到期前，不论职工本人是否愿意，企业决定解除与职工的劳动关系而给予的补偿；

二是在职工劳动合同尚未到期前，为鼓励职工自愿接受裁减而给予的补偿，职工有权利选择继续在职或接受补偿离职。

企业向职工提供辞退福利的，应当在以下两者孰早日确认辞退福利产生的职工薪酬负债，并计入当期损益：

（1）企业不能单方面撤回解除劳动关系计划或裁减建议所提供的辞退福利时；

（2）企业确认涉及支付辞退福利的重组相关的成本或费用时。

同时存在下列情况时，表明企业承担了重组义务：

①有详细、正式的重组计划，包括重组涉及的业务、主要地点、需要补偿的员工人数及其岗位性质、预计重组支出、计划实施时间等；

②该重组计划已对外公告。

（二）辞退福利的计量

辞退福利的计量因辞退计划中职工有无选择权而有所不同。

（1）对于职工没有选择权的辞退计划，应当根据计划条款规定拟解除劳动关系的职工数量、每一职位的辞退补偿等计提应付职工薪酬。

（2）对于自愿接受裁减的建议，因接受裁减的职工数量不确定，企业应当根据《企业会计准则第 13 号——或有事项》规定，预计将会接受裁减建议的职工数量，根据预计的职工数量和每一职位的辞退补偿等计提应付职工薪酬。

（3）企业应当按照辞退计划条款的规定，合理预计并确认辞退福利产生的应付职工薪酬。辞退福利预期在其确认的年度报告期间期末后 12 个月内完全支付的，应当适用短期薪酬的相关规定。

（4）对于辞退福利预期在年度报告期间期末后 12 个月内不能完全支付的，应当适用本准则关于其他长期职工福利的有关规定。即实质性辞退工作在一年内实施完毕但补偿款项超过一年支付的辞退计划，企业应当选择恰当的折现率，以折现后的金额计量应计入当期损益的辞退福利金额。

由于被辞退的职工不再为企业带来未来经济利益，因此，对于所有辞退福利，均应当于辞退计划满足负债确认条件的当期一次计入费用（12 个月内支付），不计入资产成本。

借：管理费用

贷：应付职工薪酬

【例 12-18】2015 年 10 月，甲公司为了能够在下一年度顺利实施转型，管理层制订了一项辞退计划。计划规定：从 2016 年 1 月 1 日起，企业将以职工自愿方式，辞退其 ×× 部门的职工。辞退计划的详细内容包括拟辞退的职工所在部门、数量、各级别职工能够获得的补偿以及计划大体实施的时间等均已与职工沟通，并达成一致意见，辞退计划已于当年 12 月 10 日经董事会正式批准，辞退计划将于下一个年度内实施完毕。该项辞退计划的详细内容如下表所示。

所属部门	职位	辞退数量（人）	工龄（年）	每人补偿（万元）
×× 部门	高级总监	10	1 ~ 10	10
			11 ~ 20	20
			21 ~ 30	30
	主管	50	1 ~ 10	8
			11 ~ 20	18
			21 ~ 30	28
	一般职工	100	1 ~ 10	5
			11 ~ 20	15
			21 ~ 30	25
合计		160		

2015 年 12 月 31 日，企业预计各级别职工拟接受辞退职工数量的最佳估计数（最可能发生数）及其应支付的补偿如下表所示。

所属部门	职位	辞退数量	工龄（年）	接受数量	每人补偿额（万元）	补偿金额（万元）
××部门	高级总监	10	1~10	5	10	50
			11~20	2	20	40
			21~30	1	30	30
	主管	50	1~10	20	8	160
			11~20	10	18	180
			21~30	5	28	140
	一般职工	100	1~10	50	5	250
			11~20	20	15	300
			21~30	10	25	250
合计		160		123		1 400

按照《企业会计准则第13号——或有事项》有关计算最佳估计数的方法，预计接受辞退的职工数量可以根据最可能发生的数量确定。根据上表，愿意接受辞退职工的最可能数量为123名，预计补偿总额为1 400万元，则企业在2015年（辞退计划是2015年12月10日由董事会批准）应作如下账务处理：

借：管理费用　　14 000 000

　贷：应付职工薪酬——辞退福利　　14 000 000

第六节　其他应付款的核算

其他应付款是指企业除应付票据、应付账款、预收账款、应付职工薪酬、应付股利、应付利息、应交税费、长期应付款等经营活动以外的其他各项应付、暂收的款项，如应付租入固定资产和包装物的租金、存入保证金等。

企业应当设置“其他应付款”科目，其贷方登记企业发生的各种其他应付款项，借方登记企业支付或转销的各种其他应付款；期末贷方余额，反映企业应付未付的其他应付款项。

“其他应付款”科目应按其他应付款的项目和对方单位（或个人）进行明细核算。

（1）企业发生其他各种应付、暂收款项时：

借：管理费用等

**　贷：其他应付款**

（2）实际支付其他各种应付、暂收款项时：

借：其他应付款

贷：银行存款等

（3）企业无法支付的其他应付款：

借：其他应付款

贷：营业外收入

【例 12-19】企业在购买商品时，向销售单位租入一批包装物，租金 8 000 元。根据上述经济业务，账务处理如下。

（1）租入包装物时：

借：管理费用　8 000

贷：其他应付款　8 000

（2）支付款项时：

借：其他应付款　8 000

贷：银行存款　8 000

第十三章　非流动负债的核算

非流动负债是指流动负债以外的负债。企业的非流动负债包括长期借款、长期应付款等。

第一节　长期借款的核算

长期借款是指企业向银行或其他金融机构借入的偿还期在一年以上（不含一年）的各种借款。

一、科目设置

长期借款按其偿还方式，可分为定期偿还和分期偿还。定期偿还的长期借款，是指按规定的借款到期日一次还清全部本息。分期偿还的长期借款是指在借款期内，按规定分期偿还本息。

长期借款按计算利息的方法，可分为单息长期借款和复息长期借款。单息长期借款是指计算利息时，上期的利息并不计入本金之内，仅按本金计算的利息；复息长期借款计算利息方法是，上期利息计入本金，再行计息，俗称利滚利。

长期借款的偿还方式、计息的利率、偿还期等都要在借款协议中明确规定。

为了总括地反映和监督企业向银行或其他金融机构借入的期限在一年以上的各项借款本金，企业应设置“长期借款”科目。

“长期借款”科目的贷方登记企业借入的长期借款本金和利息调整，借方登记企业偿还的借款本金和利息调整；期末余额在贷方，反映企业尚未偿还的长期借款的摊余成本。

“长期借款”科目应按贷款单位和贷款种类，分别按“本金”“利息调整”等进行明细核算。

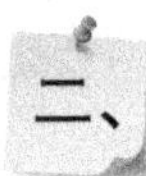

二、借款费用资本化

借款费用是指企业因借款而发生的利息及其他相关成本。借款费用包括借款利息、折价或者溢价的摊销、辅助费用以及因外币借款而发生的汇兑差额等。

企业发生的借款费用，可直接归属于符合资本化条件的资产购建或者生产的，应当予以资本化，计入相关资产成本；其他借款费用，应当在发生时根据其发生额确认为费用，计入当期损益。符合资本化条件的资产，是指需要经过相当长时间的购建或者生产活动才能达到预定可使用或者可销售状态的固定资产、投资性房地产和存货等资产。

根据《企业会计准则》第 17 号第四条规定，房地产开发企业开发的用于对外出售的房地产开发产品属于需要经过相当长时间的建造或者生产过程，才能达到预定可销售状态，是符合借款费用资本化条件的存货。因此在开发期间发生的借款费用应予以资本化。

房地产开发企业借款费用在资产达到预定可使用状态或者可销售状态时，借款费用应停止资本化。在符合资本化条件的资产达到预定可使用或者销售状态之后所发生的借款费用，应当在发生时根据其发生额确认为费用，计入当期损益。购建或者生产符合资本化条件的资产达到预定可使用状态或可销售状态，可从以下几个方面判断。

（1）符合资本化条件的资产的实体建造（包括安装）或者生产工作已经全部完成或者实质上已经完成。

（2）所购建或者生产的符合资本化条件的资产与设计要求、合同规定或者生产要求相符或者基本相符，即使有极个别与设计、合同或者生产要求不相符的地方，也不影响其正常使用或销售。

（3）继续发生在所建或生产的符合资本化条件的资产上的支出金额很少或者几乎不再发生。

【例 13-1】某房地产开发公司 2016 年 1 月从银行取得 8 000 万元贷款用于某小区项目的开发，年利率 6.3%，期限为 2 年，到期一次性还本付息。

项目 2016 年 1 月 1 日开始建造，2016 年 10 月 31 日全部竣工。据统计，截至 2016 年年末，小区累计完成销售 70%。

分析：

2016 年从银行取得专门借款共产生利息支出：$8\ 000 \times 6.3\% = 504$（万元）

直接计入财务费用的利息为：$8\ 000 \times 6.3\% \times 2 \div 12 = 84$（万元）

计入开发成本的利息为：$8\ 000 \times 6.3\% \times 10 \div 12 = 420$（万元）

计入开发成本后因实现销售可税前扣除的利息为：$420 \times 70\% = 294$（万元）

（1）应予费用化的利息支出：

借：财务费用　　840 000

　贷：长期借款——应计利息　　840 000

（2）应予资本化的利息支出：

借：开发成本——财务费用　　4 200 000

　贷：长期借款——应计利息　　4 200 000

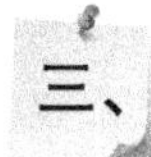

三、主要账务处理

对于长期借款的账务处理，应注意其借款费用是否资本化。符合资本化的借款费用，应记入“开发成本”“在建工程”等科目；不符合资本化的借款费用，应记入“财务费用”科目。

（1）企业借入长期借款，应按实际收到的现金净额，借记“银行存款”科目，贷记“长期借款”科目（本金）；按其差额，借记“长期借款”科目（利息调整）。

（2）资产负债表日，应按摊余成本和实际利率计算确定的长期借款的利息费用，借记“开发成本”“财务费用”“在建工程”等科目，按合同约定的名义利率计算确定的应付利息金额，贷记“应付利息”科目，按其差额，贷记“长期借款”科目（利息调整）。

实际利率与合同约定的名义利率差异很小的，也可以采用合同约定的名义利率计算确定利息费用。

（3）归还长期借款本金时，借记“长期借款”科目（本金），贷记“银行存款”科目。同时，按应转销的利息调整、应计利息金额，借记或贷记“开发成本”“财务费用”“在建工程”等科目，贷记或借记“长期借款”科目（利息调整、应计利息）。

（4）企业与贷款人进行债务重组，应当比照“应付账款”科目的相关规定处理。

【例 13-2】甲公司于 2015 年 1 月从银行借入长期借款 3 000 000 元，用于扩建办公楼，年末完工交付使用。借款期为两年，年利率 8%，每年年末归还借款利息，到期一次还清本金。甲公司的账务处理如下。

（1）借款存入银行时：

借：银行存款　　3 000 000

　贷：长期借款——固定资产借款　　3 000 000

每年应计利息 = 本金 × 利率 =3 000 000 × 8%=240 000（元）

（2）2015 年 12 月完工交付使用时计算计入工程利息：

借：在建工程　　240 000

　贷：应付利息　　240 000

（3）2015 年年末支付银行利息时：

借：应付利息　　240 000

　贷：银行存款　　240 000

（4）2016 年计提借款利息：

借：财务费用　　240 000

　贷：应付利息　　240 000

归还本息：

借：长期借款　　3 240 000

　贷：银行存款　　3 240 000

第二节　长期应付款的核算

长期应付款是企业对其他单位发生的付款期限在 1 年以上的长期负债，如采用分期付款方式购入固定资产和无形资产发生的应付账款、应付融资租入固定资产的租赁费等。

为了总括地反映和监督长期应付款的发生和归还情况，企业应设置“长期应付款”科目。该科目的贷方登记企业发生的长期应付款，借方登记企业归还的长期应付款；期末余额在贷方，表示企业应付未付的长期应付款项。

“长期应付款”科目应按长期应付款的种类和债权人进行明细核算。

通过融资租赁方式租入固定资产是企业取得固定资产的重要途径。因融资租入固定资产而发生的应付融资租赁款，是企业的一项长期负债。

（1）企业购入有关资产超过正常信用条件延期支付价款、实质上具有融资性质的，应按购买价款的现值，借记“固定资产”“在建工程”“无形资产”等科目，按应支付的金额，贷记“长期应付款”科目，按其差额，借记“未确认融资费用”科目。

按期支付价款时，借记“长期应付款”科目，贷记“银行存款”科目。

（2）融资租入固定资产，在租赁期开始日，应按租赁准则确定的应计入固定资产成本的金额，借记“在建工程”或“固定资产”科目，按最低租赁付款额，贷记“长期应付款”科目，按发生的初始直接费用，贷记“银行存款”等科目，按其差额，借记“未确认融资费用”科目。

按期支付租金时，借记“长期应付款”科目，贷记“银行存款”等科目。

第十四章　所有者权益的核算

所有者权益是指企业投资者对企业净资产的要求权，是所有者在企业资产中享有的经济利益，其金额为资产减去负债后的余额。对于股份有限公司，所有者权益通常又称为股东权益。

所有者权益主要来源于企业投资者的初始投资、按合同或公司章程追加的投资以及企业在生产经营期间实现的留存收益。企业因资本溢价等原因形成的资本公积也是所有者权益的一项来源。因此，企业的所有者权益主要包括实收资本、资本公积、盈余公积和未分配利润四个部分。其中，盈余公积和未分配利润又统称为留存收益。

第一节　实收资本的核算

实收资本是指投资者按照合同协议约定或相关规定投入到企业、构成企业注册资本的部分。企业的实收资本一般等于其注册资本。在某些特殊情况下，企业收到投资者投入的资金也会超过其在注册资本中所占的份额，超过的部分作为资本溢价，记入“资本公积”科目。

实收资本是企业进行经营活动的初始资金来源，在一般情况下是无需偿还的，可以由企业长期使用。除符合规定条件的增资和减资外，企业的实收资本一般不得随意变动。

为了反映和监督投资者投入资本的增减变动情况，企业应设置“实收资本”科目。该科目属于所有者权益类科目，其借方登记实收资本的减少数额，贷方登记实收资本的增加数额；期末余额在贷方，反映企业实收资本总额。

股份有限公司应当将本科目的名称改为“股本”科目。“实收资本”科目应按照投资者进行明细核算。

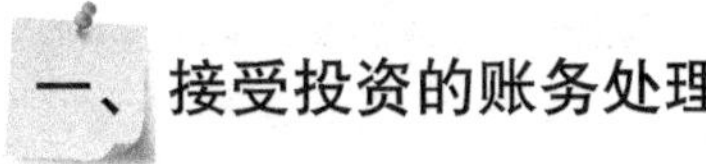

一、接受投资的账务处理

《中华人民共和国公司法》(以下简称《公司法》) 规定，股东可以用货币出资，也可以用实物、知识产权、土地使用权等能够用货币估价并可以依法转让的非货币财产作价出资。但是，法律、行政法规规定不得作为出资的财产除外。企业应当对作为出资的非货币财产评估作价，核实财产，不得高估或者低估作价。法律、行政法规对评估作价有规定的，从其规定。全体股东的货币出资金额不得低于有限责任公司注册资本的30%。不论以何种方式出资，投资者如在投资过程中违反投资合约或协议约定，不按规定如期缴足出资额，企业可以依法追究投资者的违约责任。

根据投资者投入企业资本的形式，实收资本可分为现金投入资本（包括外币资本）和非现金资产投入资本等形式。企业在收到投资者投入企业的资本后，应根据有关原始凭证（如投资清单、银行通知单等），分不同的出资方式进行会计处理。

（一）接受现金资产投资

现金投资包括人民币现金投资和外币现金投资。接受外币现金投资的账务处理见“外币业务的核算”章节，接受人民币现金投资的账务处理如下：

借：银行存款等（按实际收到的金额）

贷：实收资本（按投资者在注册资本中所占的份额）

资本公积（按差额）

【例 14-1】某房地产开发企业注册资本为 1 亿元，其中甲投入 6 000 万元，乙投入 4 000 万元。所有投资均已到位并存入银行账户。根据上述经济业务，账务处理如下：

借：银行存款　　100 000 000

贷：实收资本——甲　　60 000 000

——乙　　40 000 000

（二）接受非现金资产投资

企业接受固定资产、无形资产等非现金资产投资时，应按投资合同或协议约定的价值（不公允的除外）作为固定资产、无形资产的入账价值，按投资合同或协议约定的投资者在企业注册资本或股本中所占份额的部分作为实收资本或股本入账，投资合同或协议约定的价值（不公允的除外）超过投资者在企业注册资本或股本中所占份额的部分，计入资本公积。

1. 接受投入固定资产

借：固定资产（按投资合同或协议约定价值确定固定资产价值，但投资合同或协议约定价值不公允的除外）

贷：实收资本（按投资者在注册资本中所占的份额）

资本公积（按差额）

2. 接受投入材料物资

借：原材料（按投资合同或协议约定价值确定材料物资价值，投资合同或协议约定价值不公允的除外）

应交税费——应交增值税（按专用发票上的增值税额）

贷：实收资本（按投资者在注册资本中所占的份额）

资本公积（按差额）

3. 接受投入无形资产

借：无形资产（按投资合同或协议约定价值确定无形资产价值，但投资合同或协议约定价值不公允的除外）

贷：实收资本（按投资者在注册资本中所占的份额）

资本公积（按差额）

【例 14-2】甲房地产开发公司于设立时收到 A 公司作为资本投入的不需要安装的设备一台，合同约定该设备的价值为 500 000 元，增值税进项税额 85 000 元。经约定甲公司接受乙公司的投入资本为 585 000 元。合同约定的固定资产价值与公允价值相符。假设不考虑其他因素，甲公司进行会计处理时，应编制如下会计分录：

借：固定资产	500 000	
应交税费——应交增值税（进项税额）	85 000	
贷：实收资本——A 公司		585 000

【例 14-3】乙房地产开发公司于设立时收到 B 公司作为资本投入的原材料一批，该批原材料投资合同或协议约定价值（不含可抵扣的增值税进项税额部分）为 300 000 元，增值税进项税额为 51 000 元。B 公司已开具了增值税专用发票。假设合同约定的价值与公允价值相符，该进项税额允许抵扣，不考虑其他因素，原材料按实际成本进行日常核算。乙公司在进行会计处理时，应编制如下会计分录：

借：原材料	300 000	
应交税费——应交增值税（进项税额）	51 000	
贷：实收资本——B 公司		351 000

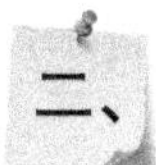

二、资本变动的账务处理

根据规定，投资者投入的资本，除符合增资条件并经有关部门批准增资或者按法定程序报经批准减少注册资本外，不得随意变动。

（一）增资

企业实收资本的增加也就是增资。一般企业增加资本的途径主要有三条：

（1）将资本公积转为实收资本或股本，其账务处理为：

借：资本公积——资本溢价（或股本溢价）

贷：实收资本或股本

（2）将盈余公积转为实收资本或股本，其账务处理为：

借：盈余公积

贷：实收资本或股本

（3）所有者（包括原企业所有者和新投资者）投入，其账务处理方法同上述“接受投资的账务处理”部分。

这里必须注意的是，企业的资本公积和盈余公积均属于所有者权益，转为实收资本时，应按原投资者所持股份同比例增加各股东的股份。

【例 14-4】某房地产开发企业有甲、乙、丙三个股东，其持股比例分别为 20%、30%、50%。2013 年 1 月 1 日，该公司将资本公积 1 000 000 元转增资本。

借：资本公积	1 000 000	
贷：实收资本——甲		200 000
——乙		300 000
——丙		500 000

对于股份有限公司，还可以通过发放股票股利实现增资。股东大会批准的利润分配方案中分配的股票股利，应在办理增资手续后：

借：利润分配——转作股本的股利

贷：股本

除此之外，可转换公司债券持有人行使转换权利、企业将重组债务转为资本、以权益结算股份支付的行权等也可以导致实收资本（或股本）的增加。

（二）减资

企业的资本不可随便增减，只有符合规定的条件，才能按规定的程序作出增资或减资的会计处理，以信守资本保全原则。企业减少资本的原因大体上有两种：一是资本过剩而减资；二是企业发生严重亏损因而需要减资。

1. 有限公司按法定程序报经批准减少注册资本

借：实收资本、资本公积等

贷：库存现金、银行存款等

此外，企业应当将因减资而使股份发生变动的情况，在“实收资本”科目的有关明细账及备查簿中详细记录。

2. 股份公司回购股票减资

股份有限公司采用收购本公司股票方式减资的，按股票面值和注销股数计算的股票面值总额冲减股本，按注销库存股的账面余额与所冲减股本的差额冲减股本溢价，股本溢价不足冲减的，应依次冲减“盈余公积”“利润分配——未分配利润”等科目。

如果购回股票支付的价款低于面值总额的，所注销库存股的账面余额与所冲减股本的差额作为增加资本或股本溢价处理。

（1）如果回购股票支付的价款大于面值总额（即库存股大于股本），在回购时应作如下会计处理：

借：库存股（按照实际支付的回购价款）

　贷：银行存款

（2）如果回购股票支付的价款小于面值总额（即库存股小于股本），在回购时应作如下会计处理：

借：库存股（按照实际支付的回购价款）

　贷：银行存款

注销时：

借：股本（按股票面值 × 注销股数）

　贷：库存股（按注销库存股的账面余额）

　　资本公积——股本溢价（贷方差额）

【例 14-5】某企业（有限责任公司）有甲、乙、丙三个股东，其持股比例分别为 20%、30%、50%。2016 年 1 月 1 日，该公司按法定程序减资 500 000 元，全部以银行存款支付。

借：实收资本——甲	100 000	
——乙	150 000	
——丙	250 000	
贷：银行存款		500 000

【例 14-6】甲股份公司经股东大会批准，以现金回购本公司股票 100 万股并注销。假定甲公司按每股 10 元回购股票，不考虑其他因素，乙公司的会计处理如下。

（1）回购本公司股票时：

借：库存股	10 000 000	
贷：银行存款		（1 000 000 × 10）10 000 000

注意：库存股不是资产，本质上是股本的备抵项目，应作为所有者权益的减项列示在资产负债表中。

（2）注销本公司股票时：

借：股本　1 000 000

　　资本公积——股本溢价　9 000 000

　贷：库存股　10 000 000

（三）转让出资

投资者按规定转让出资的，应于有关的转让手续办理完毕时，将出让方所转让的股份，在股东账户有关明细账及备查记录中转为受让方。

【例 14-7】某企业注册资本 1 000 000 元，有甲、乙、丙三个股东，其持股比例分别为 20%、30%、50%。2017 年 1 月 1 日，经全体股东同意，甲将其所持有的股份转让给乙。根据上述经济业务，账务处理如下：

借：实收资本——甲　200 000

　贷：实收资本——乙　200 000

三、开办费的核算

房地产开发企业在筹建期间发生的开办费，包括人员工资、办公费、培训费、差旅费、印刷费、注册登记费以及不计入固定资产成本的借款费用等。筹建期间为从企业开始筹建之日起至取得营业执照之日的期间。开办费在实际发生时，依据相关原始凭证，借记“管理费用——开办费”科目，贷记“银行存款”等科目。

【例 14-8】2017 年 1 月 5 日，力胜房地产开发公司支付设立验资费用 30 000 元。在验资费用实际发生时，力胜房地产开发公司应依据银行转账凭证和验资发票作以下账务处理：

借：长期待摊费用——开办费　30 000

　　银行存款　30 000

同时在开始生产经营的当月转入当期损益：

借：管理费用——开办费　30 000

　贷：长期待摊费用——开办费　30 000

第二节 资本公积的核算

资本公积是企业收到投资者出资额超出其在注册资本（或股本）中所占份额的部分，以及直接计入所有者权益的利得和损失等。

资本（或股本）溢价是指企业收到投资者的超过其在企业注册资本或股本中所占份额的投资。

直接计入所有者权益的利得和损失是指不应计入当期损益、会导致所有者权益发生增减变动的、与所有者投入资本或者向所有者分配利润无关的利得或者损失。

一、科目设置

为了核算企业资本公积的增减变动情况，企业应设置“资本公积”科目。该科目属于所有者权益类科目，其贷方登记企业资本公积的增加数额，借方登记企业资本公积的减少数额；期末余额在贷方，反映企业资本公积的结余数额。

“资本公积”科目应当分别按“资本溢价”或“股本溢价”“其他资本公积”进行明细核算。

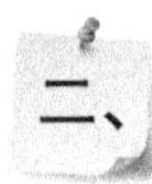

二、主要账务处理

资本公积的形成包括资本溢价、采用权益法核算的长期股权投资、可供出售金融资产公允价值变动等。

1. 资本溢价（股本溢价）

资本（或股本）溢价，是由企业投资者投入的资金超过了其在注册资本中的份额所形成的。

投资者投入的资本中按其投资比例计算的出资额部分，应记入“实收资本”科目，大于部分记入“资本公积——资本溢价”科目。股份有限公司在采用溢价发行股票的情况下，企业发行股票取得的收入，相当于股票的面值部分记入“股本”科目，超过股票面值的溢价部分在扣除发行手续费、佣金等发行费用后，记入“资本公积——股本溢价”科目。

2. 采用权益法核算的长期股权投资

在被投资单位除净损益以外的所有者权益发生增减变动时，投资企业按持股比例计算应享有的份额：

借：长期股权投资——其他权益变动

　贷：资本公积——其他资本公积

被投资单位资本公积减少作相反的会计分录。

处置采用权益法核算的长期股权投资时：

借：资本公积——其他资本公积

　贷：投资收益

3. 可供出售金融资产公允价值变动

可供出售金融资产公允价值变动的利得或损失，除减值损失和外币货币性金融资产形成的汇兑差额外：

借：可供出售金融资产——公允价值变动

　贷：资本公积——其他资本公积

或作相反分录。

4. 可供出售外币非货币性项目的汇兑差额

对于以公允价值计量的可供出售非货币性项目，如果期末的公允价值以外币反映，则应当先将该外币按照公允价值确定当日的即期汇率折算为记账本位币金额，再与原记账本位币金额进行比较，其差额计入资本公积。

（1）对于发生的汇兑损失：

借：资产公积——其他资本公积

　贷：可供出售金融资产

（2）对于发生的汇兑收益：

借：可供出售金融资产

　贷：资本公积——其他资本公积

5. 金融资产重分类

将持有至到期投资重分类为可供出售金融资产，并以公允价值进行后续计量：

借：可供出售金融资产（金融资产的公允价值）

　贷：持有至到期投资（账面余额）

　贷或借：资本公积——其他资本公积（差额）

6. 可供出售金融资产的所得税处理

由于可供出售金融资产采用公允价值进行后续计量，而税法规定，以公允价值计量的金融资产在持有期间市价的波动在计税时不予考虑，有关金融资产在某一会计期末的计税基础为其取得成本。

因此，当可供出售金融资产的公允价值上升时，账面价值大于其初始取得成本，即账面价值大于计税基础，形成应纳税暂时性差异，要确认递延所得税负债：

借：资本公积——其他资本公积

　贷：递延所得税负债

当可供出售金融资产的公允价值下降时，账面价值小于其初始取得成本，即账面价值小于计税基础，形成可抵扣暂时性差异，要确认递延所得税资产：

借：递延所得税资产

　贷：资本公积——其他资本公积

【例 14-9】某有限责任公司由甲、乙、丙三个股东共同出资设立，注册资本 100 万元人民币。其中，甲占股份的 50%，乙占股份的 30%，丙占股份的 20%。两年后，公司增资扩股，新增加注册资本 50 万元，由丁投资者以货币资金投入，丁投资者实际出资 60 万元。

借：银行存款　　600 000

　贷：实收资本——丁　　500 000

　　资本公积——资本溢价　　100 000

【例 14-10】甲股份有限公司首次公开发行了普通股 2000 万股，每股面值 1 元，每股发行价格为 5 元。甲公司以银行存款支付发行手续费、咨询费等费用共计 300 万元。假定发行收入已全部收到，发行费用已全部支付，不考虑其他因素，该公司应作如下账务处理。

（1）收到发行收入时：

借：银行存款　　（20 000 000 × 5）100 000 000

　贷：股本　　（20 000 000 × 1）20 000 000

　　资本公积——股本溢价　　80 000 000

（2）支付发行费用时：

借：资本公积——股本溢价　　3 000 000

　贷：银行存款　　3 000 000

第三节　留存收益的核算

留存收益是指企业从历年实现的利润中提取或形成的留存于企业的内部积累，包括盈余公积和未分配利润两类。

一、盈余公积的核算

盈余公积是企业按照规定从净利润中提取的各种积累资金，包括法定盈余公积、任意盈余公积等。

（一）法律规定

法定盈余公积是指企业按照规定的比例从净利润中提取的盈余公积，公司制企业的法定盈余公积按照净利润（减去弥补以前年度亏损后的余额）的10%提取，法定盈余公积累计已达到注册资本的50%时，可不再提取。

任意盈余公积主要是公司制企业按照股东大会或类似权力机构的决议提取，它与法定盈余公积的最大区别就在于其提取比例由企业自行决定，而法定盈余公积的提取比例则由国家有关法规决定。

（二）科目设置

为了反映和监督企业盈余公积的提取和使用等增减变动情况，企业应设置“盈余公积”科目，并在该科目下设置“法定盈余公积”“任意盈余公积”两个明细科目，分别用于核算企业从净利润中提取的各项盈余公积及其使用情况。企业（外商投资）按照法律规定在税后利润中提取的储备基金和企业发展基金也在本科目核算。

“盈余公积”科目的贷方登记企业按照规定提取的各项盈余公积的数额，借方登记企业将盈余公积用于弥补亏损、转增资本而减少的盈余公积数额；期末余额在贷方，反映企业（公司制）的法定公积金和任意公积金总额，企业（外商投资）的储备基金和企业发展基金总额。

（三）账务处理

（1）企业（公司制）按照《公司法》规定提取法定公积金和任意公积金时：

借：利润分配——提取法定盈余公积
　　　　　　——提取任意盈余公积
　贷：盈余公积——法定盈余公积
　　　　　　　——任意盈余公积

（2）用盈余公积转增资本，应按批准的增资文件，于实际转增资本时：

借：盈余公积
　贷：实收资本等

企业用盈余公积转增资本时，应按照转增资本前的实收资本比例，将盈余公积转增资本的数额记入“实收资本”科目下各所有者的投资明细账，相应增加各所有者对企业的投资。此外，盈余公积转增资本时，以转增后留存的盈余公积不得少于注册资本的25%为限。

（3）经董事会或类似机构决议，用盈余公积弥补亏损时：

借：盈余公积

　贷：利润分配——盈余公积补亏

【例 14-11】甲公司 2013 年实现净利润 800 000 元（以前年度无未弥补亏损），经股东大会决议，分别按 10% 和 5% 的比例提取法定盈余公积金和任意盈余公积。

借：利润分配——提取法定盈余公积　　80 000
　　　　　　——提取任意盈余公积　　40 000
　贷：盈余公积——法定盈余公积　　80 000
　　　　　　——任意盈余公积　　40 000

【例 14-12】某企业经股东大会决议，决定将法定盈余公积 500 000 元转增资本，并办妥了相关手续。该企业共有股东三人，其中甲的股份为 50%，乙为 30%，丙为 20%。

借：盈余公积——法定盈余公积　　500 000
　贷：实收资本——甲　　250 000
　　　　　　——乙　　150 000
　　　　　　——丙　　100 000

【例 14-13】某企业经股东大会决议，决定将法定盈余公积弥补经营亏损 200 000 元，并办妥了相关手续。

借：盈余公积——法定盈余公积　　200 000
　贷：利润分配——盈余公积补亏　　200 000

二、未分配利润的核算

未分配利润是企业留待以后年度进行分配的结存利润，也是企业所有者权益的组成部分。从数量上来说，企业的未分配利润，等于年初未分配利润，加上本期实现的税后利润，减去提取的各种盈余公积和分出利润后的余额。

企业的未分配利润，是通过在“利润分配”科目下设置“未分配利润”明细科目进行核算的。年度终了，企业应将全年实现的净利润，自“本年利润”科目转入“利润分配——未分配利润”科目。

（1）如果企业当年实现盈利：

借：本年利润

贷：利润分配——未分配利润

（2）如果企业当年发生亏损，则作相反会计分录：

借：利润分配——未分配利润

贷：本年利润

在利润分配之后，企业应将“利润分配”科目下的其他有关明细科目的余额转入“未分配利润”明细科目。结转后，“利润分配——未分配利润”明细科目的贷方余额，就是累积未分配的利润总额；如为借方余额，则表示累积未弥补的亏损总额。

关于未分配利润的具体账务处理，见后面的“利润分配”章节。

第十五章　应交税费的核算

房地产开发企业涉及的税种繁多，包括增值税、土地增值税、企业所得税、土地使用税、城市维护建设税以及教育费附加等。

第一节　应交增值税的核算

自 2016 年 5 月 1 日国家全面实行“营改增”后，房地产开发企业销售自行开发的房地产项目应当缴纳增值税，而不缴纳营业税。

一、基本规定

根据《财政部国家税务总局关于全面推开营业税改征增值税试点的通知》（财税〔2016〕36 号）的规定，自 2016 年 5 月 1 日起，在全国范围内全面推开营业税改征增值税（以下简称“营改增”）试点，建筑业、房地产业、金融业、生活服务业等全部营业税纳税人纳入试点范围，由缴纳营业税改为缴纳增值税。

（一）纳税人

在中华人民共和国境内销售自行开发的房地产项目的企业，为增值税纳税人。自行开发，是指在依法取得土地使用权的土地上进行基础设施和房屋建设。

增值税纳税人分为一般纳税人与小规模纳税人两大类。纳税人年应征增值税销售额超过 500 万元（含本数）的为一般纳税人，未超过规定标准的纳税人为小规模纳税人。

年应税销售额未超过规定标准的纳税人，会计核算健全，能够提供准确税务资料的，可以向主管税务机关办理一般纳税人资格登记，成为一般纳税人。会计核算健全，是指能够按照国家统一的会计制度规定设置账簿，根据合法、有效凭证核算。

增值税一般纳税人和小规模纳税人的区别有以下几点。

（1）一般纳税人销售应税的货物、劳务以及发生应税行为可以自行开具增值税专用发票，而小规模纳税人不能自行开具增值税专用发票，如果购买方索取专用发票，小规模纳税人只能到主管税务机关申请代开专用发票。

（2）一般纳税人购进货物或劳务可以凭取得的增值税专用发票以及其他扣税凭证按

规定抵扣税款，而小规模纳税人适用增值税征收率，其进项税额不可以抵扣。

（3）征税办法不同。一般纳税人适用一般价税方法计税，小规模纳税人适用简易计税方法计税。

（二）纳税范围

房地产开发企业销售自行开发的房地产项目适用销售不动产税目；房地产开发企业以接盘等形式购入未完工的房地产项目继续开发后，以自己的名义立项销售的，属于规定的销售自行开发的房地产项目。

房地产开发企业出租自行开发的房地产项目（包括商铺、写字楼、公寓等），适用租赁服务税目中的不动产经营租赁服务税目和不动产融资租赁服务税目（不含不动产售后回租融资租赁）。

不征收增值税项目如下。

（1）下列情形不属于在境内销售服务或者无形资产：

①境外单位或者个人向境内单位或者个人销售完全在境外发生的服务；

②境外单位或者个人向境内单位或者个人销售完全在境外使用的无形资产；

③境外单位或者个人向境内单位或者个人出租完全在境外使用的有形动产；

④财政部和国家税务总局规定的其他情形。

（2）存款利息。

（3）被保险人获得的保险赔付。

（4）房地产主管部门或者其指定机构、公积金管理中心、开发企业以及物业管理单位代收的住宅专项维修资金。

（5）在资产重组过程中，通过合并、分立、出售、置换等方式，将全部或者部分实物资产以及与其相关联的债权、负债和劳动力一并转让给其他单位和个人，其中涉及的不动产、土地使用权转让行为。

（三）税率和征收率

1. 税率

房地产开发企业销售不动产、转让土地所有权、提供不动产租赁服务，适用的税率均为 11%。

2. 征收率

房地产开发企业中的一般纳税人，销售自行开发的房地产老项目，可以选择适用简易计税方法，按照 5% 的征收率计税。一经选择简易计税方法计税的，36 个月内不得变更为一般计税方法计税。

小规模纳税人销售自行开发的房地产项目，按照5%的征收率计税。

房地产老项目是指：

（1）《建筑工程施工许可证》注明的合同开工日期在2016年4月30日前的房地产项目；

（2）《建筑工程施工许可证》未注明合同开工日期或者未取得《建筑工程施工许可证》，但建筑工程承包合同注明的开工日期在2016年4月30日前的建筑工程项目。

（四）纳税义务发生时间

增值税纳税义务、扣缴义务发生时间如下所述。

（1）纳税人发生应税行为并收讫销售款项或者取得索取销售款项凭据的当天；先开具发票的，为开具发票的当天。

收讫销售款项是指纳税人销售服务、无形资产、不动产过程中或者完成后收到款项。

取得索取销售款项凭据的当天，是指书面合同确定的付款日期；未签订书面合同或者书面合同未确定付款日期的，为服务、无形资产转让完成的当天或者不动产权属变更的当天。

（2）纳税人提供建筑服务、租赁服务采取预收款方式的，其纳税义务发生时间为收到预收款的当天。

（3）纳税人从事金融商品转让的，为金融商品所有权转移的当天。

（4）纳税人发生本办法第十四条规定情形的，其纳税义务发生时间为服务、无形资产转让完成的当天或者不动产权属变更的当天。

（5）增值税扣缴义务发生时间为纳税人增值税纳税义务发生的当天。

二、计税方法

增值税的计税方法包括一般计税方法和简易计税方法。

一般纳税人发生应税行为适用一般计税方法计税。一般纳税人发生财政部和国家税务总局规定的特定应税行为，可以选择适用简易计税方法计税，但一经选择，36个月内不得变更。

小规模纳税人发生应税行为适用简易计税方法计税。

（一）一般计税方法

一般计税方法的应纳税额按以下公式计算：

应纳税额 = 当期销项税额 − 当期进项税额

当期销项税额小于当期进项税额不足抵扣时，其不足部分可以结转下期继续抵扣。

销项税额是指纳税人发生应税行为按照销售额和增值税税率计算并收取的增值税额。销项税额计算公式：

销项税额 = 销售额 × 税率

一般计税方法的销售额不包括销项税额，纳税人采用销售额和销项税额合并定价方法的，按照下列公式计算销售额：

销售额 = 含税销售额 ÷（1+ 税率）

进项税额是指纳税人购进货物、加工修理修配劳务、服务、无形资产或者不动产，支付或者负担的增值税额。

（二）简易计税方法

简易计税方法的应纳税额是指按照销售额和增值税征收率计算的增值税额，不得抵扣进项税额。应纳税额计算公式：

应纳税额 = 销售额 × 征收率

简易计税方法的销售额不包括其应纳税额，纳税人采用销售额和应纳税额合并定价方法的，按照下列公式计算销售额：

销售额 = 含税销售额 ÷（1+ 征收率）

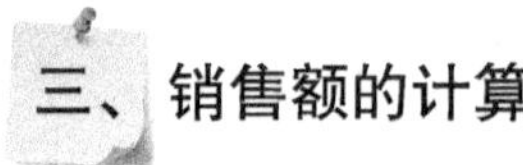

三、销售额的计算

（一）一般规定

销售额是指纳税人发生应税行为取得的全部价款和价外费用，财政部和国家税务总局另有规定的除外。价外费用是指价外收取的各种性质的收费。但不包括以下项目。

（1）代为收取并同时满足以下条件的政府性基金或者行政事业性收费。

①由国务院或者财政部批准设立的政府性基金，由国务院或者省级人民政府及其财政、价格主管部门批准设立的行政事业性收费。

②收取时开具省级以上（含省级）财政部门监（印）制的财政票据。

③所收款项全额上缴财政。

（2）以委托方名义开具发票代委托方收取的款项。

（二）特殊规定

（1）房地产开发企业中的一般纳税人销售自行开发的房地产项目，适用一般计税方法计税，按照取得的全部价款和价外费用，扣除当期销售房地产项目对应的土地价款后的余额计算销售额。销售额的计算公式如下：

不含税销售额 =（全部价款和价外费用 − 当期允许扣除的土地价款）÷（1+11%）

（2）当期允许扣除的土地价款按照当期销售房地产项目建筑面积占房地产项目可供销售建筑面积的比例计算，计算公式如下：

当期允许扣除的土地价款 =（当期销售房地产项目建筑面积 ÷ 房地产项目可供销售建筑面积）× 支付的土地价款

当期销售房地产项目建筑面积，是指当期进行纳税申报的增值税销售额对应的建筑面积。

房地产项目可供销售建筑面积，是指房地产项目可以出售的总建筑面积，不包括销售房地产项目时未单独作价结算的配套公共设施的建筑面积。

（3）支付的土地价款，是指向政府、土地管理部门或受政府委托收取土地价款的单位直接支付的土地价款。

在计算销售额时从全部价款和价外费用中扣除土地价款，应当取得省级以上（含省级）财政部门监（印）制的财政票据。

（4）一般纳税人销售自行开发的房地产老项目适用简易计税方法计税的，以取得的全部价款和价外费用为销售额，不得扣除对应的土地价款。

- 一般纳税人销售其2016年4月30日前取得（不含自建）的不动产，可以选择适用简易计税方法，以取得的全部价款和价外费用减去该项不动产购置原价或者取得不动产时的作价后的余额为销售额，按照5%的征收率计算应纳税额。纳税人应按照上述计税方法在不动产所在地预缴税款后，向机构所在地主管税务机关进行纳税申报。
- 一般纳税人销售其2016年4月30日前自建的不动产，可以选择适用简易计税方法，以取得的全部价款和价外费用为销售额，按照5%的征收率计算应纳税额。纳税人应按照上述计税方法在不动产所在地预缴税款后，向机构所在地主管税务机关进行纳税申报。
- 一般纳税人销售其2016年5月1日后取得（不含自建）的不动产，应适用一般计税方法，以取得的全部价款和价外费用为销售额计算应纳税额。纳税人应以取得的全部价款和价外费用减去该项不动产购置原价或者取得不动产时的作价后的余额，按照5%的预征率在不动产所在地预缴税款后，向机构所在地主管税务机关进行纳税申报。

➢ 一般纳税人销售其2016年5月1日后自建的不动产，应适用一般计税方法，以取得的全部价款和价外费用为销售额计算应纳税额。纳税人应以取得的全部价款和价外费用，按照5%的预征率在不动产所在地预缴税款后，向机构所在地主管税务机关进行纳税申报。

（5）小规模纳税人销售其取得（不含自建）的不动产（不含个体工商户销售购买的住房和其他个人销售不动产），应以取得的全部价款和价外费用减去该项不动产购置原价或者取得不动产时的作价后的余额为销售额，按照5%的征收率计算应纳税额。纳税人应按照上述计税方法在不动产所在地预缴税款后，向机构所在地主管税务机关进行纳税申报。

小规模纳税人销售其自建的不动产，应以取得的全部价款和价外费用为销售额，按照5%的征收率计算应纳税额。纳税人应按照上述计税方法在不动产所在地预缴税款后，向机构所在地主管税务机关进行纳税申报。

（6）不动产经营租赁服务。

➢ 一般纳税人出租其2016年4月30日前取得的不动产，可以选择适用简易计税方法，按照5%的征收率计算应纳税额。纳税人出租其2016年4月30日前取得的与机构所在地不在同一县（市）的不动产，应按照上述计税方法在不动产所在地预缴税款后，向机构所在地主管税务机关进行纳税申报。

➢ 一般纳税人出租其2016年5月1日后取得的、与机构所在地不在同一县（市）的不动产，应按照3%的预征率在不动产所在地预缴税款后，向机构所在地主管税务机关进行纳税申报。

➢ 小规模纳税人出租其取得的不动产（不含个人出租住房），应按照5%的征收率计算应纳税额。纳税人出租与机构所在地不在同一县（市）的不动产，应按照上述计税方法在不动产所在地预缴税款后，向机构所在地主管税务机关进行纳税申报。

四、进项税额抵扣

纳税人取得的增值税扣税凭证不符合法律、行政法规或者国家税务总局有关规定的，其进项税额不得从销项税额中抵扣。

增值税扣税凭证，是指增值税专用发票、海关进口增值税专用缴款书、农产品收购发票、农产品销售发票和完税凭证。

纳税人凭完税凭证抵扣进项税额的，应当具备书面合同、付款证明和境外单位的对账单或者发票。资料不全的，其进项税额不得从销项税额中抵扣。

（一）允许抵扣进项税额

纳税人购进与生产经营有关的货物、加工修理修配劳务、服务、无形资产或者不动产，并取得下列增值税扣税凭证的，可以在购进时抵扣进项税额。其中，2016 年 5 月 1 日后取得并在会计制度上按固定资产核算的不动产或者 2016 年 5 月 1 日后取得的不动产在建工程，其进项税额应自取得之日起分两年从销项税额中抵扣，第一年抵扣比例为 60%，第二年抵扣比例为 40%。

增值税扣税凭证包括以下几项。

（1）从销售方取得的增值税专用发票（含税控机动车销售统一发票）上注明的增值税额。

（2）从海关取得的海关进口增值税专用缴款书上注明的增值税额。

（3）购进农产品，除取得增值税专用发票或者海关进口增值税专用缴款书外，按照农产品收购发票或者销售发票上注明的农产品买价和 13% 的扣除率计算的进项税额。计算公式为：

进项税额 = 买价 × 扣除率

买价，是指纳税人购进农产品在农产品收购发票或者销售发票上注明的价款和按照规定缴纳的烟叶税。

购进农产品，按照《农产品增值税进项税额核定扣除试点实施办法》抵扣进项税额的除外。

（4）从境外单位或者个人处购进服务、无形资产或者不动产，自税务机关或者扣缴义务人取得的解缴税款的完税凭证上注明的增值税额。

（二）不得抵扣项目

（1）用于简易计税方法计税项目、免征增值税项目、集体福利或者个人消费的购进货物、加工修理修配劳务、服务、无形资产和不动产。其中涉及的固定资产、无形资产、不动产，仅指专用于上述项目的固定资产、无形资产（不包括其他权益性无形资产）、不动产。纳税人的交际应酬消费属于个人消费。

（2）非正常损失的购进货物，以及相关的加工修理修配劳务和交通运输服务。

（3）非正常损失的在产品、产成品所耗用的购进货物（不包括固定资产）、加工修理修配劳务和交通运输服务。

（4）非正常损失的不动产，以及该不动产所耗用的购进货物、设计服务和建筑服务。

（5）非正常损失的不动产在建工程所耗用的购进货物、设计服务和建筑服务。纳税人新建、改建、扩建、修缮、装饰不动产，均属于不动产在建工程。

（6）购进的旅客运输服务、贷款服务、餐饮服务、居民日常服务和娱乐服务。

（7）接受贷款服务向贷款方支付与该笔贷款直接相关的投融资顾问费、手续费、咨询费等费用。

（8）一般纳税人销售自行开发的房地产项目，兼有一般计税方法计税、简易计税方法计税、免征增值税的房地产项目而无法划分不得抵扣的进项税额的，应以《建筑工程施工许可证》注明的“建设规模”为依据进行划分。

不得抵扣的进项税额 = 当期无法划分的全部进项税额 ×（简易计税、免税房地产项目建设规模 ÷ 房地产项目总建设规模）

五、预缴税款

根据国家税务总局关于发布《房地产开发企业销售自行开发的房地产项目增值税征收管理暂行办法》的公告（国家税务总局公告 2016 年第 18 号），一般纳税人采取预收款方式销售自行开发的房地产项目，应在收到预收款时按照 3% 的预征率预缴增值税。一般纳税人应在取得预收款的次月纳税申报期向主管国税机关预缴税款。应预缴税款按照以下公式计算：

应预缴税款 = 预收款 ÷（1+ 适用税率或征收率）× 3%

适用一般计税方法计税的，按照 11% 的适用税率计算；适用简易计税方法计税的，按照 5% 的征收率计算。

房地产开发企业自行开发的房地产销售收入的确认应依据《企业会计准则——收入》进行。房地产销售收入的确认必须满足收入确认的四个条件：（1）企业已将商品所有权上的主要风险和报酬转移给购货方；（2）企业既没有保留通常与所有权相联系的继续管理权，也没有对已售出的商品实施控制；（3）与交易相关的经济利益能够流入企业；（4）相关的收入和成本能可靠地计量。房地产预售收入不是销售房地产的销售收入。

由此可见，房地产开发企业正式销售收入的确认和计算纳税不是与收取预售款的预缴增值税税款相挂钩。根据会计准则等相关房地产收入确认的原则，房地产开发企业在预售房产时不需要确认销售收入。因此，预售款预缴增值税的账户处理是与其他增值税的处理有所不同的。

【例 15-1】力华房地产公司为增值税一般纳税人，并且将其房地产老项目备案为按简易计税方式征税。该项目至 2016 年 8 月完工。2016 年 5 月，力华房地产公司销售房地产老项目楼盘一套，销售合同中注明含税价 315 万元，当月收到预收房款 105 万元。8 月收到剩余房款 210 万元，并向客户全额开具发票。根据上述经济业务，该公司应作如下账务处理。

（1）2016 年 5 月收到预收款：

借：银行存款	1 050 000	
贷：预收账款——预售房款		1 050 000

（2）2016 年 6 月预缴税款：

预缴税款 =105 ÷（1+5%）× 3%=3（万元）

借：应交税费——预交增值税	30 000	
贷：银行存款		30 000

该月向主管国税机关预缴税款。

（3）2016 年 8 月收到剩余房款，确认收入：

借：银行存款	2 100 000	
预收账款——预售房款	1 050 000	
贷：主营业务收入		3 000 000
应交税费——应交增值税（销项税额）		150 000

房地产开发企业预缴增值税后，应直至纳税义务发生时方可从“应交税费——预交增值税”科目结转至“应交税费——未交增值税”科目。

借：应交税费——未交增值税	30 000	
贷：应交税费——预交增值税		30 000

（4）2016 年 9 月申报缴税：

申报缴税额 = 应纳税额 - 预缴税额 =15-3=12（万元）

借：应交税费——未交增值税	120 000	
贷：银行存款		120 000

根据国家税务总局 2016 年第 18 号公告中第十五条规定，一般纳税人销售自行开发的房地产项目适用简易计税方法计税的，应按照《试点实施办法》第四十五条规定的纳税义务发生时间，以当期销售额和 5% 的征收率计算当期应纳税额，抵减已预缴税款后，向主管国税机关申报纳税。未抵减完的预缴税款可以结转下期继续抵减。

【例 15-2】章华房地产公司为增值税一般纳税人，机构所在地芦芝区，开发的 A 房地产项目在龙山区。A项目《建筑工程施工许可证》登记的开工日期在2016年4月30日前。本次“营改增”中，登记为一般纳税人，对A房地产项目选择了一般计税方法计税。

已知，章华公司为开发A项目，土地出让金财政收据金额3.33亿元；A项目总可售总建筑面积250 000平方米。

2016年5月份，A项目尚未完工，预售收入1.11亿元，对应的建筑面积50 000平方米。

2016年6月份，就5月份预售的1亿元房款，给业主开具了增值税发票。假设该月期初没有留抵进项税额。

根据上述经济业务，应作如下账务处理。

（1）2016年5月收到预收款：

借：银行存款　　111 000 000

　贷：预收账款——预售房款　　111 000 000

（2）2016年6月预缴税款：

预缴税款=11 100÷（1+11%）×3%=300（万元）

借：应交税费——预交增值税　　3 000 000

　贷：银行存款　　3 000 000

该月向主管国税机关预缴税款。

（3）2016年6月就5月份预售的1亿元房款，给业主开具了增值税发票，应在本月结转收入并计提销项税额：

借：预收账款——预售房款　　111 000 000

　贷：主营业务收入　　100 000 000

　　应交税费——应交增值税（销项税额）　　11 000 000

（4）根据国家税务总局关于发布《房地产开发企业销售自行开发的房地产项目增值税征收管理暂行办法》的公告（国家税务总局公告2016年第18号）规定，房地产开发企业中的一般纳税人销售自行开发的房地产项目，适用一般计税方法计税，按照取得的全部价款和价外费用，扣除当期销售房地产项目对应的土地价款后的余额计算销售额。销售额=（全部价款和价外费用－当期允许扣除的土地价款）÷（1+11%）

允许扣除的土地价款=50 000÷250 000×33 300=6 660（万元）

土地价款所对应的税额=6 660÷（1+11%）×11%=660（万元）

借：应交税费——应交增值税（营改增抵减的销项税额）　　6 600 000

　贷：营业外收入　　6 600 000

（5）房地产开发企业预缴增值税后，应直至纳税义务发生时方可从“应交税费——预交增值税”科目结转至“应交税费——未交增值税”科目。

借：应交税费——未交增值税 3 000 000

贷：应交税费——预交增值税 3 000 000

（6）转出当月未交增值税：

转出当月未交增值税 =1 100-660-300=140（万元）

借：应交税费——应交增值税（转出未交增值税） 1 400 000

贷：应交税费——未交增值税 1 400 000

（7）2016 年 9 月实际缴纳时：

借：应交税费——未交增值税 1 400 000

贷：银行存款 1 400 000

第二节 应交土地增值税的核算

土地增值税是指对转让国有土地使用权、地上建筑物及附着物并取得收入的单位和个人，就其转让房地产所取得的增值额征收的一种税。

一、征税范围

土地增值税的课税对象是有偿转让国有土地使用权及地上建筑物和其他附着物产权所取得的增值额。

（一）征税范围的一般规定

（1）土地增值税只对转让国有土地使用权的行为课税，转让非国有土地和出让国有土地的行为均不征税。

国有土地出让是指国家以土地所有者的身份将土地使用权在一定年限内让与土地使用者，并由土地使用者向国家支付土地出让金的行为。由于土地使用权的出让方是国家，出让收入在性质上属于政府凭借所有权在土地一级市场上收取的租金，所以政府出让土地的行为及取得的收入也不在土地增值税的征税之列。

（2）土地增值税既对转让土地使用权课税，也对转让地上建筑物和其他附着物的产权征税。土地增值税是对国有土地使用权及其地上的建筑物和附着物的转让行为征税。

（3）土地增值税只对有偿转让的房地产征税，对以继承、赠与等方式无偿转让的房地产，则不予征税。

赠与在《财政部、国家税务总局关于土地增值税一些具体问题规定的通知》（财税字〔1995〕048 号）中明确规定，细则所称的“赠与”是指如下情况（不征土地增值税两种情况）：

A. 房产所有人、土地使用权所有人将房屋产权、土地使用权赠与直系亲属或承担直接赡养义务人的；

B. 房产所有人、土地使用权所有人通过中国境内非营利的社会团体、国家机关将房屋产权、土地使用权赠与教育、民政和其他社会福利、公益事业的。

（二）征税范围的具体规定

征税范围的具体规定如表 15-1 所示。

表 15-1　征税范围的具体规定

有关事项	是否属于征税范围
1. 以房地产投资、联营	1. 凡所投资、联营的企业从事房地产开发的，征
	2. 房地产开发企业以其建造的商品房进行投资和联营的，征
	3. 投资联营企业将投资联营房地产再转让，征
	4. 非房地产开发企业将房地产投资到投资联营企业，暂免
2. 合作建房	1. 建成后自用，暂免
	2. 建成后转让（包括合作建房双方之间的转让），征
3. 企业兼并转让房地产	暂免
4. 房地产交换	1. 单位之间换房，征
	2. 个人之间互换自住房，免征
5. 房地产抵押	抵押期不征；抵押期满，不能偿还债务，而以房地产抵债，征
6. 出租	不征（无权属转移）
7. 房地产评估增值	不征（无收入）
8. 国家收回房地产权	不征
9. 转让、抵押、置换	征

二、税率

土地增值税采用四级超率累进税率，最低为 30%，最高为 60%，具体如表 15-2 所示。

表 15-2　土地增值税四级超率累进税率表

级数	增值额与扣除项目金额的比率（%）	税率（%）	速算扣除系数（%）
1	不超过 50% 的部分	30	0
2	超过 50% 至 100% 的部分	40	5
3	超过 100% 至 200% 的部分	50	15
4	超过 200% 的部分	60	35

三、应纳税额的计算

土地增值税的计税依据是纳税人转让房地产所取得的增值额。土地增值税以纳税人转让房地产所取得的土地增值额为计税依据，土地增值额为纳税人转让房地产所取得的收入减除规定扣除项目金额后的余额。纳税人转让房地产所取得的收入，包括转让房地产的全部价款及相关的经济利益，具体有货币收入、实物收入和其他收入。

土地增值额 = 转让房地产收入 — 税法规定的扣除项目金额

转让土地使用权和出售新建房及配套设施应纳税额的计算方法计算步骤如下所示。

第一步：确定扣除项目。

第二步：计算增值额。

增值额 = 收入额 — 扣除项目金额

第三步：计算增值率。

增值率 = 增值额 ÷ 扣除项目金额 ×100%

第四步：确定适用税率。

依据计算的增值率，按其税率表确定适用税率。

第五步：依据适用税率计算应纳税额。

应纳税额 = 增值额 × 适用税率 — 扣除项目金额 × 速算扣除系数

出售旧房应纳税额的计算方法：

应纳税额 = 增值额 × 适用税率 — 扣除项目金额 × 速算扣除系数

（一）应税收入

根据《国家税务总局关于营改增后土地增值税若干征管规定的公告》（国家税务总局公告 2016 年第 70 号）第一条的规定，营改增后，纳税人转让房地产的土地增值税应税收入不含增值税。适用增值税一般计税方法的纳税人，其转让房地产的土地增值税应税收入不含增值税销项税额；适用简易计税方法的纳税人，其转让房地产的土地增值税应税收入不含增值税应纳税额。

为方便纳税人，简化土地增值税预征税款计算，房地产开发企业采取预收款方式销售自行开发的房地产项目的，可按照以下方法计算土地增值税预征计征依据：

土地增值税预征的计征依据 = 预收款 − 应预缴增值税税款

因此，营改增后房地产开发企业应按上述文件规定确认土地增值税预征的计征依据。

【例 15-3】某房地产开发企业为增值税一般纳税人，2016 年销售房产取得预收款 111 万元，则相关计算如下。

预缴增值税计税依据 =111 ÷（1+11%）=100（万元）

应预缴增值税税款 =100×3%=3（万元）

预缴土地增值税计税依据 =111-3=108（万元）

（二）扣除项目

根据《土地增值税暂行条例实施细则》的规定：计算增值额的扣除项目包括以下几项。

（一）取得土地使用权所支付的金额，是指纳税人为取得土地使用权所支付的地价款和按国家统一规定缴纳的有关费用。

（二）开发土地和新建房及配套设施（以下简称“房地产开发”）的成本，是指纳税人房地产开发项目实际发生的成本（以下简称“房地产开发成本”），包括土地征用及拆迁补偿费、前期工程费、建筑安装工程费、基础设施费、公共配套设施费以及开发间接费用。

土地征用及拆迁补偿费，包括土地征用费、耕地占用税、劳动力安置费及有关地上、地下附着物拆迁补偿的净支出以及安置动迁用房支出等。

前期工程费，包括规划、设计、项目可行性研究和水文、地质、勘察、测绘以及“三通一平”等支出。

建筑安装工程费，是指以出包方式支付给承包单位的建筑安装工程费，以自营方式发生的建筑安装工程费。

基础设施费，包括开发小区内道路、供水、供电、供气、排污、排洪、通信、照明、环卫以及绿化等工程发生的支出。

公共配套设施费，包括不能有偿转让的开发小区内公共配套设施发生的支出。

开发间接费用，是指直接组织、管理开发项目发生的费用，包括工资、职工福利费、折旧费、修理费、办公费、水电费、劳动保护费以及周转房摊销等。

（三）开发土地和新建房及配套设施的费用（以下简称“房地产开发费用”），是指与房地产开发项目有关的销售费用、管理费用以及财务费用。

财务费用中的利息支出，凡能够按转让房地产项目计算分摊并提供金融机构证明的，允许据实扣除，但最高不能超过按商业银行同类同期贷款利率计算的金额。其他房地产开发费用，按本条（一）、（二）项规定计算的金额之和的5%以内计算扣除。

凡不能按转让房地产项目计算分摊利息支出或不能提供金融机构证明的，房地产开发费用按本条（一）、（二）项规定计算的金额之和的10%以内计算扣除。

上述计算扣除的具体比例，由各省、自治区、直辖市人民政府规定。

（四）旧房及建筑物的评估价格，是指在转让已使用的房屋及建筑物时，由政府批准设立的房地产评估机构评定的重置成本价乘以成新度折扣率后的价格。评估价格须经当地税务机关确认。

（五）与转让房地产有关的税金，是指在转让房地产时缴纳的城市维护建设税、印花税。因转让房地产缴纳的教育费附加，也可视同税金予以扣除。

注意

与转入房地产有关的税金包含增值税吗?

根据税总函〔2016〕309号规定，从事房地产开发的纳税人在土地增值税清算时，转让房地产有关的税金，按照纳税人转让房地产时实际缴纳的税金数额（不包含增值税）填写。

（1）营改增后，计算土地增值税增值额的扣除项目中“与转让房地产有关的税金”不包括增值税。

（2）营改增后，房地产开发企业实际缴纳的城市维护建设税（以下简称“城建税”）、教育费附加，凡能够按清算项目准确计算的，允许据实扣除。凡不能按清算项目准确计算的，则按该清算项目预缴增值税时实际缴纳的城建税、教育费附加扣除。

其他转让房地产行为的城建税、教育费附加扣除比照上述规定执行。因此，营改增后，城建税、教育费附加的扣除：凡能够按清算项目准确计算的，允许据实扣除。凡不能按清算项目准确计算的，则按该清算项目预缴增值税时实际缴纳的城建税、教育费附加扣除。

（六）根据条例第七条（五）项规定，对从事房地产开发的纳税人可按本条（一）、（二）项规定计算的金额之和，加计20%的扣除。

注意

土地增值税清算时扣除项目是否包含增值税?

财税〔2016〕43号规定，土地增值税扣除项目涉及的增值税进项税额，允许在销项税额中计算抵扣的；不计入扣除项目，不允许在销项税额中计算抵扣的，可以计入扣除项目。

税总函〔2016〕309号规定，“取得土地使用权所支付的金额”，按照纳税人实际支付的土地出让金及国家统一规定缴纳的有关费用填写；其他扣除项目按照房地产开发企业实际发生的各项开发成本的具体数额填写。

因此，房地产开发企业取得的增值税进项税额不得抵扣，包含在开发成本中的，可作为扣除项目进行扣除，如作为增值税进项税额已在销项税额中抵扣的，不再作为扣除项目计算扣除。

四、预征与清算

根据《土地增值税暂行条例实施细则》的规定，“纳税人在项目全部竣工结算前转让房地产取得的收入，由于涉及成本确定或其他原因，而无法据以计算土地增值税的，可以预征土地增值税，待该项目全部竣工、办理结算后再进行清算，多退少补。”

我国的房地产开发企业，因其开发周期长，预售的产品多，一般对其应缴纳的土地增值税采取平时预征、竣工结算后汇算清缴的方法。

（一）预征

预征是按预售收入乘以预征率计算，预征率由各省、自治区、直辖市地方税务局根据当地情况核定。

【例15-4】假定某房地产开发企业为增值税一般纳税人，计划开发住宅楼10栋，2016年12月竣工交付使用。2016年12月取得预售收入1.11亿元（含税），按规定应预缴增值税300万元。当地核定的土地增值税预征率为1%。则：

应预缴的土地增值税＝（11 100−300）×1%=108（万元）

借：应交税费——应交土地增值税　　1 080 000

　贷：银行存款　　1 080 000

此时，由于收入未能确认，不能将预缴的税金计入当期损益。

（二）汇算清缴

土地增值税是取得预收款时先预缴税金，清算时再汇算清缴、多退少补。土地增值税的清算时间根据以下情况确定：

1. 具备下列情形之一的，纳税人应自满足清算条件之日起 90 日内办理清算手续。

（1）房地产开发项目全部竣工、完成销售的。

（2）整体转让未竣工决算房地产开发项目的。

（3）直接转让土地使用权的。

2. 符合下列情形之一的，主管税务机关将要求纳税人进行土地增值税清算，纳税人应自接到清算通知之日起 90 天内办理清算手续。

（1）已竣工验收的房地产开发项目，已转让的房地产建筑面积占整个项目可售建筑面积的比例在 85% 以上，或该比例虽未超过 85%，但剩余的可售建筑面积已经出租或自用的。

（2）取得销售（预售）许可证满三年仍未销售完毕的。

（3）纳税人申请注销税务登记但未办理土地增值税清算手续的。

（4）省税务机关规定的其他情况。

第三节　其他应交税费的核算

除了增值税、土地增值税外，房地产开发企业涉及的税种还有个人所得税、企业所得税、城市维护建设税、资源税、教育费附加、房产税、土地使用税、车船使用税以及印花税等。

一、应交个人所得税的核算

按照我国个人所得税法规定，企业对职工个人应缴纳的个人所得税，实行代扣代缴办法。其账务处理为：

1. 按规定计算应代扣代交的职工个人所得税

借：应付职工薪酬

　　贷：应交税费——应交个人所得税

2. 缴纳个人所得税

借：应交税费——应交个人所得税

　　贷：银行存款

【例 15-5】1 月份，某房地产开发企业根据税法规定计算出来的应代扣代交的职工个人所得税 78 600 元。2 月 15 日，企业以银行存款缴纳了上述税款。根据上述经济业务，编制会计分录如下。

（1）按规定计算应代扣代交的职工个人所得税：

借：应付职工薪酬　　78 600

　贷：应交税费——应交个人所得税　　78 600

（2）缴纳个人所得税：

借：应交税费——应交个人所得税　　78 600

　贷：银行存款　　78 600

二、应交企业所得税的核算

1. 企业计算当期应交的企业所得税

借：所得税费用

**　贷：应交税费——应交所得税**

2. 实际缴纳企业所得税

借：应交税费——应交所得税

**　贷：银行存款**

【例 15-6】企业 2016 年度实现利润总额 800 000 元，按税法有关规定调整后的应纳税所得额为 760 000 元，适用的所得税率为 25%。根据上述经济业务，编制会计分录如下。

（1）计算应交的企业所得税时：

应交所得税 =760 000 × 25%=190 000（元）

借：所得税费用　　190 000

　贷：应交税费——应交所得税　　190 000

（2）实际缴纳企业所得税时：

借：应交税费——应交所得税　　190 000

　贷：银行存款　　190 000

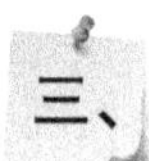

三、应交其他税费的核算

根据财政部《关于印发〈增值税会计处理规定〉的通知》（财会〔2016〕22 号）规定：全面试行营业税改征增值税后，“营业税金及附加”科目名称调整为“税金及附加”科目，该科目核算企业经营活动发生的消费税、城市维护建设税、资源税、教育费附加及房产税、土地使用税、车船使用税、印花税等相关税费；利润表中的“营业税金及附加”项目调整为“税金及附加”项目。

1. 按规定计提

借：税金及附加

贷：应交税费——应交城市维护建设税

——应交教育费附加

——应交土地使用税等

2. 实际缴纳

借：应交税费——应交城市维护建设税

——应交教育费附加

——应交土地使用税等

贷：银行存款

【例 15-7】1 月 31 日，某企业计提了当月应缴纳的城市维护建设税和教育费附加。其当月实际缴纳的增值税为 100 000 元，消费税为 40 000 元，营业税为 10 000 元，适用的城市维护建设税税率为 7%，教育费附加为 3%。2 月 5 日，企业以银行存款实际缴纳了 6 月份的城市维护建设税。根据上述经济业务，账务处理如下。

（1）1 月 31 日计算应缴纳的城建税时：

应交城市维护建设税 =（100 000+40 000+10 000）× 7%=10 500（元）

应交教育费附加 =（100 000+40 000+10 000）× 3%=4 500（元）

借：税金及附加 15 000

贷：应交税费——应交城市维护建设税 10 500

教育费附加 4 500

（2）2 月 5 日实际上交城建税和教育费附加时：

借：应交税费——应交城市维护建设税 10 500

——应交教育费附加 4 500

贷：银行存款 15 000

第十六章　利润及利润分配

利润是指企业在一定期间的经营成果，即收入减去有关的成本与费用后的差额。若收入大于相关的成本与费用，企业就可获得盈利；若收入小于相关的成本与费用，企业就会产生亏损。

企业的利润就其构成来看，既有通过生产经营活动获得的，也有通过投资活动获得的，还包括那些与生产经营活动无直接关系的事项所引起的盈亏。

第一节　利润的核算

利润是企业一定期间内生产经营活动的最终财务成果，也是企业生产经营活动质量和管理水平的综合反映。

一、利润的构成

企业的利润来源于两个方面：一是日常经营活动，即企业销售商品、提供劳务而取得的经济利益总流入，减去日常经营活动中发生的相应的经济利益总流出后的差额；二是来源于非日常经营活动，即来源于日常经营活动以外的各种收入、收益和利得等。

企业的利润包括营业利润、利润总额和净利润等内容。

营业利润是指营业收入减去营业成本、税金及附加、销售费用、管理费用、财务费用，加上投资收益（或减去投资损失）后的金额。这里所称的营业收入，是指企业销售商品和提供劳务实现的收入总额。

利润总额是指营业利润加上营业外收入，减去营业外支出后的金额。

净利润是指利润总额减去所得税费用后的净额。

企业的上述利润构成可用公式表示如下：

（1）营业利润 = 营业收入 - 营业成本 - 税金及附加 - 期间费用 - 资产减值损失 + 公允价值变动收益 - 公允价值变动损失 + 投资收益（- 投资损失）

其中：

① 营业收入是指企业经营业务所确定的收入总额，包括主营业务收入和其他业务

收入；

② 营业成本是指企业经营业务所发生的实际成本总额，包括主营业务成本和其他业务成本；

③ 资产减值损失是指企业计提各项资产减值准备所形成的损失；

④ 公允价值变动收益（或损失）是指企业交易性金融资产等公允价值变动形成的应计入当期损益的利得（或损失）；

⑤ 投资收益（或损失）是指企业以各种方式对外投资所取得的收益（或发生的损失）。

（2）利润总额 = 营业利润 + 营业外收入 − 营业外支出

（3）净利润 = 利润总额 − 所得税费用

企业利润构成中的主营业务收入、主营业务成本、税金及附加、其他业务收入、其他业务成本、投资收益等内容，其核算方法大多已在前面有关章节中作过介绍，下面主要介绍期间费用、营业外收入、营业外支出、所得税费用等的核算。

二、期间费用

期间费用是指企业当期发生的，不计入产品成本而直接计入当期损益的费用，包括销售费用、管理费用和财务费用。

（一）销售费用

房地产开发企业的销售费用是指企业在销售、转让、出租开发产品过程中发生的各项费用，主要包括：

（1）开发产品销售以前的改装修复费，开发产品的看护费、水电费、采暖费；

（2）开发产品销售、转让、出租过程中发生的广告宣传费、展览费、代销手续费、销售服务费；

（3）为销售、转让、出租本企业开发产品而专设的销售机构的员工工资、福利费、折旧费、修理费、差旅费以及其他经费。

为了核算和监督销售费用的发生和结转情况，企业应设置“销售费用”科目，其借方登记企业所发生的各项销售费用，贷方登记企业期末结转入当期损益的销售费用；结转后该科目无余额。“销售费用”科目应按销售费用的费用项目进行明细核算。

1. 房地产开发企业在发生销售费用时

借：销售费用

　贷：库存现金、银行存款、应付职工薪酬、累计折旧等

2. 期末，应将“销售费用”科目余额转入“本年利润”科目

借：本年利润

　贷：销售费用

【例 16-1】某房地产开发企业 3 月份发生下列有关销售费用的业务（假设不考虑相关税费），账务处理如下：

（1）以银行存款支付广告费 33 000 元。

借：销售费用　33 000

　贷：银行存款　33 000

（2）支付销售机构应负担的水电费 1 500 元。

借：销售费用　1 500

　贷：银行存款　1 500

（3）专设销售机构应负担的销售人员薪酬 55 000 元。

借：销售费用　55 000

　贷：应付职工薪酬　55 000

（4）月末，结转本月发生的销售费用。

借：本年利润　89 500

　贷：销售费用　89 500

（二）管理费用

房地产开发企业的管理费用是指企业行政管理部门（公司总部）为组织和管理房地产开发经营活动而发生的各项费用。为了划清开发单位与企业行政管理部门的责任，管理费用不计入开发成本，而作为期间费用直接由企业当期利润补偿。

房地产开发企业管理费用的内容包括行政管理人员工资及其计提的福利费、办公费、差旅费、折旧费、修理费、低值易耗品摊销、工会经费、职工教育经费、劳动保险费、待业保险费、咨询费，有关在管理费列支的税金、诉讼费、技术转让费、无形资产摊销、业务招待费、企业开办费、计提的坏账准备、计提的存货跌价准备、存货盘亏、毁损、报废（或盘盈）损失、排污费、绿化费等。

为了核算和监督管理费用的发生和结转情况，企业应设置“管理费用”科目，其借方登记企业发生的各项管理费用，贷方登记期末转入当期损益的管理费用；结转后该科

目应无余额。

“管理费用”科目应按费用项目进行明细核算。企业与固定资产有关的后续支出，包括固定资产发生的日常修理费、大修理费用、更新改造支出、房屋的装修费用等，没有满足固定资产准则规定的固定资产确认条件的，也在“管理费用”科目核算。

（1）企业在筹建期间内发生的开办费（包括相关人员的职工薪酬、办公费、培训费、差旅费、印刷费、注册登记费以及不计入固定资产成本的借款费用等费用），在实际发生时：

借：管理费用

　贷：银行存款等

（2）发生的行政管理部门人员的职工薪酬：

借：管理费用

　贷：应付职工薪酬

（3）行政管理部门计提的固定资产折旧：

借：管理费用

　贷：累计折旧

（4）行政管理部门发生的办公费、修理费、水电费、差旅费等：

借：管理费用

　贷：银行存款等

（5）发生业务招待费、技术转让费、财产保险费、聘请中介机构费、咨询费（含顾问费）、诉讼费等：

借：管理费用

　贷：银行存款等

（6）按规定计算确定的应交的印花税、房产税、车船使用税、土地使用税：

借：管理费用

　贷：应交税费

（7）期末，应将“管理费用”科目余额转入“本年利润”科目：

借：本年利润

　贷：管理费用

【例 16-2】某房地产开发企业 3 月份发生下列有关管理费用，具体账务处理如下：

（1）以银行存款支付聘请注册会计师的查账费 3 000 元，业务招待费 7 000 元。

借：管理费用　　10 000

　贷：银行存款　　10 000

（2）应付行政管理人员职工薪酬 50 000 元。

借：管理费用　　50 000

　贷：应付职工薪酬　　50 000

（3）以银行存款支付行政管理部门所发生的办公费 15 000 元，水电费 6 000 元，业务招待费 38 000，固定资产修理费 9 000 元。

借：管理费用　　68 000

　贷：银行存款　　68 000

（4）计提行政管理部门固定资产折旧费 12 000 元。

借：管理费用　　12 000

　贷：累计折旧　　12 000

（5）月末，结转本月发生的管理费用。

借：本年利润　　140 000

　贷：管理费用　　140 000

（三）财务费用

财务费用是指企业为筹集生产经营所需资金发生的筹资费用，包括利息费用（减利息收入）、汇兑损失、银行相关手续费、企业给予的现金折扣（减享受的现金折扣）等费用。

为了核算和监督企业财务费用的发生和结转情况，企业应设置“财务费用”科目，其借方登记企业发生的各项财务费用，贷方登记期末结转入当期损益的财务费用；结转后该科目无余额。该科目应按费用项目进行明细核算。

（1）房地产开发企业因开发产品所发生的借款利息及相关的手续费借款费用，在开发产品完工以前，计入有关开发成本：

借：开发间接费用

**　贷：长期借款、银行存款**

（2）开发企业因购建固定资产而发生的长期借款利息支出及相关的手续费，在购建固定资产尚未交付使用以前，计入有关固定资产的价值：

借：固定资产、固定资产购建支出

**　贷：长期借款、银行存款**

（3）开发产品完工以后发生的长期借款利息支出和固定资产购建工程完成交付使用后发生的长期借款的利息支出，应计入财务费用：

借：财务费用

**　贷：长期借款、银行存款**

（4）与开发房地产和购建固定资产直接有关的长期借款，在使用以前暂存银行而发生的利息收入，在开发产品完工以前和固定资产购建工程交付使用以前发生的，应与相应计入开发成本和固定资产价值的利息支出冲抵：

借：银行存款

贷：开发间接费用、固定资产购建支出

在开发产品完工和固定资产购建工程交付使用以后发生的利息收入，应冲减财务费用：

借：银行存款

贷：财务费用

（5）开发企业由于汇率变动等原因，在开发经营期间发生的汇兑损失，以及在交付使用以后发生的与购建固定资产直接有关的汇兑损失，应借记“财务费用”科目，贷记有关科目。在开发经营期间发生的汇兑收益，以及在交付使用后发生的与购建固定资产直接有关的汇兑收益，应贷记“财务费用”科目，借记有关科目。与购建固定资产直接有关的汇兑损益，在交付使用之前发生的，应计入或冲减有关资产的价值，若为汇兑损失则借记“固定资产”“固定资产购建支出”科目。若为汇兑收益，则作相反的会计分录：

借：本年利润

贷：财务费用

【例 16-3】某房地产开发企业 3 月份发生下列有关费用，具体账务处理如下。

（1）支付银行承兑汇票手续费 5 300 元：

	借方	贷方
借：财务费用	5 300	
贷：银行存款		5 300

（2）计提短期借款利息 8 000 元：

	借方	贷方
借：财务费用	8 000	
贷：应付利息		8 000

（3）采购材料时享受现金折扣 5 000 元：

	借方	贷方
借：应付账款	5 000	
贷：财务费用		5 000

（4）给予客户现金折扣 6 000 元：

	借方	贷方
借：财务费用	6 000	
贷：应收账款		6 000

（5）取得银行存款利息收入 2 000 元：

借：银行存款　　　　2 000

　贷：财务费用　　　　2 000

（6）月末，结转本月发生的财务费用：

借：本年利润　　　　12 300

　贷：财务费用　　　　12 300

三、营业外收入与营业外支出

虽然营业外收入、营业外支出与企业的生产经营活动没有直接联系，但是从企业主体来考虑，它同样会对企业的利润总额产生影响。

营业外收入和营业外支出应当分别核算。企业在具体核算营业外收支时，不得以营业外支出直接冲减营业外收入，也不得以营业外收入冲减营业外支出，即应当严格区别营业外收入和营业外支出，分别进行核算。

（一）营业外收入

营业外收入是指企业非日常生产经营活动形成的、应当计入当期损益、会导致所有者权益增加、与所有者投入资本无关的经济利益的净流入。

营业外收入实际上是一种纯收入，不可能也不需要与有关费用进行配比。它具体包括非流动资产处置利得、非货币性资产交换利得、债务重组利得、盘盈利得、政府补助以及捐赠利得等。

1. 科目设置

为了反映营业外收入的取得情况，企业应设置“营业外收入”科目，并按照营业外收入的具体项目进行明细核算。“营业外收入”科目的贷方登记企业取得的各项营业外收入，借方登记企业期末转入“本年利润”账户的营业外收入，结转后，该科目期末无余额。

2. 主要账务处理

（1）处置固定资产取得的收益：

借：固定资产清理

　贷：营业外收入——处置非流动资产利得

（2）处置无形资产：

借：银行存款等（按实际收到的金额等）

　　累计摊销（已计提的累计摊销）

　　无形资产减值准备

营业外支出——处置非流动资产损失

贷：应交税费（应支付的相关税费）

银行存款（支付的其他交易费用）

无形资产（账面余额）

营业外收入——处置非流动资产利得

（3）逾期未退包装物加收的押金：

借：其他应付款

贷：应交税费

营业外收入

（4）取得的罚款净收入：

借：银行存款

贷：营业外收入

（5）按规定计算应收的政府补贴：

借：其他应收款

贷：营业外收入

（6）与资产相关的政府补助在受益期间确认相关费用：

借：递延收益

贷：营业外收入

（7）返还政府补助：

借：递延收益

营业外收入

贷：银行存款

其他应付款

（8）核销无法支付的应付款项：

借：应付账款

贷：营业外收入

（9）接受捐赠：

借：银行存款、原材料等

贷：营业外收入

（10）期末，将“营业外收入”科目余额转入“本年利润”科目：

借：营业外收入

贷：本年利润

【例 16-4】合华房地产公司本月发生的与营业外收入有关的经济业务及相关会计处理如下。

（1）经批准，将一批无法支付的应付款项 30 000 元核销，转入营业外收入：

借：应付账款　　30 000

　　贷：营业外收入——违约金收益　　30 000

（2）收到施工单位工程质量罚款 50 000 元：

借：银行存款　　50 000

　　贷：营业外收入——罚款收入　　50 000

（二）营业外支出

营业外支出是指企业非日常生产经营活动发生的、应当计入当期损益、会导致所有者权益减少、与向所有者分配利润无关的经济利益的净流出。

企业的营业外支出不属于企业生产经营费用，与企业生产经营活动没有直接关系的各项支出，主要包括非流动资产处置损失、非货币资产交换损失、公益性捐赠支出、非常损失以及盘亏损失等。

1. 科目设置

为了反映营业外支出的发生情况，企业应设置“营业外支出”科目，并按照营业外支出的具体项目进行明细核算。“营业外支出”科目的借方登记企业发生的各项营业外支出，贷方登记企业期末转入“本年利润”账户的营业外支出，结转后该科目期末无余额。

2. 主要账务处理

（1）企业发生的营业外支出：

借：营业外支出

　　贷：待处理财产损溢、现金、银行存款、固定资产清理等

（2）期末，将“营业外支出”科目的余额转入“本年利润”科目：

借：本年利润

　　贷：营业外支出

【例 16-5】合华房地产公司本月向灾区捐款 100 000 元，账务处理为：

借：营业外支出——捐赠支出　　100 000

　　贷：银行存款　　100 000

期末，将“营业外支出”科目的余额转入“本年利润”科目：

借：本年利润　　100 000

　　贷：营业外支出　　100 000

四、所得税费用的核算

企业的会计核算和税收处理分别遵循不同的原则，服务于不同的目的。在我国，会计的确认、计量、报告应当遵从《企业会计准则》的规定，目的在于真实、完整地反映企业的财务状况、经营成果和现金流量等，为投资者、债权人以及其他会计信息使用者提供对其决策有用的信息。税法则是以课税为目的，根据国家有关税收法律法规的规定，确定一定时期内纳税人应缴纳的税额。从所得税的角度，主要是确定企业的应纳税所得额，以对企业的经营所得征税。

《企业会计准则第 18 号——所得税》（以下简称“所得税准则”）是从资产负债表出发，通过比较资产负债表上列示的资产、负债按照会计准则规定确定的账面价值与按照税法规定确定的计税基础，对于两者之间的差异分别应纳税暂时性差异与可抵扣暂时性差异，确认相关的递延所得税负债与递延所得税资产，并在此基础上确定每一会计期间利润表中的所得税费用。

（一）所得税会计核算的一般程序

采用资产负债表债务法核算所得税的情况下，企业一般应于每一资产负债表日进行所得税核算。发生特殊交易或事项时，如企业合并，在确认因交易或事项取得的资产、负债时即应确认相关的所得税影响。企业进行所得税核算一般应遵循以下程序。

（1）按照相关会计准则规定确定资产负债表中除递延所得税资产和递延所得税负债以外的其他资产和负债项目的账面价值。其中，资产、负债的账面价值是指企业按照相关会计准则的规定进行核算后在资产负债表中列示的金额。例如，企业持有的应收账款账面余额为 1 000 万元，企业对该应收账款计提了 100 万元的坏账准备，其账面价值为 900 万元，为该应收账款在资产负债表中的列示金额。

（2）按照准则中对于资产和负债计税基础的确定方法，以适用的税收法规为基础，确定资产负债表中有关资产、负债项目的计税基础。

（3）比较资产、负债的账面价值与其计税基础，对于两者之间存在差异的，分析其性质，除准则中规定的特殊情况外，分别按应纳税暂时性差异与可抵扣暂时性差异并乘以所得税税率，确定资产负债表日递延所得税负债和递延所得税资产的应有金额，并与期初递延所得税负债和递延所得税资产的余额相比，确定当期应予进一步确认的递延所得税资产和递延所得税负债金额或应予转销的金额，作为构成利润表中所得税费用的其中一个组成部分——递延所得税。

（4）按照适用的税法规定计算确定当期应纳税所得额，将应纳税所得额与适用的所得税税率计算的结果确认为当期应交所得税，作为利润表中应予确认的所得税费用的另外一个组成部分——当期所得税。

（5）确定利润表中的所得税费用。利润表中的所得税费用包括当期所得税和递延所得税两个组成部分，企业在计算确定了当期所得税和递延所得税后，两者之和（或之差），是利润表中的所得税费用。

（二）资产负债表债务法的会计处理

采用资产负债表债务法核算所得税的情况下，利润表中的所得税费用由两个部分组成：当期所得税和递延所得税。

1. 资产负债表日，根据当期的会计利润调整计算应纳税所得额

应纳税所得额 = 会计利润 + 纳税调整增加额 – 纳税调整减少额

纳税调整增加额是指使会计利润减少，但按税法规定不许税前扣除的费用项目，如计提的资产减值损失、公允价值变动损失、超过计税工资标准的工资、行政性罚款支出等。

纳税调整减少额是指使会计利润增加，但按税法规定不计入应税所得的收益项目，如收到的国库券利息、长期股权投资权益法核算双方所得税率相等时确认的投资收益等。

纳税调整项目一般与下列项目有关，一是影响所得税的资产项目，主要包括交易性金融资产、长期股权投资、可供出售金融资产、投资性房地产、固定资产、无形资产、商誉、应收股利和应收账款等。二是影响所得税的负债项目，主要包括预计负债、预收账款、应付职工薪酬、预提费用、递延收益和其他负债等。对这些项目进行分析，确定纳税调整项目，判断应税所得是调增还是调减。

2. 计算应交所得税

应交所得税 = 应纳税所得额 × 适用的所得税税率

借：所得税费用

**　贷：应交税费——应交所得税**

3. 计算递延所得税

递延所得税 = 当期递延所得税负债的增加 + 当期递延所得税资产的减少 – 当期递延所得税负债的减少 – 当期递延所得税资产的增加

如果某项交易或事项按照企业会计准则规定应计入所有者权益，由该交易或事项产生的递延所得税资产或递延所得税负债及其变化也应计入所有者权益，不构成利润表中

的所得税费用。

4. 计算所得税费用

所得税费用 = 当期所得税 + 递延所得税费用

计入当期损益的所得税费用或收益不包括企业合并和直接在所有者权益中确认的交易或事项产生的所得税影响。与直接计入所有者权益的交易或者事项相关的当期所得税和递延所得税，应当计入所有者权益。所得税费用应当在利润表中单独列示。

（1）通常根据递延所得税负债的增加数：

借：所得税费用

贷：递延所得税负债

（2）依据递延所得税资产的增加数：

借：递延所得税资产

贷：所得税费用

【例 16-6】某房地产开发企业 2016 年度按企业会计准则计算的税前会计利润为 10 000 000 元，所得税税率为 25%。当年按税法核定的全年计税工资为 2 000 000 元，全年实发工资 1 800 000 元。假定该企业全年无其他纳税调整因素。该企业递延所得税负债年初数为 400 000 元，年末数为 500 000 元，递延所得税资产年初数为 250 000 元，年末数为 200 000 元。根据上述资料，甲工业企业应作如下账务处理：

递延所得税费用 =（500 000−400 000）+（250 000−200 000）=150 000（元）

所得税费用 = 2 500 000+150 000=2 650 000（元）

借：所得税费用　　2 650 000

贷：应交税费——应交所得税　　2 500 000

递延所得税负债　　100 000

递延所得税资产　　50 000

五、利润结转的核算

会计期末，企业应及时结转当期利润。

（1）期末，将“主营业务收入”“其他业务收入”“营业外收入”等科目的余额转入“本年利润”科目：

借：主营业务收入、其他业务收入、营业外收入等

贷：本年利润

（2）期末，将“主营业务成本”“税金及附加”“其他业务成本”“销售费用”“管理费用”“财务费用”“营业外支出”“所得税费用”等科目的余额转入“本年利润”科目：

借：本年利润

　贷：主营业务成本

　　　税金及附加

　　　其他业务成本

　　　销售费用

　　　管理费用

　　　财务费用

　　　营业外支出

　　　所得税费用

（3）将“投资收益”科目的净收益转入“本年利润”：

借：投资收益

　贷：本年利润

将“投资收益”科目的净损失转入“本年利润”：

借：本年利润

　贷：投资收益

（4）年度终了，应当将本年收入和支出相抵后结出的本年实现的净利润，转入“利润分配”科目：

借：本年利润

　贷：利润分配——未分配利润

如为净亏损，作相反会计分录。结转后“本年利润”科目应无余额。

【例 16-7】某房地产开发企业 2016 年有关损益类科目的年末余额如下（该企业采用表结法年末一次结转损益类科目，所得税税率为 25%），假设甲公司 2016 年度不存在所得税纳税调整因素：

科目名称	结账前余额
主营业务收入	6 000 000 元（贷）
其他业务收入	700 000 元（贷）
公允价值变动损益	150 000 元（贷）
投资收益	600 000 元（贷）
营业外收入	50 000 元（贷）
主营业务成本	4 000 000 元（借）

其他业务成本　　400 000 元（借）

税金及附加　　80 000 元（借）

销售费用　　500 000 元（借）

管理费用　　770 000 元（借）

财务费用　　200 000 元（借）

资产减值损失　　100 000 元（借）

营业外支出　　250 000 元（借）

根据上述资料，应作如下账务处理：

（1）将各损益类科目年末余额结转入“本年利润”科目。

①结转各项收入、利得类科目：

借：主营业务收入　　6 000 000

　　其他业务收入　　700 000

　　公允价值变动损益　　150 000

　　投资收益　　600 000

　　营业外收入　　50 000

　贷：本年利润　　7 500 000

②结转各项费用、损失类科目：

借：本年利润　　6 300 000

　贷：主营业务成本　　4 000 000

　　　其他业务成本　　400 000

　　　税金及附加　　80 000

　　　销售费用　　500 000

　　　管理费用　　770 000

　　　财务费用　　200 000

　　　资产减值损失　　100 000

　　　营业外支出　　250 000

（2）经过上述结转后，“本年利润”科目的贷方发生额合计 7 500 000 元减去借方发生额合计 6 300 000 元即为税前会计利润 1 200 000 元。

（3）应交所得税 =1 200 000 × 25%=300 000（元）

①确认所得税费用：

借：所得税费用　　300 000

　贷：应交税费——应交所得税　　300 000

②将所得税费用结转入“本年利润”科目：

借：本年利润　　300 000

　贷：所得税费用　　300 000

（4）将“本年利润”科目年末余额900 000（7 500 000−6 300 000−300 000）元转入“利润分配——未分配利润”科目：

借：本年利润　　900 000

　贷：利润分配——未分配利润　　900 000

第二节　利润分配的核算

企业实现的净利润应按规定进行合理分配，并作相应的会计核算。企业本年实现的净利润加上年初未分配利润为可供分配的利润。

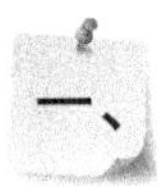

一、利润分配顺序

企业当年实现的净利润，加上年初未分配利润（或减去年初未弥补亏损）和其他转入后的余额，为可供分配的利润。可供分配的利润按下列顺序分配。

（1）提取法定盈余公积金。企业应当按照当年税后利润的一定比例提取盈余公积金。提取法定盈余公积金主要是为了增加企业的资金积累，促进企业健康稳定的发展。

（2）提取任意盈余公积金。企业可以根据需要提取任意盈余公积金。任意盈余公积金的提取比例由企业视情况而定。

（3）应付利润。企业提取法定盈余公积金和任意盈余公积金后，可以按利润分配方案向投资者分配利润。

（4）转增资本。企业可按董事会或类似机构批准的金额转增资本。

企业如果发生亏损，可以用以后年度实现的利润弥补，也可以用以前年度提取的盈余公积金弥补。企业以前年度亏损未弥补完，不得提取法定盈余公积金和任意盈余公积金。

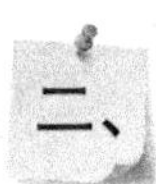

二、未分配利润

（一）科目设置

为了核算企业利润的分配（或亏损的弥补）和历年分配（或弥补）后的余额，企业应设置“利润分配”科目。该科目是“本年利润”科目的备抵调整科目，其贷方登记从“本年利润”科目转来的本年实现的净利润，以及企业的董事会或类似机构决议提请股东大会批准提取的盈余公积和按照利润分配方案分配给投资者的利润等。年度终了，应将“利润分配”科目下“未分配利润”以外的其他明细科目的借方余额转入“利润分配——未分配利润”科目，结转后该科目的年末余额反映企业的未分配利润（或未弥补的亏损）。

“利润分配”科目应分别按“提取法定盈余公积”“提取任意盈余公积”“应付现金股利或利润”“转作股本的股利”“盈余公积补亏”和“未分配利润”等进行明细核算。

（二）账务处理

（1）企业根据有关规定分配给投资者的利润：

借：利润分配——应付利润

　贷：应付利润

（2）用盈余公积弥补亏损：

借：盈余公积

　贷：利润分配——盈余公积补亏

（3）企业（中外合作经营）根据合同规定在合作期间归还投资者的投资，应按照实际归还投资的金额：

借：实收资本——已归还投资

　贷：银行存款等

同时：

借：利润分配——利润归还投资

　贷：盈余公积——利润归还投资

（4）提取法定盈余公积和任意盈余公积：

借：利润分配——提取法定盈余公积

　　　　　　——提取任意盈余公积

　贷：盈余公积——法定盈余公积

　　　　　　　——任意盈余公积

（5）将“利润分配”科目下的其他明细科目的余额转入“利润分配——未分配利润”科目：

借：利润分配——未分配利润

　贷：利润分配——提取法定盈余公积

——提取任意盈余公积

——应付利润

结转后，除“未分配利润”明细科目外，本科目的其他明细科目应无余额。

【例 16-8】某房地产开发企业 2016 年度的税后净利润为 1 000 000 元，企业的利润分配方案为：按税后利润的 10% 提取法定盈余公积，按税后利润的 5% 提取任意盈余公积；经董事会决议，向投资者分配利润 500 000 元。根据上述经济业务，该企业应作如下账务处理。

（1）结转本年利润：

借：本年利润　　1 000 000

　贷：利润分配——未分配利润　　1 000 000

（2）提取盈余公积：

借：利润分配——提取法定盈余公积　　100 000

　　　　　　——提取任意盈余公积　　50 000

　贷：盈余公积——法定盈余公积　　100 000

　　　　　　　——任意盈余公积　　50 000

（3）分配利润：

借：利润分配——应付利润　　500 000

　贷：应付利润　　500 000

（4）结转未分配利润：

借：利润分配——未分配利润　　650 000

　贷：利润分配——提取法定盈余公积　　100 000

　　　　　　　——提取任意盈余公积　　50 000

　　　　　　　——应付利润　　500 000

经上述结转后，“利润分配——未分配利润”科目的贷方余额为：1 000 000−650 000 = 350 000（元），为年末未分配利润。

【例 16-9】某企业 2016 年发生经营净亏损 500 000 元，经董事会批准，用提取的盈余公积 300 000 元弥补部分亏损。根据上述经济业务，该企业应作如下账务处理。

（1）结转本年净亏损：

借：利润分配——未分配利润　　500 000

　贷：本年利润　　500 000

（2）用法定盈余公积弥补亏损：

借：盈余公积　　300 000

　贷：利润分配——盈余公积补亏　　300 000

（3）将“利润分配”科目中的“盈余公积补亏”明细科目余额转入“未分配利润”明细科目：

借：利润分配——盈余公积补亏　　300 000

　贷：利润分配——未分配利润　　300 000

结转后，“利润分配——未分配利润”科目的借方余额为：500 000–300 000 = 200 000（元），为年末未弥补亏损。

第十七章　财务报表的编制

财务报表是对企业财务状况、经营成果和现金流量的结构性表述。财务报表至少应当包括下列组成部分：（1）资产负债表；（2）利润表；（3）现金流量表；（4）所有者权益（或股东权益）变动表；（5）附注。

第一节　资产负债表的编制

资产负债表是反映企业在某一特定日期财务状况的财务报表。它反映企业在某一特定日期所拥有或控制的经济资源、所承担的现时义务和所有者对净资产的要求权。

一、资产负债表的结构和内容

资产负债表是根据“资产 = 负债 + 所有者权益”这一会计恒等式按照一定的分类标准和顺序编制的。目前，国际上流行的资产负债表格式，主要有账户式和报告式两种。根据规定，我国企业的资产负债表采用账户式结构。账户式资产负债表分为左方和右方，左方列示资产各项目，右方列示负债和所有者权益各项目。

年度、半年度会计报表至少应当反映两个年度或者相关两个期间的比较数据。所以，企业提供的会计报表必须能够反映企业至少在两个不同时点上的数据，以使会计报表使用者可以通过比较掌握企业的财务状况和发展趋势，这样资产负债表也相应地设置了“年初余额”和“期末余额”两个不同的栏目进行填列。

根据会计恒等式，即“资产 = 负债 + 所有者权益”的基本原理，资产与负债和所有者权益左右两方的最后合计数应该平衡，即左方的资产总额等于右方的负债和所有者权益合计总额。工业企业资产负债表的基本格式如下表所示。

资产负债表

会企 01 表

编制单位：　　　　　　　　　　　　____年__月__日　　　　　　　　　　　　单位：元

资产	期末余额	年初余额	负债和所有者权益（或股东权益）	期末余额	年初余额
流动资产：			**流动负债：**		
货币资金			短期借款		
交易性金融资产			交易性金融负债		
应收票据			应付票据		
应收账款			应付账款		
预付款项			预收款项		
应收利息			应付职工薪酬		
应收股利			应交税费		
其他应收款			应付利息		
存货			应付股利		
一年内到期的非流动资产			其他应付款		
其他流动资产			一年内到期的非流动负债		
流动资产合计			其他流动负债		
非流动资产：			**流动负债合计**		
可供出售金融资产			**非流动负债：**		
持有至到期投资			长期借款		
长期应收款			应付债券		
长期股权投资			长期应付款		
投资性房地产			专项应付款		
固定资产			预计负债		
在建工程			递延所得税负债		
工程物资			其他非流动负债		
固定资产清理			**非流动负债合计**		
生产性生物资产			**负债合计**		
油气资产			**所有者权益（或股东权益）：**		
无形资产			实收资本（或股本）		

（续）

资产	期末余额	年初余额	负债和所有者权益（或股东权益）	期末余额	年初余额
开发支出			资本公积		
商誉			减：库存股		
长期待摊费用			盈余公积		
递延所得税资产			未分配利润		
其他非流动资产			**所有者权益（或股东权益）合计**		
非流动资产合计					
资产总计			**负债和所有者权益（或股东权益）总计**		

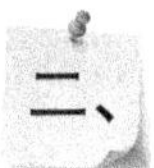

二、资产负债表的编制方法

资产负债表是一种静态报表，所以在编制时，应根据有关账户的期末余额填列。

（一）“年初余额”的填列

资产负债表中，“年初余额”栏通常根据上年末有关项目的期末余额填列，且与上年末资产负债表“期末余额”栏相一致。企业在首次执行新准则当年的“年初余额”栏及相关项目进行调整；以后期间，如果企业发生了会计政策变更、前期差错更正，应当对“年初余额”栏中的有关项目进行相应调整。此外，如果企业上年度资产负债表规定的项目名称和内容与本年度不一致，应当对上年年末资产负债表相关项目的名称和数字按照本年度的规定进行调整，填入“年初余额”栏。

（二）“期末余额”的填列

资产负债表中的“期末余额”是指某一资产负债表日的数字，即月末、季末、半年末或年末的数字。资产负债表各项目“期末余额”的数据来源，可以通过以下几种方式取得：

1. 根据总账科目余额填列

（1）根据一个总账科目余额填列。例如，“交易性金融资产”“短期借款”“应付票据”“应付职工薪酬”等项目，根据“交易性金融资产”“短期借款”“应付票据”“应付职工薪酬”各总账科目的余额直接填列。

（2）根据几个总账科目的期末余额计算填列。例如，“货币资金”项目，需根据

“库存现金”“银行存款”“其他货币资金”三个总账科目的期末余额的合计数填列。“未分配利润”项目，需根据“本年利润”“未分配利润”两个总账科目的期末余额的合计数填列。

2. 根据明细账科目余额计算填列

（1）“开发支出”项目，应当根据“研发支出”科目中所属的“资本化支出”明细科目期末余额填列。

（2）“应收账款”项目，应当根据“应收账款”“预收账款”科目所属明细科目期末借方明细余额合计减去“坏账准备”科目中有关应收账款计提的坏账准备期末余额后的金额填列。

（3）“预收款项”项目，应当根据“应收账款”“预收账款”等科目所属明细科目期末贷方明细余额合计填列。

（4）“应付账款”项目，应当根据“应付账款”“预付账款”等科目所属明细科目期末贷方余额合计填列。

（5）“预付款项”项目，应当根据“应付账款”“预付账款”等科目所属明细科目期末借方余额合计填列，减去“坏账准备”科目中有关预付账款计提的坏账准备期末余额后的金额填列。

3. 根据总账科目和明细账科目余额分析计算填列

例如，“长期借款”项目，需要根据“长期借款”总账科目贷方余额扣除“长期借款”科目所属的明细科目中将在一年内到期，且企业不能自主地将清偿义务展期的长期借款后的金额计算填列。

4. 根据有关科目余额减去其备抵科目余额后的净额填列

例如，资产负债表中的“应收票据”“应收账款”“长期股权投资”“在建工程”等项目，应当根据“应收票据”“应收账款”“长期股权投资”“在建工程”等科目的期末余额减去“坏账准备”“长期股权投资减值准备”“在建工程减值准备”等科目余额后的净额填列。“投资性房地产”“固定资产”项目，应当根据“投资性房地产”“固定资产”科目的期末余额减去“投资性房地产累计折旧”“累计折旧”“投资性房地产减值准备”“固定资产减值准备”备抵科目余额后的净额填列，“无形资产”项目，应当根据“无形资产”科目的期末余额，减去“累计摊销”“无形资产减值准备”备抵科目余额后的净额填列。

【例 17-1】科园房地产开发公司 2016 年 12 月 31 日的有关资料如下：

（1）科目余额表（单位：元）：

科目名称	借方余额	贷方余额
库存现金	800 000	
银行存款	14 560 000	
应收票据	1 500 000	
应收账款	46 400 000	
预付账款	8 000 000	
坏账准备——应收账款		400 000
周转材料	350 000	
开发成本	13 500 000	
开发产品	86 800 000	
交易性金融资产	800 000	
固定资产	6 400 000	
累计折旧		1 600 000
在建工程	5 300 000	
投资性房地产	5 000 000	
短期借款		5 000 000
应付账款		56 000 000
预收账款		5 000 000
应付职工薪酬		850 000
应交税费		350 000
长期借款		13 000 000
实收资本		100 000 000
资本公积		500 000
盈余公积		1 300 000
未分配利润		5 410 000

（2）长期借款共两笔，均为到期一次性还本付息。金额及期限如下：

① 从工商银行借入 5 000 000 元，期限从 2015 年 3 月 1 日至 2017 年 3 月 1 日；

② 从建设银行借入 8 000 000 元，期限从 2015 年 11 月 1 日至 2018 年 11 月 1 日。

根据上述账户余额表，编制该公司 2016 年 12 月 31 日的资产负债表（年初余额略）。

资产负债表

单位名称：科园房地产开发公司　　　　2016 年 12 月 31 日　　　　单位：元

资产	年初余额	期末余额	负债和所有者权益（或股东权益）	年初余额	期末余额
流动资产：			流动负债：		
货币资金		15 360 000	短期借款		5 000 000
交易性金融资产		800 000	交易性金融负债		
应收票据		1 500 000	应付票据		
应收账款		46 000 000	应付账款		56 000 000
预付款项		8 000 000	预收款项		5 000 000
应收利息			应付职工薪酬		850 000
应收股利			应交税费		350 000
其他应收款			应付利息		
存货		100 650 000	应付股利		
一年内到期的非流动资产			其他应付款		
其他流动资产			一年内到期的非流动负债		5 000 000
流动资产合计		172 310 000	其他流动负债		
非流动资产：			流动负债合计		72 200 000
可供出售金融资产			非流动负债：		
持有至到期投资			长期借款		8 000 000
长期应收款			应付债券		
长期股权投资			长期应付款		
投资性房地产		5 000 000	专项应付款		
固定资产		4 800 000	预计负债		
在建工程		5 300 000	递延所得税负债		
工程物资			其他非流动负债		
固定资产清理			非流动负债合计		8 000 000
生产性生物资产			负债合计		80 200 000
油气资产			所有者权益（或股东权益）：		

（续）

资产	年初余额	期末余额	负债和所有者权益（或股东权益）	年初余额	期末余额
无形资产			实收资本（或股本）		100 000 000
开发支出			资本公积		500 000
商誉			减：库存股		
长期待摊费用			盈余公积		1 300 000
递延所得税资产			未分配利润		5 410 000
其他非流动资产			所有者权益（或股东权益）合计		107 210 000
非流动资产合计		15 100 000			
资产总计		187 410 000	负债和所有者权益（或股东权益）总计		187 410 000

需要特别计算的项目，计算过程如下。

资产类：

货币资金 =800 000+14 456 000=15 536 000（元）

应收账款 =46 400 000–400 000=46 000 000（元）

存货 =350 000+13 500 000+86 800 000=100 650 000（元）

一年内到期的非流动负债 =5 000 000（元）（从资料（2）分析，① 属于一年内到期的非流动负债）

长期借款 =13 000 000–5 000 000=8 000 000（元）

第二节 利润表的编制

利润表也称损益表或收益表，是反映企业在一定会计期间经营成果的会计报表，其主要内容是列示企业在一定时期内所取得的收入、发生的费用支出和获得的利润。利润表也是企业对外报送的主要会计报表之一。

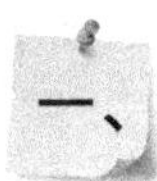

一、利润表的结构和内容

利润表是指反映企业在一定会计期间的经营成果的报表。常见的利润表结构主要有单步式和多步式两种。在我国，利润表一律采用多步式结构，通过对当期的收入、收益、支出项目按性质加以归类，按利润形成的主要环节列示一些中间性利润指标，如营业利润、利润总额，分步计算当期净损益。

利润表

会企 02 表

编制单位：　　　　　　　　　　　　　　　____年__月　　　　　　　　　　　　　　　单位：元

项目	本期金额	上期金额
一、营业收入		
减：营业成本		
营业税金及附加		
销售费用		
管理费用		
财务费用		
资产减值损失		
加：公允价值变动收益（损失以“-”号填列）		
投资收益（损失以“-”号填列）		
其中：对联营企业和合营企业的投资收益		
二、营业利润（亏损以“-”号填列）		
加：营业外收入		
减：营业外支出		
其中：非流动资产处置损失		
三、利润总额（亏损总额以“-”号填列）		
减：所得税费用		
四、净利润（净亏损以“-”号填列）		
五、每股收益：		
（一）基本每股收益		
（二）稀释每股收益		

二、利润表的编制方法

我国企业利润表的主要编制步骤如下：

第一步，以营业收入为基础，减去营业成本、营业税金及附加、销售费用、管理费用、财务费用、资产减值损失，加上公允价值变动收益（减去公允价值变动损失）和投资收益（减去投资损失），计算出营业利润；

第二步，以营业利润为基础，加上营业外收入，减去营业外支出，计算出利润总额；

第三步，以利润总额为基础，减去所得税费用，计算出净利润（或亏损）。

利润表各项目均需填列“本期金额”和“上期金额”两栏。其中“上期金额”栏内各项数字，应根据上年该期利润表的“本期金额”栏内所列数字填列。“本期金额”栏内各期数字，除“基本每股收益”和“稀释每股收益”项目外，应当按照相关科目的发生额分析填列。

（1）“营业收入”项目，反映企业经营主要业务和其他业务所确认的收入总额。本项目应根据“主营业务收入”和“其他业务收入”科目的发生额分析填列。

（2）“营业成本”项目，反映企业经营主要业务和其他业务所发生的成本总额。本项目应根据“主营业务成本”和“其他业务成本”科目的发生额分析填列。

（3）“营业税金及附加”项目，反映企业经营业务应负担的消费税、城市维护建设税、资源税、土地增值税和教育费附加等。本项目应根据“营业税金及附加”科目的发生额分析填列。

（4）“销售费用”项目，反映企业在销售商品过程中发生的包装费、广告费等费用和为销售本企业商品而专设的销售机构的职工薪酬、业务费等经营费用。本项目应根据“销售费用”科目的发生额分析填列。

（5）“管理费用”项目，反映企业为组织和管理生产经营发生的管理费用。本项目应根据“管理费用”的发生额分析填列。

（6）“财务费用”项目，反映企业筹集生产经营所需资金等而发生的筹资费用。本项目应根据“财务费用”科目的发生额分析填列。

（7）“资产减值损失”项目，反映企业各项资产发生的减值损失。本项目应根据“资产减值损失”科目的发生额分析填列。

（8）“公允价值变动收益”项目，反映企业应当计入当期损益的资产或负债公允价值变动收益。本项目应根据“公允价值变动损益”科目的发生额分析填列，如为净损失，本项目以“-”号填列。

（9）“投资收益”项目，反映企业以各种方式对外投资所取得的收益。本项目应根据“投资收益”科目的发生额分析填列。如为投资损失，本项目以“-”号填列。

（10）“营业利润”项目，反映企业实现的营业利润。如为亏损，本项目以“-”号填列。

（11）“营业外收入”项目，反映企业发生的与经营业务无直接关系的各项收入。本项目应根据“营业外收入”科目的发生额分析填列。

（12）“营业外支出”项目，反映企业发生的与经营业务无直接关系的各项支出。本项目应根据“营业外支出”科目的发生额分析填列。

（13）“利润总额”项目，反映企业实现的利润。如为亏损，本项目以“–”号填列。

（14）“所得税费用”项目，反映企业应从当期利润总额中扣除的所得税费用。本项目应根据“所得税费用”科目的发生额分析填列。

（15）“净利润”项目，反映企业实现的净利润。如为亏损，本项目以“–”号填列。

【例 17-2】截止到 2016 年 12 月 31 日，某房地产开发企业“主营业务收入”科目发生额为 1 990 万元，“主营业务成本”科目发生额为 630 万元，“其他业务收入”科目发生额为 500 万元，“其他业务成本”科目发生额为 150 万元，“营业税金及附加”科目发生额为 780 万元，“销售费用”科目发生额为 60 万元，“管理费用”科目发生额为 50 万元，“财务费用”科目发生额为 170 万元，“资产减值损失”科目发生额为 50 万元，“公允价值变动损益”科目为借方发生额 450 万元（无贷方发生额），“投资收益”科目贷方发生额为 850 万元（无借方发生额），“营业外收入”科目发生额为 100 万元，“营业外支出”科目发生额为 40 万元，“所得税费用”科目发生额为 171.6 万元。

那么，该企业 2016 年度利润表中营业利润、利润总额和净利润的计算过程如下：

（1）营业利润 = 营业收入（1 990+500）– 营业成本（630+150）– 税金及附加（780）– 销售费用（60）– 管理费用（50）– 财务费用（170）– 资产减值损失（50）– 公允价值变动损益（450）+ 投资收益（850）=1 000（万元）

（2）利润总额 = 营销利润（1 000）+ 营业外收入（100）– 营业外支出（40）=1 060（万元）

（3）净利润 = 利润总额（1 060）– 所得税费用（171.6）=888.4（万元）

第三节　现金流量表的编制

现金流量表是反映企业在一定会计期间现金和现金等价物流入和流出的报表。它表明企业获取现金和现金等价物（除特别说明，以下所称的现金均包括现金等价物）的能力。

一、现金流量表的编制基础

现金流量表的编制基础是现金。这里的现金是指企业库存现金、可以随时用于支付的存款以及现金等价物。可见，现金流量表的现金与企业会计上所说的现金并不一样，会计上所说的现金通常指企业的库存现金，而现金流量表的现金范围显然更广。

现金等价物是指企业持有的期限短、流动性强、易于转换为已知金额现金、价值变动风险很小的投资。期限短，一般是指从购买日起三个月内到期。现金等价物通常包括三个月内到期的债券投资等。权益性投资变现的金额通常不确定，因而不属于现金等价物。

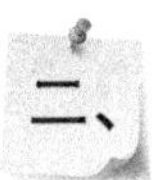

二、现金流量表的结构和内容

顾名思义，现金流量表所反映的内容就是企业在一定时期内的现金流量。现金流量信息表明企业经营状况是否良好、资金是否紧缺、企业偿付能力大小等，从而为投资者、债权人、企业管理者提供非常有用的信息。

所谓的“现金流量”，是指企业现金和现金等价物的流入和流出。如企业出售商品、提供劳务、出售固定资产、向银行借款等取得现金，形成企业的现金流入；购买材料、接受劳务、购置固定资产、对外投资、偿还债务等而支付的现金，形成企业的现金流出。

注意

> 企业现金形式的转换不会产生现金的流入和流出，例如，企业从银行提取现金，是企业现金存放形式的转换，并未流出企业，不构成现金流量；同样，现金与现金等价物之间的转换也不属于现金流量，比如企业将一个月前购买的有价证券变现，收回现金，并不增加和减少现金流量，因为这里的有价证券也属于现金流量表中的现金等价物范畴。

在现金流量表中，现金流量被划分为经营活动产生的现金流量、投资活动产生的现金流量和筹资活动产生的现金流量三大类。

（一）经营活动产生的现金流量

经营活动是指企业投资活动和筹资活动以外的所有交易和事项，包括销售商品或提供劳务、购买商品或接受劳务、收到返还的税费、经营性租赁、支付工资、支付广告费用、缴纳各项税款等。

（二）投资活动产生的现金流量

投资活动是指企业长期资产的购建和不包括现金等价物范围内的投资及其处置活动，包括取得和收回投资、购建和处置固定资产、购买和处置无形资产等。

（三）筹资活动产生的现金流量

筹资活动是指导致企业资本及债务规模和构成发生变化的活动，包括发行股票或接受投入资本、分派现金股利、取得和偿还银行借款、发行和偿还公司债券等。

现金流量表如下所示。

现金流量表

会企 03 表

编制单位：　　　　　　　　　　　　____年度　　　　　　　　　　　　单位：元

项目	行次	本年金额	上年金额
一、经营活动产生的现金流量：			
销售商品、提供劳务收到的现金			
收到的税费返还			
收到其他与经营活动有关的现金			
经营活动现金流入小计			
购买商品、接受劳务支付的现金			
支付给职工以及为职工支付的现金			
支付的各项税费			
支付其他与经营活动有关的现金			
经营活动现金流出小计			
经营活动产生的现金流量净额			
二、投资活动产生的现金流量：			
收回投资收到的现金			
取得投资收益收到的现金			
处置固定资产、无形资产和其他长期资产收回的现金净额			
处置子公司及其他营业单位收到的现金净额			
收到其他与投资活动有关的现金			
投资活动现金流入小计			
购建固定资产、无形资产和其他长期资产支付的现金			
投资支付的现金			
取得子公司及其他营业单位支付的现金净额			
支付其他与投资活动有关的现金			
投资活动现金流出小计			
投资活动产生的现金流量净额			
三、筹资活动产生的现金流量：			
吸收投资收到的现金			
取得借款收到的现金			
收到其他与筹资活动有关的现金			
筹资活动现金流入小计			

（续）

项目	行次	本年金额	上年金额
偿还债务支付的现金			
分配股利、利润或偿付利息支付的现金			
支付其他与筹资活动有关的现金			
筹资活动现金流出小计			
筹资活动产生的现金流量净额			
四、汇率变动对现金的影响			
五、现金及现金等价物净增加额			
加：期初现金及现金等价物余额			
六、期末现金及现金等价物余额			

三、现金流量表的编制方法及程序

编制现金流量表时，列报经营活动现金流量的方法有两种：直接法和间接法。

企业可根据业务量的大小及复杂程度，选择采用工作底稿法、T 型账户法或直接根据有关科目的记录分析填列现金流量表。

（一）经营活动产生的现金流量

1．“销售商品、提供劳务收到的现金”项目

该项目反映企业本年销售商品、提供劳务收到的现金，以及前期销售商品、提供劳务本期收到的现金（包括应向购买者收取的增值税销项税额）和本期预收的款项，减去本年销售本期退回商品和前期销售本期退回商品支付的现金。企业销售材料和代购代销业务收到的现金，也在本项目反映。

销售商品、提供劳务收到的现金 = 营业收入 + 增值税的销项税额 +（应收票据年初余额 – 应收票据期末余额）+（应收账款年初余额 – 应收账款期末余额）+（预收账款期末余额 – 预收账款年初余额）– 当期计提的坏账准备

【例 17-3】某公司 2015 年有关会计报表和补充资料如下所示。

（1）资产负债表部分资料

单位：万元

项目	年初余额	期末余额
应收票据	450	480
应收账款	360	320

（续）

项目	年初余额	期末余额
预收款项	100	200

（2）利润表部分资料

单位：万元

项目	本期金额
营业收入	50 000

（3）补充资料

① 本期计提坏账准备 10 万元。

② 本期增值税的销项税额为 8 500 万元。

销售商品、提供劳务收到的现金 = 50 000+8 500+（450–480）+（360–320）+（200–100）–10 = 58 600（万元）

2．“收到的税费返还”项目

该项目反映企业收到返还的所得税、增值税、消费税、关税和教育费附加等各种税费返还款。

3．“收到的其他与经营活动有关的现金”项目

该项目反映企业除上述各项目外，收到的其他与经营活动有关的现金，如罚款收入、经营租赁固定资产收到的现金、投资性房地产收到的租金收入、流动资产损失中由个人赔偿的现金收入、除税费返还外的其他政府补助收入等。

4．“购买商品、接受劳务支付的现金”项目

该项目反映企业本期购买商品、接受劳务实际支付的现金（包括增值税进项税额），以及本期支付前期购买商品、接受劳务的未付款项和本期预付款项，减去本期发生的购货退回收到的现金。企业购买材料和代购代销业务支付的现金，也在本项目反映。

购买商品、接受劳务支付的现金 = 营业成本 + 增值税的进项税额 +（存货期末余额 – 存货年初余额）+（应付账款年初余额 – 应付账款期末余额）+（应付票据年初余额 – 应付票据期末余额）+（预付账款期末余额 – 预付账款年初余额）– 当期列入生产成本、制造费用的职工薪酬 – 当期列入生产成本、制造费用的折旧费

【例 17-4】某公司 2015 年有关会计报表和补充资料如下所示。

（1）资产负债表部分资料

项目	年初余额	期末余额
存货	9 760	7 840
应付票据	750	890
应付账款	670	540

（2）利润表部分资料

项目	本期金额
营业成本	26 500

（3）补充资料

① 本期增值税的进项税额为 465 万元。

② “营业成本”项目中包括计提折旧费 50 万元，分配营业部门人员薪酬 130 万元。

③ “存货”项目中包括计提折旧费 20 万元，分配营业部门人员薪酬 80 万元。

购买商品、接受劳务支付的现金 = 26 500+465+（7 840−9 760）+（750−890）+（670−540）−70−210 = 24 755（万元）

5.“支付给职工以及为职工支付的现金”项目

该项目反映企业实际支付给职工的工资、奖金、各种津贴和补贴等职工薪酬（包括代扣代缴的职工个人所得税）。

支付给职工以及为职工支付的现金 = 应付职工薪酬年初余额 + 生产成本、制造费用、管理费用中职工薪酬 − 应付职工薪酬期末余额

【例 17-5】A 公司应付职工薪酬年初余额 100 万元，本年计入生产成本、制造费用、管理费用中的职工薪酬为 160 万元，应付职工薪酬期末余额 150 万元。

支付给职工以及为职工支付的现金 = 100+160−150 = 110（万元）

6.“支付的各项税费”项目

该项目反映企业发生并支付、前期发生本期支付以及预交的各项税费，包括所得税、增值税、消费税、印花税、房产税、土地增值税、车船税以及教育费附加等。

支付的各项税费 =（应交所得税期初余额 + 当期所得税费用 − 应交所得税期末余额）+ 支付的营业税金及附加 + 应交增值税（已交税金）

【例 17-6】某公司应交所得税期初余额 100 万元，当期所得税费用为 200 万元，递延所得税费用为 50 万元，应交所得税期末余额 120 万元；支付的营业税金及附加为 20 万元；已交增值税 60 万元。

支付的各项税费 =（100+200−120）+20+60 = 260（万元）

7．“支付其他与经营活动有关的现金”项目

该项目反映企业除上述各项目外所支付的其他与经营活动有关的现金，如经营租赁支付的租金、支付的罚款、差旅费、业务招待费、保险费等。此外，包括支付的销售费用。

支付其他与经营活动有关的现金 = 支付其他管理费用 + 支付的销售费用

【例 17-7】某公司 2015 年度发生的管理费用为 3 300 万元，其中：以现金支付购买办公用品支出 525 万元、管理人员薪酬 1 425 万元，存货盘亏损失 37.50 万元，计提固定资产折旧 630 万元，计提无形资产摊销 525 万元，其余均以现金支付。假定不考虑其他因素。

支付的其他与经营活动有关的现金 = 3 300−1 425−37.50−630−525 = 682.50（万元）

（二）投资活动产生的现金流量

1．“收回投资收到的现金”项目

该项目反映企业出售、转让或到期收回除现金等价物以外的对其他企业的交易性金融资产、长期股权投资收到的现金。本项目可根据“交易性金融资产”“长期股权投资”等科目的记录分析填列。

2．“取得投资收益收到的现金”项目

该项目反映企业交易性金融资产分得的现金股利，从子公司、联营企业或合营企业分回利润、现金股利而收到的现金，因债权性投资而取得的现金利息收入。本项目可以根据“应收股利”“应收利息”“投资收益”“库存现金”“银行存款”等科目的记录分析填列。

3．“处置子公司及其他营业单位收到的现金净额”项目

该项目反映企业处置子公司及其他营业单位所取得的现金，减去相关处置费用以及子公司及其他营业单位持有的现金和现金等价物后的净额。本项目可以根据“长期股权投资”“银行存款”“库存现金”等科目的记录分析填列。

【例 17-8】某公司 2015 年发生下列业务：

（1）处置交易性金融资产，账面价值为 1 200 万元（其中成本为 1 000 万元，公允价值变动增加 200 万元），售价 1 500 万元，款项已经收到；

（2）处置对甲公司的长期股权投资，持股比例为 40%，采用权益法核算，成本为 5 000 万元，售价 4 000 万元，款项已经收到；

（3）处置对乙公司的长期股权投资，持股比例为80%，采用成本法核算，成本为6 000万元，售价7 000万元，款项已经收到；

（4）持有期内收到现金股利800万元；

（5）持有期内收到债券利息500万元。

那么，根据上述资料，可以计算出：

“收回投资收到的现金”项目 =（1）1 500+（2）4 000=5 500（万元）

“取得投资收益所收到的现金”项目 =（4）800+（5）500=1 300（万元）

“处置子公司及其他营业单位收到的现金净额”项目 =7 000（万元）

4．“购建固定资产、无形资产和其他长期资产支付的现金”项目

该项目反映企业购买、建造固定资产、取得无形资产和其他长期资产所支付的现金（含增值税款等），以及用现金支付的应由在建工程和无形资产负担的职工薪酬。

为购建固定资产、无形资产而发生的借款利息资本化部分，在筹资活动产生的现金流量“分配股利、利润或偿付利息支付的现金”中反映。本项目可以根据“固定资产”“在建工程”“工程物资”“无形资产”“库存现金”“银行存款”等科目的记录分析填列。

【例17-9】某公司2015年发生下列业务：购买固定资产价款500万元，款项已付；购买工程物资价款100万元，款项已付；支付工程人员薪酬60万元；预付工程价款800万元；长期借款资本化利息789万元、费用化利息70万元，本年已支付；支付购买专利权的价款600万元。

那么，根据上述资料，可以计算出“购建固定资产、无形资产和其他长期资产而支付的现金”项目 =（1）500+（2）100+（3）60+（4）800+（6）600 = 2 060（万元）。

注意：资本化的长期借款利息789万元、费用化利息70万元，虽本年已支付，但不在本项目中反映，而在筹资活动现金流量中“分配股利、利润或偿付利息支付的现金”项目中反映。

5．“投资支付的现金”项目

该项目反映企业取得除现金等价物以外的对其他企业的权益工具、债务工具和合营中的权益投资所支付的现金，包括除现金等价物以外的交易性金融资产、长期股权投资，以及支付的佣金、手续费等交易费用。

企业购买股票时实际支付的价款中包含的已宣告而尚未领取的现金股利，以及购买债券时支付的价款中包含的已到期尚未领取的债券利息，应在“支付的其他与投资活动有关的现金”项目中反映。

取得子公司及其他营业单位支付的现金净额，应在“取得子公司及其他营业单位支

付的现金净额”项目中反映。

本项目可以根据“交易性金融资产”“长期股权投资”等科目的记录分析填列。

6.“取得子公司及其他营业单位支付的现金净额”项目

该项目反映企业购买子公司及其他营业单位购买出价中以现金支付的部分，减去子公司及其他营业单位持有的现金和现金等价物后的净额。本项目可以根据“长期股权投资”“库存现金”“银行存款”等科目的记录分析填列。

【例 17-10】某公司 2015 年发生下列业务：支付购买股票价款 1 000 万元，划分为交易性金融资产；支付价款 4 000 万元，对丁公司进行长期股权投资，持股比例为 30%，采用权益法核算；支付价款 10 000 万元，对丙公司进行长期股权投资，持股比例为 60%，采用成本法核算。

那么，根据上述资料，可以计算出：

“投资支付的现金”项目 = 1 000+4 000 = 5 000（万元）

“取得子公司及其他营业单位支付的现金净额”项目 = 10 000（万元）

（三）筹资活动产生的现金流量

1.“吸收投资收到的现金”项目

该项目反映企业以发行股票等方式筹集资金实际收到的款项净额（发行收入减去支付的佣金等发行费用后的净额）。本项目可以根据“实收资本（或股本）”“资本公积”“银行存款”等科目的记录分析填列。

2.“取得借款收到的现金”项目

该项目反映企业举借各种短期、长期借款而收到的现金，以及发行债券实际收到的款项净额（发行收入减去直接支付的佣金等发行费用后的净额）。本项目可以根据“短期借款”“长期借款”“应付债券”“库存现金”“银行存款”等科目的记录分析填列。

【例 17-11】某公司 2015 年取得短期、长期借款而收到的现金 1 000 万元，发行债券实际收到的款项为 2 000 万元。

那么，根据上述资料，可以计算出“借款收到的现金”项目 = 1 000+2 000 = 3 000（万元）。

3.“偿还债务支付的现金”项目

该项目反映企业偿还债务本金所支付的现金，包括偿还金融企业的借款本金、偿还债券本金等。企业支付的借款利息和债券利息在“分配股利、利润或偿付利息支付的现金”项目反映，不包括在本项目内。本项目可以根据“短期借款”“长期借款”“应付债券”等科目的记录分析填列。

4．“分配股利、利润或偿付利息支付的现金”项目

该项目反映企业实际支付的现金股利、支付给其他投资单位的利润或用现金支付的借款利息、债券利息等。不同用途的借款，其利息的开支渠道不一样，如在建工程、制造费用、财务费用等，均在本项目中反映。本项目可以根据“应付股利”“应付利息”“在建工程”“制造费用”“研发支出”“财务费用”等科目的记录分析填列。

【例 17-12】某公司 2015 年发生下列业务：偿还短期借款，本金 2 000 万元，利息 10 万元；偿还长期借款，本金 5 000 万元，应付利息 66 万元，其中资本化利息费用 60 万元；支付到期一次还本付息的应付债券，面值 1 000 万元，3 年期，利率 5%；支付现金股利 200 万元。

那么，根据上述资料，可以计算出：

“偿还债务支付的现金”项目 = 2 000+5 000+1 000 = 8 000（万元）

“分配股利、利润或偿付利息支付的现金”项目 = 10+66+150+200 = 426（万元）

【例 17-13】某企业 2015 年度会计报表的有关资料如下所示。

（1）2015 年 12 月 31 日资产负债表有关项目年初、年末数如下：

单位：万元

资产	年初余额	期末余额	负债和股东权益	年初余额	期末余额
应收票据	300	200	应付账款	400	250
应收账款	495	693	应付职工薪酬	50	60
预付款项	100	150	其他应付款	2	10
存货	1 000	700			

（2）2015 年度利润表有关项目本年累计数如下：

单位：万元

项目	本期金额
营业收入	8 000
营业成本	4 500
营业税金及附加	64.60
销售费用	2 000
所得税费用	400

（3）其他有关资料如下。

① 本期增值税销项税额为 1 360 万元，进项税额为 714 万元，已交增值税为 650 万元。已交营业税金及附加 64.60 万元，已交所得税费用 400 万元。

② 其他应付款为收取的出借包装物押金 8 万元。

③ 应收款项计提坏账准备 2 万元。

④ 未单独设置“管理费用”科目；销售费用中包含职工薪酬 1 140 万元、折旧费 22 万元、摊销的预付保险费 50 万元，其余以银行存款支付。

⑤ 本年以银行存款 700 万元（不含税价款）购入不需要安装的设备一台，另外以银行存款支付增值税 119 万元。本年对一台管理用设备进行清理。该设备账面原价为 460 万元，清理时的累计折旧为 370 万元。该设备清理过程中，以银行存款支付清理费用 6 万元，变价收入 76 万元已存入银行。

那么，根据上述资料，相关计算如下所示。

① 销售商品、提供劳务收到的现金 = 8 000+1 360+（300–200）+（495–693）–2 = 9 260（万元）

② 收到的其他与经营活动有关的现金 = 10–2 = 8（万元）

③ 购买商品、接受劳务支付的现金 = 4 500+714+（700–1 000）+（400–250）+（150–100）= 5 114（万元）

④ 支付给职工以及为职工支付的现金 = 50+1 140–60 = 1 130（万元）

⑤ 支付的各项税费 = 650+64.60+400 = 1 114.6（万元）

⑥ 支付的其他与经营活动有关的现金 = 2 000–1 140–22–50 = 788（万元）

⑦ 处置固定资产、无形资产和其他长期资产收到的现金净额 = 76–6 = 70（万元）

⑧ 购建固定资产、无形资产和其他长期资产支付的现金 = 700（万元）

第四节　所有者权益变动表的编制

一、所有者权益变动表的结构和内容

所有者权益变动表是指反映构成所有者权益各组成部分当期增减变动情况的报表，包括实收资本、资本公积、盈余公积和未分配利润的当期增减情况。当期损益、直接计入所有者权益的利得和损失，以及与所有者（或股东，下同）的资本交易导致的所有者权益的变动，应当分别列示。

所有者权益变动表

会企 04 表

编制单位：　　　　　　　　　　　____年度　　　　　　　　　　　单位：元

项目	本年金额						上年金额					
	实收资本（或股本）	资本公积	减：库存股	盈余公积	未分配利润	所有者权益合计	实收资本（或股本）	资本公积	减：库存股	盈余公积	未分配利润	所有者权益合计
一、上年年末余额												
加：会计政策变更												
前期差错更正												
二、本年年初余额												
三、本年增减变动金额（减少以“–”号填列）												
（一）净利润												
（二）直接计入所有者权益的利得和损失												
1. 可供出售金融资产公允价值变动净额												
2. 权益法下被投资单位其他所有者权益变动的影响												
3. 与计入所有者权益项目相关的所得税影响												
4. 其他												
上述（一）和（二）小计												
（三）所有者投入和减少资本												
1. 所有者投入资本												
2. 股份支付计入所有者权益的金额												
3. 其他												
（四）利润分配												
1. 提取盈余公积												

（续）

项目	本年金额						上年金额					
	实收资本（或股本）	资本公积	减：库存股	盈余公积	未分配利润	所有者权益合计	实收资本（或股本）	资本公积	减：库存股	盈余公积	未分配利润	所有者权益合计
2. 对所有者（或股东）的分配												
3. 其他												
（五）所有者权益内部结转												
1. 资本公积转增资本（或股本）												
2. 盈余公积转增资本（或股本）												
3. 盈余公积弥补亏损												
4. 其他												
四、本年年末余额												

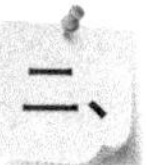

二、所有者权益变动表的编制方法

1．“上年年末余额”项目

项目	本年金额				所有者权益合计
	实收资本（或股本）	资本公积	盈余公积	未分配利润	
一、上年年末余额					

反映企业上年资产负债表中实收资本（或股本）、资本公积、盈余公积、未分配利润的年末余额。

2．“会计政策变更”和“前期差错更正”项目

3．“本年增减变动额”项目

（1）“净利润”项目，反映企业当年实现的净利润（或净亏损）金额，并对应列在“未分配利润”栏。

项目	本年金额				所有者权益合计
	实收资本（或股本）	资本公积	盈余公积	未分配利润	
一、上年年末余额					
加：会计政策变更					
前期差错更正					
二、本年年初余额					
三、本年增减变动额					
（一）净利润					

（2）“其他综合收益”项目，反映企业当年直接计入所有者权益的利得和损失金额。

项目	本年金额				所有者权益合计
	实收资本（或股本）	资本公积	盈余公积	未分配利润	
一、上年年末余额					
加：会计政策变更					
前期差错更正					
二、本年年初余额					
三、本年增减变动额					
（一）净利润					
（二）其他综合收益（即直接计入所有者权益的利得和损失）					

（3）“所有者投入和减少资本”项目，反映企业当年所有者投入的资本和减少的资本。其中：“所有者投入资本”项目，反映企业接受投资者投入形成的实收资本（或股本）和资本溢价或股本溢价，并对应列在“实收资本”和“资本公积”栏。

项目	本年金额				所有者权益合计
	实收资本（或股本）	资本公积	盈余公积	未分配利润	
一、上年年末余额					
加：会计政策变更					
前期差错更正					
二、本年年初余额					
三、本年增减变动额					
（一）净利润					
（二）其他综合收益					
（三）所有者投入和减少资本					
1. 所有者投入资本					

（4）“利润分配”下各项目，反映当年对所有者（或股东）分配的利润（或股利）金额和按照规定提取的盈余公积金额，并对应列在“未分配利润”和“盈余公积”栏。其中：

①“提取盈余公积”项目，反映企业按照规定提取的盈余公积；

②“对所有者（或股东）的分配”项目，反映对所有者（或股东）分配的利润（或股利）金额。

项目	本年金额				所有者权益合计
	实收资本（或股本）	资本公积	盈余公积	未分配利润	
一、上年年末余额					
加：会计政策变更					
前期差错更正					
二、本年年初余额					
三、本年增减变动额					
（一）净利润					
（二）其他综合收益					
（三）所有者投入和减少资本					
（四）利润分配					
1. 提取盈余公积					
2. 对所有者（或股东）的分配					

（5）“所有者权益内部结转”下各项目，反映不影响当年所有者权益总额的所有者权益各组成部分之间当年的增减变动，包括资本公积转增资本（或股本）、盈余公积转增资本（或股本）、盈余公积弥补亏损等项金额。

① “资本公积转增资本（或股本）”项目，反映企业以资本公积转增资本或股本的金额。

项目	本年金额				所有者权益合计
	实收资本（或股本）	资本公积	盈余公积	未分配利润	
一、上年年末余额					
加：会计政策变更					
前期差错更正					
二、本年年初余额					
三、本年增减变动额					
（一）净利润					
（二）其他综合收益					
（三）所有者投入和减少资本					
（四）利润分配					
（五）所有者权益内部结转					
1. 资本公积转增资本（或股本）					

② “盈余公积转增资本（或股本）”项目，反映企业以盈余公积转增资本或股本的金额。

③ “盈余公积弥补亏损”项目，反映企业以盈余公积弥补亏损的金额。

项目	本年金额				所有者权益合计
	实收资本（或股本）	资本公积	盈余公积	未分配利润	
一、上年年末余额					
加：会计政策变更					
前期差错更正					
二、本年年初余额					
三、本年增减变动额					
（一）净利润					
（二）其他综合收益					
（三）所有者投入和减少资本					
（四）利润分配					
（五）所有者权益内部结转					
1. 资本公积转增资本（或股本）					
2. 盈余公积转增资本（或股本）					
3. 盈余公积弥补亏损					

④其他。